江苏高校品牌专业建设工程一期项目PPZY2015A006资助

《行知路上陶花开》编辑委员会
主　编：曹慧英　王本余
委　员：（按姓氏笔画为序）
　　　　丁　茗　马晓亮　王为正
　　　　王本余　水远璇　田　甜
　　　　许红敏　江安凤　李　伟
　　　　邱颂平　张　洁　赵　娟
　　　　高　忠　唐秀美　曹同艳
　　　　曹慧英

行知路上陶花开

——南京晓庄学院小学教育专业本科毕业生风采录

南京大学出版社

2004届小学教育专业本科1班毕业照

2005届小学教育专业本科3班毕业照

2006届小学教育专业本科3班毕业照

2007届小学教育专业本理班毕业照

2008届小学教育专业双语班毕业照

2009届小学教育专业文科班毕业照

2010届小学教育专业理科班毕业照

2011届小学教育专业本理班毕业照

2012届小学教育专业本文班毕业照

2013届小学教育专业英语班毕业照

2014届小学教育专业本科1班毕业照

2015届小学教育专业数科1班毕业照

序

教师教育学院曹慧英、王本余教授主编的《行知路上陶花开——南京晓庄学院小学教育专业本科毕业生风采录》即将付梓,嘱我为之写一篇序。我想,这篇序应该从陶行知先生与南京晓庄学院写起。

陶行知先生是上个世纪中国新教育运动的重要领导者,是一位富有理想和激情的教育思想家。他的教育论述,遍及教育学科的各个领域,从教育哲学、教学论、课程论、学习论到学校管理等等。他的生活教育理论,他所倡导的全民教育、终身教育、创造教育、民主教育,以及他的诸多教育实践活动,在全国直至世界都有影响。郭沫若先生曾称赞他:"二千年前孔仲尼,二千年后陶行知。"先生的人格魅力和人文精神感动了一代代学子,他所留下的鸿篇文集,始终是指导我国教育改革与发展的宝贵财富和重要资源。

陶行知先生同时也是富有创造力的行动家。1927年3月,他在南京北郊的劳山脚下,创办了试验乡村师范学校(后改名晓庄学校),这是他生活教育理论的最初实践。随着后来的各项教育实践,先生有了众多的追随者,可以说逐渐形成了"晓庄学派"。1930年晓庄学校被迫停办后,先生于1936年提出:"成立晓庄学院,培养抗战建国人才",可惜因为各种原因未能实现。1946年7月,先生因过度劳累溘然长逝。2000年3月,经教育部批准,南京师专、南京教育学院与南京市晓庄师范学校合并,成立了本科建制的南京晓庄学院,实现了先生的遗愿。

小学教育本科专业是与南京晓庄学院同步成长的。18年来,为社会提供了15届4 000多名毕业生。翻开书稿,一遍遍品读校友们披露个人成长心路历程的文章以及师范生采写校友成长故事的通讯,我为其中48位校友的健康成长与进步感到骄傲与自豪。

陶行知先生的精神和教育思想,是南京晓庄学院的特色文化。在这所具有园林特色、徽派建筑风格的新型大学里,师生们自豪地称自己是"晓庄人",是"陶子"。先生"爱满天下""捧着一颗心来,不带半根草去""千教万教教人求真,千学万学学做真人"等名言,已成为师生们耳熟能详的语录;先生当年在晓庄的校训"教学做合一",校歌"锄头舞歌",已成为新型本科院校的校训与校歌。陶文化的精髓已经成为晓庄学子的精神DNA："生活即教育,社会即学校,教学做合一,是晓庄教育之魂"——体现了一种价值认同;"捧着一颗心来,不带半根草去,将永远是我为人、为师的座右铭"——表达了一种人生信念;"以一颗智慧之心去解读陶行知先生的伟大教育思想,以一颗无私的心去实践陶行知先生思想下的光辉教育""求真课堂——基于儿童哲学的实践研究""将行知美育精神运用于教学实践"——描绘了一幅幅实践图景……我从中看到了校友们传承行知精神的晓庄人风采。

"博雅·童心·母爱·敬业",是教师教育学院的院训。透过校友们回忆在母校求学生活情景的字里行间,我看到了"三字一话"基本功训练、"小先生制"、社团活动与社会实践、"早接触,不断线"的专业实践模式等对师范生从教能力培养的作用,看到了一批优秀教师言传身教对助推师范生专业成长的作用。透过校友们讲述在各自工作岗位的成长故事,我感受到了可爱——"用最美好的年华陪伴最可爱的孩子们,既是教师生活最美的写照,也是人生旅途上最美的风景";可贵——"把爱带给每一个孩子,是我不变的初心";可喜——"身边的优秀前辈和工作伙伴,几乎都是晓庄的莘莘学子,'博雅·童心·母爱·敬业'的院训,一直在激励、鞭策着我"……我从中看到了校友们践行八字院训的师院人风采。

入编本书的48位校友大多工作在全省各地的小学,且坚守在小学各个学科和班主任工作的第一线。无论在校期间主修的是语文、数学、英语、科学哪一个专业方向,也不论毕业后的工作年限是多少年,"带着教师梦,离开晓庄园,继续行知路""在艰苦的环境中磨炼自己,在复杂的工作中丰富自己,在有益的研究中提升自己"是他们共同的特点。当教师的,从主修数学改教语文,从主修数学改教科学,从教小学改教初中,从普通教师成长为学校的中层管理人员或校级领导,从本科学历层次提升到硕士研究生……一次次华丽的"转身"在他们身上出现;当村官的,把青春和汗水奉献给希望的田野;当法官的,还公民以公平正义,还社会以安定和谐……我从中看到了校友们怀揣梦想奋斗的职场人风采。

校友是学校的"名片"。小学教育专业人才培养质量究竟如何?本书给了我们初步的答案。衷心希望教师教育学院通过校友这一视角,总结、检视、反思自身在特色专业、品牌专业建设方面的经验与不足,同时利用校友这一资源,激励在校学生以广大校友为榜样,志存高远,勤奋学习,努力成才。

当年,陶行知先生曾经深情地预言:"晓庄是一部永远不会完稿的诗集。"今天,走出晓庄的校友豪迈地宣示:"我的学生,我的爱,我的心从未离开我的大学,为晓庄这部永不完稿的诗集续写爱的诗篇,是我义不容辞的责任。"

轻轻地合上了书稿,我沉浸在陶花的芬芳和爱的沉思之中……

王泽农　南京晓庄学院首任院长、教授
2018年12月于陶苑

前　言

　　光阴荏苒,岁月如歌。从陶行知先生 1927 年创办"晓庄试验乡村师范学校"算起,小学教育专业当之无愧成为南京晓庄学院办学历史最悠久的专业。新中国成立后,该专业经历了中专—大专—本科三个发展阶段。20 世纪八九十年代,在我国教师教育办学体制和办学层次改革的大潮中,南京晓庄学院前身之一的南京晓庄师范学校拓荒前行,1985 年进行了小学教育专业"三二分段"(即三年中师、二年大专)试点,1998 年与南京师范大学合作创办小学教育本科专业,开创了中国大陆地区培养本科层次小学教师的历史先河。迎着新世纪的曙光,南京师范专科学校、南京教育学院、南京市晓庄师范学校合并升格为本科院校,自 2000 年秋季开始独立培养本科层次的小学教师,小学教育专业迎来了蓬勃发展的春天。

　　18 年来,我们的教育教学条件不断改善。小学教育专业实验教学中心 2010 年成为江苏省实验教学示范中心,2013 年建成教师教育区域化远程互动中心,2016 年建成教师教育协同创新中心,目前拥有各类实验与实训功能室 90 余间,总建筑面积约 3 850 平方米,设备 4 000 多件套,资产 1 600 余万。中心建设的教师教育网络平台,实现了信息、数据、资源的全网络化运行与管理,将师范生、中小学教师与高校教师组成一个学习共同体;通过公开课网络直播,增加了师范生见习的机会;通过微格课堂直播,让一线教师参与对师范生微格教学的指导;通过师范院校教育专家讲座现场直播,让中小学教师能及时了解教育、教学改革新理念和新模式,既满足了师范生创新精神、实践能力培养的需要,也满足了教师教育区域协同创新的需要。我们与 52 所小学签订了《南京晓庄学院教师教育学院小学教育国家特色专业建设点合作共建协议书》,形成了具有长期性、实质性互惠合作关系的实践基地,近五年来,实习基地共安排师范生实践教学 5 216 余人次。

　　18 年来,我们的师资队伍力量不断增强。本专业教师在多年实践探索的基础上凝结而成的《教学做合一:小学教育专业实践课程体系建设》《基于"大课程与大教学观"小学教育专业综合改革实践探索》,分别于 2007 年、2013 年荣获江苏省高等教育教学成果一等奖,《教学做合一:小学教育专业跟师学习的探索与实践》荣获

2017年江苏省优秀教学案例特等奖,还形成了以《教师口语》为代表的一批精品教材和以《儿童发展》《小学语文课程设计》为代表的一批省级在线开放课程。近十年,本专业有近10位教师被南京师范大学教育科学学院聘为教育学专业硕士论文答辩委员会委员或主任委员,参与了几十场硕士论文答辩。2014年,我们与广西师范大学签订协议,自2015年开始联合培养硕士研究生。目前已有2位教授被广西师范大学聘为硕士生导师,有1位教授、1位副教授被聘为南京师范大学硕士研究生导师,正在指导的硕士研究生超过5位,有10位教师被聘为扬州大学教育科学学院硕士研究生导师,另有5位教师分别承担了华中科技大学、华中师范大学与我校继续教育学院联合举办教育硕士班的课程教学。

  18年来,我们的专业建设水平不断提升。2004年,小学教育专业获得了学士学位授予权,被遴选为江苏省特色专业建设点,2006年初正式挂牌"江苏省特色专业";2008年,小学教育专业获批国家级特色专业建设点,成为继首都师范大学、上海师范大学之后第三个国家级小学教育特色专业;2012年,小学教育专业获批国家专业综合改革试点专业,同年又获批省级重点专业教育学类核心专业,在2014年省级重点专业中期检查中,获得了优秀格次,是唯一获得优秀格次的教育学类重点专业;2013年,成人教育小学教育专业通过江苏省教育厅验收成为省级教育特色专业,自此,小学教育专业成为省内唯一在普通高等教育和成人高等教育领域均有"特色"身份的专业,在全国率先实现了实质性的"职前职后一体化";2015年,小学教育专业获批江苏省品牌专业建设一期工程(A类)项目,同年又获批江苏省卓越小学教师培养计划项目;2018年,小学教育专业通过了国家师范类专业二级认证。

  18年来,我们的招生就业形势高位稳定。小学教育专业是全国绿牌专业,江苏热门专业,南京晓庄学院招生录取分数线最高的专业,生源第一志愿率为100%;经过四年的专业教育,毕业生毕业率在99%以上,学位授予率在98%以上,一次性协议就业率均在92.95%以上;毕业生的就业岗位与专业相关度高,就业层次和质量高,据2017年的调查,毕业生对母校的满意度达到99.38%,用人单位对我们毕业生的评价是:敬业,基本功扎实,教学能力强,上手快,发展比较迅速,等等。

  我们认为,办学条件的改善,师资力量的增强,专业品质的提升,招生就业的兴旺,固然是一个专业在建设方面具有外在显示度的标志性成果,但最关键的标志性成果是我们所培养的人,因为他们才是我们专业建设的"产品",一定要让"产品"说话。这就是我们编辑出版《行知路上陶花开——南京晓庄学院小学教育专业本科毕业生风采录》(以下简称《风采录》)的初衷。用"行知路上陶花开"命名这本《风采录》,是因为从这里走出的小学教育专业本科毕业生,都以成为"陶子"为荣,他们自觉地把南京晓庄学院的文脉延伸到他们的岗位上,把伟大的行知精神发扬到他们的实践中。

在48篇文稿中,你可以发现我们的毕业生师德的高度。清晨迎着灿烂的朝霞走进校园,傍晚伴着落日的余晖离开学校,周而复始,他们为教书育人而勤勉工作着;金秋九月,张开怀抱,迎来一个个渴求知识的儿童,七月盛夏,挥挥双手,送别一个个走向中学的少年,年复一年,他们为教书育人而默默奉献着。只因为"丢不下这个班的孩子",他们中不止一人和自己的"另一半"商量,放弃长达15天的婚假,只请2天婚假来完成人生大事,立刻回到自己的工作岗位上;为了不耽误学校的教育教学和行政管理工作,他们中有的"准妈妈"把医生开出建议休息的病假条悄悄地藏在自己的包里,照常坚持工作,有的克服妊娠反应,坚守三尺讲台为学生上课;为了缓解学校女教师扎堆生育造成的阶段性师资紧缺难题,他们中有人向校长主动提出终止产假,提前上班;为了给班级的学困生补课,他们中有人主动牺牲了每天一小时的哺乳时间……他们爱岗敬业的事迹感动了学校师生与家长,对他们而言,学校一年一度的"感动人物""师德之星"、市(县)级"师德标兵"、市(县)级师德模范、市级最美青年教师等荣誉称号是实至名归。

在48篇文稿中,你可以触摸到我们的毕业生情感的热度。他们热爱儿童,"努力用真心、爱心与诚心去做那个最最接近童心的人,用慧心、细心与耐心去做那个陪伴孩子们学习与成长的人"。孩子们的课间游戏中有他们的身影;孩子们在午间休息时有他们的照看;孩子们在放学离校时有他们的护队,甚而至于,他们中有人还会把没有家长来接的孩子主动送到家里。为了帮助因为家庭变故状态下滑的孩子解开心结,他们一方面做好家长的工作,一方面对孩子进行心理疏导;为了帮助学习有困难的孩子提高学业成绩,他们中很多人牺牲了个人的休息时间,义务为孩子单独补课"开小灶";为了寻找被父母"丢弃"的学生,他们中有人第一次爬上门框,只为一探究竟;为了"解救"假期中沉迷网络电视难以自拔的学生,他们中有人连续几天前往孩子家中进行教育与监督……他们认为,"孩子是这个世界带给我的最好的礼物",庆幸"自己是孩子们的老师,孩子们也是自己的老师……正是因为我们相遇在教育的晴空下,彼此心心相印,才成就了我们共同的成长。"

在48篇文稿中,你可以捕捉到我们的毕业生智慧的亮度。他们将自己所学的理论应用于教育教学实践,顺利地解决了困扰孩子成长的各种"烦恼":有人祭出环境熏陶体验法、主题活动体验法、岗位角色体验法等"三招",帮助班级中不少孩子克服了作业拖拉的毛病;有人采用"班委轮流制"的办法,帮助孤单到从未有过同桌的孩子第一次尝到有了同桌且常换常新的乐趣;有人实施家校合作、协同育人"六步走"计划,帮助玩手机成瘾的孩子摆脱对手机的依赖,重新回到正常的学习生活状态;有人运用"谈心预约单"发现了孩子的困惑与无助,通过与家长的有效沟通,帮助表现出色的孩子卸掉过重的课外学习负担……他们将自己的聪明才智释放于技能比拼的赛场,在校级、区级、市级、省级乃至国家级的教学竞赛中均有不俗表现,其中有2人从区赛起步,一路"过关斩将",分别夺得长三角地区中小学班主任基本功大赛一等奖第一名、江苏省教师中华经典诵写讲特等奖(总分第一);他们将自己的聪明才智倾注于学生个性特长的培养,把学有余力的孩子送上了"七彩语文"全国作文大赛、全国书法大赛、江苏省诗歌大赛、CCTV"希望之星"英语风采大赛、21世纪英语演讲比赛、国际英语演讲精英赛、亚洲杯机器人大赛、江苏省"信息与未来"编程夏令营等学科竞赛的领奖台;他们将自己的学科专长施展于基础教育领域,为南京市小班化教育开发了官方网站,为全国校园电视评选奉献了分获金奖和银奖的德育微电影。

  在48篇文稿中,你可以体会到我们的毕业生追求的力度。他们坚持终身学习的理念,在专业发展的道路上不断给自己提出新的小目标,并一步一步地去努力实现。他们中的不少人在入职之初都自费订阅了好几种教育报刊,把读书作为支配自己业余时间的最好方式,将有关学科教学策略的读物作为自己的枕边书;他们积极参加各种类型的培训活动,在省级少先队骨干辅导员培训、市级班主任高级研修、区级各科骨干教师研修、远程网络培训、经典诵读教育骨干教师培训等培训学习场所,常常能看到他们活跃的身影,为此,他们克服了工作忙、孩子小、路途远等诸多困难,拿到了全国中小学教师教育技术水平考试、江苏省小学学科教师网络培训、江苏省专业技术人员信息化素质培训考核、江苏省英语教师雏雁培育项目、网络工程师认证等多种合格证书;他们坚持边工作、边学习、边研究,所写的教育教学论文见诸《南京晓庄学院学报》《教育导报》《教育视界》《教育研究与评论》《当代教育评论》《江苏教育研究》《江苏教育》等数十种期刊;他们不满足于做一个本科学历的小学教师,其中有2人在读完硕士研究生后走上教师工作岗位,有5人先后从浙江大学教育学院、南京师范大学教育科学学院、西华师范大学教育学院、扬州大学教育科学学院获得专业硕士学位。

  在48篇文稿中,你可以看到我们的毕业生成长的速度。他们中有人任教两年就当上了一个年级的学科备课组长,有人任教三年就当上了六个年级的学科教研组长,有人任教四年就当上了分管一个学科教学的教导副主任,有人任教八年就进入了学校决策层,成为校级领导班子中最年轻的成员。他们不仅从本校的同龄人中脱颖而出,而且大多拥有所在区教育系统优秀共产党员、优秀共青团员、优秀团干部、优秀中(大)队辅导员、优秀班主任、优秀教育工作者、教学先进个人、教科研先进个人、教坛新秀、教学能手等荣誉称号,其中 10 人成为区级学科带头人,8 人荣获市级优秀青年教师称号,7 人次荣获市级青年岗位能手、技术能手、五一创新能手称号,2 人获得市级五一劳动奖章,1 人被遴选为江苏省"333 工程"高层次人才第三层次培养对象。

在 48 篇文稿中,你可以感受到我们的毕业生文字的温度。他们描绘了基础教育一线教师平凡但并不平庸的教育生活的真实镜像,表达了正在成长且尚未完全成熟的青年教师的真诚心声。他们是走在行知路上的追梦人,是朱永新先生所言"与学生是互相依赖的生命""每天都在神圣与平凡中穿行"的教师。难能可贵的是,他们在讲述自己成长故事的过程中,都怀揣一颗感恩的心:"感恩在晓庄那四年的人生积淀和拔节成长,感恩十三年来引领、助推我专业成长的前辈和同伴,感恩陶行知先生赐予我的精神滋养和人格力量。""感谢南京晓庄学院和南海舰队,为我的青春抹上了葱郁苍翠的绿色;感谢南京理工大学实验小学,为我的青春提供了绽放活力的舞台。""感恩晓庄,让我找寻到职业发展的路径;感激琅琊,让我行走在专业化成长的快速道;感谢随园,启迪我不断冥想反思、叩问自己。"如此带有情感温度的文字,在书中随处可见。

18 年来,我们秉承生活教育理念,聚力基础教育,传承行知精神,立足南京、面向江苏,致力于培养以立德树人为己任,师德高尚、热爱儿童、专通融合、知行合一、终身学习,具有卓越教师潜质的小学教育教学能手。《风采录》中 48 篇文稿的主人公,不正是我们所期望的人吗?他们从不同侧面揭示了南京晓庄学院深厚的历史文化底蕴和优良的教师教育传统在自身职业生涯发展中的奠基作用,事实上在不经意间成为与我们孜孜以求的培养目标高度契合的"产品"代言人,这使我们倍感欣慰,也倍感自豪。

4 000 多名毕业于南京晓庄学院小学教育专业的校友,一直是我们的牵挂。为了历史地、真实地反映 2000 年升本以来 15 届本科毕业生的职场风貌,在编辑这本《风采录》时,我们并没有刻意设定严苛的遴选标准,也没有生硬拒绝校友的自发投稿,只要来稿符合本书的编写宗旨,无论是约稿还是投稿,我们一概"笑纳"。由于条件所限,我们不能也不可能采访到每一位校友,有些校友寄来的稿件和资料因为需要进一步补充完善,还来不及在本书中呈现,这的确是一大憾事。但我们坚信,他们的职业生涯也都有可圈可点之处,也都将是为晓庄这部永远不会完稿的诗集增光添彩的篇章，他们与本书中展现的 48 名校友一样，共同构成了南京晓庄学院小学教育专业的骄傲。

十年树木，百年树人。植树节期间，2009 届毕业校友利用周末休息日回到母校，种下了一棵桂花树。班长涂宏昱说："十年后的今天，我们再次回到出发的起点，是'博雅·童心·母爱·敬业'的院训引领着我们一路前行，'捧着一颗心来，不带半根草去'已经内化于每一天的教学日常，潜移默化中我们在努力践行着行知精神，也得益于这一精神的引领。我们在收获，在成长。'饮水当思源'，回望过去，深深感谢母校四年给我们打下的精神底蕴，让我们在前行的路上有力量，不孤单……"校友们的举动将激励、鞭策我们不忘初心，砥砺前行，为基础教育培养更多、更优秀的新师资。

行知路上，陶花朵朵，芬芳绵长！对此，我们充满信心。

目 录

让我把爱带给每一个孩子 ·············	04届李莉 / 1
我的从教"三部曲" ·················	05届马骥 / 6
锐意进取 不负芳华 ·················	05届廖加兴 / 11
爱心育桃李 真情写春秋 ·············	05届於小丽 / 15
走在行动的路上 ···················	05届顾健 / 20
在孩子们的童年留下一个美好的"杨梅老师" ···	05届杨美 / 24
怀仁爱之心 走求真之路 ·············	06届陈健 / 29
我有三个"雅号" ···················	06届陈新涛 / 34
与时俱进：信息学科教师发展的必由之路 ···	06届马杰 / 38
亲知爱生 学做真人 ·················	07届顾新佳 / 43
做一个快乐的教育者 ················	07届杜明炼 / 48
用爱的和弦奏出美的乐章	
——记南京市游府西街小学景嫣老师 ····	07届景嫣（采写：许加瑶）/ 53
有追求方有进步 ···················	07届姜娟 / 58
爱，让教育升温——记南师附中江宁分校杨小莉老师	
·································	07届杨小莉（采写：侯叶）/ 62
军中绿花 杏坛绽放 ·················	07届许小娟 / 67
仰望星空 脚踏实地 ·················	08届蒋云 / 72
默默耕耘，孜孜求索 ················	08届姜玥 / 77
长大后我终于成了你 ················	08届崔珺 / 81
努力、努力、再努力 ················	08届杜云 / 86
怀揣梦想 奉献青春 ·················	09届章爽爽 / 91
把师爱写进孩子们童年的诗行 ··········	09届丁元林 / 95
氛围，让优秀成为一种习惯 ············	09届涂宏昱 / 100
我的班主任之路：从"小吴"到"老吴" ·····	09届吴琼靖 / 105
坚守的幸福——记浙江省慈溪市周巷镇杭州湾小学胡乃群老师	
·································	09届胡乃群（采写：许加瑶）/ 110

1

篇目	作者	页码
眼中有远方　手上有力量——记南京晓庄学院实验小学卢雪箫老师	09届卢雪箫（采写：黄静）	115
爱,让平凡变得美丽	09届薛慧	120
做一个幸福的教书人	09届程维	125
信念,伴我前行	09届王佳良	129
做学生成长的"合伙人"	10届严悦	133
我的学生,我的爱	10届杨浩	138
我是你的"花婆婆"	11届刘书含	143
路,在脚下延伸	11届梅玉	148
微弱烛火点亮乡村教育之灯	11届赵英男	152
我的教育生活：朴素而美好	11届王国东	157
相遇在教育的晴空下	11届李喆慧	162
守望初心　追梦教育	12届朱锦涛	167
教科研,让幸福相随	12届刘小伟	172
在选择中成长	12届夏正银	176
好庆幸,遇见了你们	12届张宇	181
选择当教师,我今生无悔	12届张潍苏	186
宁静地走在我的教育之路上	12届武琼	191
敏于心　捷于行——记江苏省溧阳市第二实验小学史敏捷老师	13届史敏捷（采写：李雅洁）	195
春风十里,伴爱而行——记南京市金陵汇文学校张雪老师	13届张雪（采写：刘颖）	199
"张"显青春英采——记江苏省昆山市玉山镇朝阳小学张春英老师	14届张春英（采写：宰文）	203
走进童心　静待花开	14届姜尚京	207
一路悦读　一路书香	15届刘锴	211
起点在晓庄　未来在远方	15届汪婷	216
初为人师——记南京市银城小学陈馨老师	17届陈馨（采写：张晋仪）	220
后　记		224

让我把爱带给每一个孩子

李 莉

【校友名片】

李莉,2004年6月毕业于南京晓庄学院小学教育专业(语文方向),现任南京市游府西街小学语文老师,中共党员。

参加区教师基本功大赛获二等奖;所写论文多次获得省市区奖项;所带班级多次获得校"明星班级"称号,所带学生多次获国家、省、市、区级各类奖项;先后荣获白下区"优秀中队辅导员"、白下区"优秀青年教师"、秦淮区"语文学科带头人"、秦淮区"优秀中队辅导员"等称号。

我是一名普普通通的小学老师,自2004年8月进入南京市游府西街小学以来,一直坚守在语文教学和班主任工作第一线。"让我把爱带给每一个孩子",是我从事教师工作不变的初心。

打磨:积蓄爱的资本

记得苏联著名教育家马卡连柯曾经说过:"爱是教育的基础,没有爱就没有教育。"教师对教育事业的爱必须施予自己的教育对象,师德与师能必须同步提升。因此,从参加工作的第一天起,我就暗暗立下了"育人先精业"的目标。除了日常的备课、上课外,我一面加强教育教学理论学习,一面虚心地向老教师汲取经验,积蓄对学生施爱的资本。

在初为人师的那段时间里,我也曾有过这样或那样的困惑与迷茫,幸亏游小有"传、帮、带"的优良传统,使我在各个方面都能得到快速的提升。记得2005年,入职刚满一年的我要代表学校参加白下区"新秀杯"课堂教学大赛,心中难免忐忑不安。当我刚抽到课题"大海睡了"后,我的两位师傅——同年级组的叶小青、王婷两位老师,就热情地陪着我分析教材、设计教案、制作课件。比赛前的那天晚上,已经8点多钟了,办公室里仍然灯火通明,我面对两位师傅,一遍又一遍地说着教案,按照预设的学情推演着一个又一个教学环节,两位师傅边听边记,中肯地对我提出一条条改进建议,甚至细致到向我演示"抱"和"背"的动作。最让我感动的是临赛前聂咏春校长对我说的那句话:"放轻松,就把自己想象成从大海里走出来的女儿。"顿时,我的心里不再紧张。那一次大赛,我获得了区二等奖。后来,我又参加了区基本功大赛、区优青赛课、区学带赛课等一系列赛课,每一次都能得到师傅的帮助和校领导的支持与鼓励。"平常心!期待好消息!""榜上有名,祝贺!"现在回想起顾维平校长、成剑校长通过手机短信发来的温馨话语,心底依旧是满满的感动。

我认为,师傅无微不至的关心和指导不能成为自己依赖甚至懈怠的借口。要想在专业道路上成长得更快,一定要勤于思考。看了那么多书,听了那么多的课,如何把别人的内化为自己的,"悟"字很重要。2018年,我参加了联盟校五六年级联合教研,执教《滴水穿石的启示》一课,在听取师傅张坤老师的教学指导之后,我在自己试上并听取同组李华老师同题异构课的基础上,经过深度思考,重新设计教案,采用"学习单+小组合作"的模式进行教学,取得了很好的效果,受到了教研员杨春艳老师的肯定。在课后研讨中,杨老师的一番话也给我很大的启发:四年级的时候学说理文、五年级的时候学说理文、六年级的时候学说理文,有什么不一样呢?既然你要教大循环,就应该对文本有更多的、更深入的思考。此后,在每一次备课中,我都尝试着站得高一点、远一点,对教材进行深入的研究和思考,《牛教师教阅读》等阅读策略书籍也成了我的枕边书,"321阅读策略"帮助我思考更切实有效的教学策略。

正是由于在业务上不停地打磨,我先后获得了白下区语文教师基本功大赛二等奖,获得白下区优秀青年教师、秦淮区语文学科带头人的称号。学生们也从我不断提高的教学水平中得到了益处,我所带的学生多次获国家、省、市、区级各类奖项,其中金沐灿等同学在"七彩语文"全国作文大赛中分获一、二等奖,姜文博等同学在江苏省诗歌大赛评比中分获一、二等奖。

历练:传递爱的真情

我认为,在学校教育工作中,最锻炼人的岗位就是班主任。从教14年,我当了14年班主任,从孩子们的知心姐姐变身为暖心妈妈,变化的是我的年龄、阅历与经验,不变的是我的理想、信念与情怀。我坚信,每一个孩子都潜藏着巨大的发展可能,但同时也需要在一定的环境和条件下激发。"静待花开会有时"是我的教育信念,让每一个孩子都能找到自身发展的优势区、找到自己在集体中的坐标点是我的带班理念。

对于一些"毛病"比较多的孩子,我总是耐心地对其加以引导。小L是一个非常"淘气"的学生,上课时每每在老师提问的时候,他就边举手边大声喊"我——"。虽然他的热情好学可以理解,但老师和同学都不胜其扰,以至于一些老师忽视他,一些同学嫌弃他。有一天,我把小L叫到办公室,给他端来一把椅子,请他坐下,和蔼地问:"小L,最近同学们都不理你,老师也不喊你回答问题,你知道为什么吗?"小L低着头,不好意思地回答:"知道。""那你怎么还不改呢?"我继续追问。小L眼圈红红地回答:"我就是改不了。"我和小L谈了很久,两人还做了"约定":只要他能在课堂上保持一星期按要求回答问题,不随便插嘴,我就给他一个奖励。而下一次要想获得奖励,就必须保持两个星期不犯错。如果中途失败,就从头再来。尽管过程十分曲折,但结果还算令人满意,小L的课堂纪律从此有了显著的进步。

对于一些因为家庭变故状态下滑的孩子,我总能体察入微,及时做好工作。2017年,我发现班里一位原本比较开朗的孩子小W,忽然变得情绪低落,下课后我就主动找他了解情况。得知小W正面临妈妈突然查出恶性肿瘤、需要动手术的家庭变故后,我很为他内心的敏感和脆弱担忧。于是,我一方面对他进行心理疏导,另一方面通过QQ给他的母亲留言:"为了儿子,你要加油!有困难,你找我。"在我的悉心呵护下,小W不仅没有因为母亲住院影响学业,还在幼小的心灵里埋下了爱与责任的种子,脸上也露出了久违的笑容。在此过程中,每隔一段时间,我就会把小W在校取得进步的情况和他妈妈沟通,让她安心养病,早日康复。一个很偶然的机会,我在放学时遇到了小W的妈妈,她很开心地跟我打招呼,还拉着儿子对我说:"我们小W说了,李老师最关心我了!"

在班主任工作中,我努力发现每一位学生的禀赋、兴趣、爱好和特长,并为他们的表现和发展提供充分的条件和正确的引导。目前我带的五(1)班是我从一年级带上来的,在这五年里,我鼓励班级有特长的孩子充分自由发展,但凡有外出比赛的机会,我都予以大力支持,对他们因此落下的课程,我都抽空义务帮他们补课。四年级时,我根据班里学生多才多艺的特点,编排了融街舞、说唱、架子鼓等表演形式于一体的"说唱古诗"节目,在期中语文古诗专项综合实践活动上获得一致好评,不仅上了游小童期声微信公众号,还作为优秀经验推广去联盟校介绍。班里个性特长突出的孩子并非"凤毛麟角",有获亚洲杯机器人大赛超越奖的,有获全国书法大赛金奖的,还有获"希望之星"全国英语大赛十强的……四年级时,班里有两个孩子被南外仙林分校优先录取,其中一位还被评为"美德少年"。五年级时,我收到了孩子妈妈发给我的报喜短信:"李老师您好,王浩博刚获得仙外校级美德少年,他要我向您报喜,他很想念您和同学们……谢谢李老师的一路鼓励和培养,也特别幸运遇到您这样有责任心的老师为孩子指引方向。"

我所带的班级多次获得校"明星班级"称号,我本人也先后获得白下区"优秀中队辅导员"、秦淮区"优秀中队辅导员"称号。

支教:辐射爱的能量

2008年2月至6月,我积极响应"江苏省千校万师支援农村教育"的号召,来到涟水县东胡集中心小学支教。这段经历已经成为我生命里最难忘的一段珍贵记忆,因为我把一个教师对孩子的爱从省会南京辐射到了偏远的苏北农村。

当年从南京去东胡集中心小学,先要坐长达五个小时的长途汽车到涟水,再从县城转乘近两个小时的班车到东胡集,下车后步行20多分钟才能到达学校。如果说交通不便只是一时的困难,那么生活上的不便才是"家常便饭"。因为涟水的地下水水质较硬,杂质含量较高,必须沉淀之后才能饮用。而镇里又时不时会发生停水的情况,因此早早地用水桶打好一天所需的自来水,便成了每天的"必修课"。东胡集镇不大,但保留着逢三赶集的习俗,也就是说,只有每隔10天,我们才有可能在集上买点新鲜的鱼肉或鸡蛋,自己动手做做饭,打打"牙祭"。尽管那里条件艰苦,但面对一张张纯净的笑脸和一双双清澈的眼睛,我明白,自己必须尽力给他们带去最好的教育。

东胡集大部分青壮年都外出打工了,中心小学的学生大多是留守儿童,在学习上,他们不会像都市里的孩子那样有父母来辅导。因此,我每天除了给四(2)班的孩子们上语文课外,更多的是给他们讲故事。三、四年级的孩子刚好处在写作的兴趣阶段,我带来了游小集体精心备课研制而成的精美课件,扎实进行课堂教学,还想到了给孩子们推荐绘本,来开启他们的读写思路。我把《鼠小弟系列》《三只小猪》《14只老鼠》等图画精美、文字有趣、寓意深刻的绘本从南京带到东胡集,与孩子们分享。经过一段时间的拓展阅读,孩子们的习作中开始有了童趣,想象和表达都有了很大的进步。

除了关心孩子们的学习之外,我还关心他们的健康。记得当时学校附近有一家小卖部,看到有的孩子去买辣条等不健康的食品,我就会像父母一样,语重心长地跟孩子们讲食品卫生与健康知识。有一次,我还跟配班的老师一起带着孩子们去打粽叶、烫粽叶、包粽子,真是其乐融融呀!

支教期间,我组织原先所教班级的孩子与四(2)班的孩子开展"小手拉小手,城乡一起走"联谊活动。通过"两地书",既让留守儿童了解了都市生活,也让都市儿童了解了乡村生活。游小的学生还自发寄来了文具、字典和课外书等学习用品,收到小伙伴馈赠的礼物,四(2)班的孩子们心花怒放,他们纷纷表示要好好学习,有机会也到南京来逛逛夫子庙、尝尝秦淮小吃。

支教结束前,我面对全镇 40 位老师开设了一堂公开课"我应该感到自豪才对"。孩子们有感情的朗读、开拓的思维和清晰的表达,让在场听课的老师们不由自主地鼓起了掌。时光飞逝,一个学期很快就过去了,分别时我带着依依不舍之情跟四(2)班的孩子道别,孩子们也把他们最真诚的笑脸留在了我的心间。

为了支教,我推迟了婚期。那年 3 月,我在南京举行婚礼,东胡集中心小学的部分老师赶来了,赵校长还特意为我写了一首诗。婚礼上,他用夹着涟水口音的普通话朗诵诗句——"你是凤凰,从南京到涟水;你是凤凰,把爱带给每一个孩子……"感动了现场所有的宾朋,也温暖了我和爱人的心。

清晨,迎着灿烂的朝霞走进校园;傍晚,伴着落日的余晖离开学校——这是我周而复始的工作日写真。金秋九月,张开怀抱,迎来一个个渴求知识的儿童;七月盛夏,挥挥双手,送别一个个走向中学的少年——这是我年复一年的"四季歌"咏叹调。我将不忘初心,努力把爱带给每一个孩子。我已经为此奋斗了 14 年,还将继续奋斗一辈子。

【从教感言】

从教 14 年,我始终牢记陶行知先生"捧着一颗心来,不带半根草去"的谆谆教诲,时常回味先生与四颗糖的故事。我坚信育人先育心,只要用爱播撒,用心浇灌,每一朵花都会开出最美的姿态,静待花开会有时。

我的从教"三部曲"

马 骥

【校友名片】

马骥,2005年6月毕业于南京晓庄学院小学教育专业(数学方向),现任南京市六合区教师发展中心副主任、小学语文教研员,中共党员。

曾获江苏省"杏坛杯"赛课二等奖,南京市青年教师基本功竞赛一等奖,省、市论文比赛一等奖等,30余篇论文(案例)在各级评比中获奖。曾获南京市优秀青年教师、南京市优秀中队辅导员、六合区小学语文学科带头人、六合区优秀教育工作者、六合区教育系统优秀共产党员等称号。

我是一个从晓庄走出来的青年教师。从普通的一线小学教师,到基层的学校管理者,再到区域教师发展中心的教研人员,这就是我13年来走过的从教之路。

踏实勤奋,初露锋芒

2005年8月,我从南京晓庄学院本科毕业后,被分配到六合区实验小学任教。刚走上工作岗位,我就面临着两大挑战:一是作为只有小学数学教师资格证书的新手教师,因为学校语文老师紧缺,被领导安排改教语文,而且开学第一天校长就要来听课;二是作为没有一天班主任工作经验的新手教师,刚进校门就接手了一个三年级班的班主任工作。为此,我急得一晚上都没睡着觉。

万事开头难,只要肯登攀。我没有抱怨,而是沉下心来,虚心向老教师请教,向同年级组老师学习,勤练教学基本功,不断提升自己的专业素养。我先后获得六合区"三字一话"比赛小学组第一名、区青年教师风采大赛技能类一等奖等奖项,在省、市、区三级赛课中也表现不俗,曾获江苏省赛课二等奖,南京市"一师一优课"优质课一等奖,南京市课堂教学赛课二等奖、三等奖各一次。就这样,我慢慢地站稳了小学语文教学的讲台。

在六合实小这所百年名校的浸润下,我深刻地感受到老一辈教师高尚的教育情怀和敬业爱生的优秀品质,更加坚定了向他们学习,力争成为一名优秀教师的理想。在初涉教坛的这段时间里,我还得到了学校徐德宏校长很大的信任和鼓励,徐校长"人文铸魂"的办学理念植根于陶行知先生的教育思想,这也促使我进一步研究学生,研究适合孩子的教育教学方式,俯下身子做他们的良师益友。

2008年,工作刚满三年的我,迎来了人生的三大喜事:入党、获奖、成家。7月,我光荣地加入了中国共产党;9月,我获得了个人职业生涯中第一个市级奖项——南京市青年教师基本功比赛一等奖;11月,为了不耽误孩子们的学习,我仅请了两天婚假就回到了学校的课堂。面对大家的不解,我淡然一笑:"我丢不下这个班的孩子。"因为我心里很清楚,蜜月可以等到假期再补过,但孩子们快毕业了,他们等不及,他们在等着我回去上课。没想到我的这个小小的举动,让学校和家长十分感动。

也是这一年,我被任命为全校最大的组,由五十多名教师组成的语文教研组组长。作为资历尚浅的年轻组长,我更加勤奋、忘我地工作,自己的六年级作文教学实践"对爸爸妈妈说我爱你"也被《金陵晚报》整版报道。与此同时,我还虚心地向组内的名师学习,精心做好每次教研活动的策划和组织工作。慢慢地,我发现语文组的教研活动还存在不少有待提升的空间,例如,如何提高教研活动的有效性,让老师们不仅乐于参加,而且学有所获?如何调动老师们的积极性,让他们踊跃参与研讨,同时让研讨更有深度?……我大胆地提出了教研活动要从初级阶段的"五定"走向第二阶段"四化"的想法,即从"定时间""定地点""定专题""定主持人""定中心发言人"走向"主题化""序列化""程序化""规范化",得到了学校领导的一致支持。2011年,我在全市对自己组织开发的"'三辩式'语文教研新模式"进行了经验介绍,在我任教研组长期间,六合实小语文组连续两次获得"南京市先进教研组"称号。

这期间,我也一直担任着班主任工作。我深切地感受到,中高年级学生正处于人生观、世界观的启蒙期,这个阶段的教育尤为重要,而亲身参与的"活动式德育课程"正是适合他们的最好教育方式。于是,我利用课余时间编写剧本,组织班里孩子拍摄德育小电影,以《我的第一张铜卡》《有一份平凡叫感动》为代表的两部微电影分获全国校园电视评选金奖和银奖。我组织班级孩子开展"公民教育实践活动",所研究的"小区高层乱丢垃圾问题"曾获得蒋宏坤市长和李世贵区长的批示与回信,两获南京市展评一等奖,新华社、中国政府网、省市多家电视台和报社都对我们班的听证会进行了报道。我撰写的德育论文《浅析朱熹教育思想对班主任德育实践的启示》获全国中小学德育优秀论文评比一等奖,8 000余字的班主任经验论文被收入南京大学出版社出版的《苏派教育——一名班主任的带班智慧》一书中。

由于勤奋的工作态度和良好的师德素养,再加上连续多年担任毕业班教育教学工作的显著成效,我连续两年被授予六合实小年度"感动人物"称号。

北上支教,勤勉办学

2013年,出于多认识一些人,多经历一些事,让自己的人生更有意义的目的,我第一个主动报名参加了城乡流动工作,前往偏远的六合竹镇民族小学支教,同时任校长助理一职。竹镇距离六合城40多公里,我每天凌晨5:30从家出发,6:50准时站在讲台上带领孩子们早读,晚上天黑了再驱车赶回六合。

"一开始我还以为城里的老师只是来镀金的,没想到你这么拼命!"一位老师这样评价我。是呀,在竹镇这块热土上,我深深地感到了师生的友善和自己的意义,我必须努力!支教期间,除了日常上课与行政工作外,我还利用课余时间组织学生搞活动,带领老师搞教研,努力提升自己的业务能力。看到学校的各项活动得到了很好的开展,班级学生的成绩也有了很大的提升,我感到特别开心。这一年,我个人又收获了南京市优秀青年教师和六合区学科带头人两项荣誉称号。

2013年12月,我还没有结束在竹镇的支教任务,就被任命为南京市金陵中学龙湖分校副校长,负责小学部日常事务。新校筹建不易,从校园建设、教师招聘到学校文化、学生录取的每一项工作,我都和校长王鼎宏教授以及各位同仁并肩作战。为了实现支教和办学两不误,我把竹镇民族小学的五天课压缩在四天内上完,然后从周五到周日,全身心地投入新校筹建当中。整整大半年时间,我没有给自己放过一天假,新校也终于在当年8月底顺利开学,迎来了首批师生。

在担任金陵中学龙湖分校小学部负责人的两年里,我每天7点不到就站在校门口迎接师生,风雨无阻,一天不落;暑假里,我穿上球衣,充当翻译,和德国外教、热心家长一起开展足球夏令营活动;我创新学校德育特色评价体系,以"龙卡伴我成长"活动建构起对全体学生全面的、过程性的评价;我关心学生的课外阅读工作,提出了"四个一"建议,即一天一个故事,一周一首古诗,一月一本图书,一学期一本老师和家长同看的教育类书籍。为了有步骤地实施"四个一",我还设计了1~6年级每个月的推荐书目……在小学部全体同仁的共同努力下,新建校的办学很快就得到了广大家长的信任和支持,我觉得,这是教育者最幸福的一件事情。

全新挑战,大胆创新

2016年暑假,我调任六合区教研室副主任,2017年区教研室和区教师进修学校合并后,改任新成立的六合区教师发展中心副主任,负责全区小学教学工作和语文教研工作。两年多来,我深入了解全区各校特色文化创建和教育教学情况,组织专题调研和反馈,对六合区的小学教育有了更深的理解。

在此基础上,我提出了课改"两基三优化"理念,强调课堂教学改革不应大张旗鼓一阵风,而应因校制宜,自下而上。我用整整五天时间跑遍全区10个乡镇,召开课改交流会,组织各校梳理问题,指导各校开展"校本化"的课改小项目研究;我牵头组织成立了多类型、多层次的教研共同体,提升了薄弱学校教研品质,促进了一批教师的成长;我率先提出了"四个一"的研训要求,即"围绕一个主题""展示一些课例""做好一个讲座""组织一次互动",要求各学科研训员从一线教学问题中选择研训主题,提高了研训工作的针对性和有效性;在领导的关心和指导下,在广泛听取基层意见的基础上,我重新修订了《六合区小学教学质量考核方案》和《课程规范实施评估方案》,改进了小学教学质量的评估工作,让小学教学质量评价体系更趋科学、合理;我还创新改进了小学视导制度,采用两天出具详细视导报告的形式给学校问诊把脉,受到了基层学校的一致欢迎。

在小学语文教研工作方面,我也力求创新。我组织全区教师从几千本绘本PPT中遴选出适合小学生阅读的绘本,组织开展绘本朗读比赛,不仅提升了教师的朗读素养,推进了班级的绘本阅读,还为全区提供了一批优秀的绘本朗读视频资源;我了解到一线教师教学资源匮乏,于是建立了几个年级的教学资源群,组织团队开发并及时上传相应课件和教学设计供全区使用,受到一线教师的好评;我了解到一些低年级老教师范写能力比较弱,便组织基本功扎实的教师录制了50个汉字书写视频推送到各校。

一路走来，辛苦伴随着收获。今后，我欲快马加鞭，在小学教育教学的广阔天地中继续努力，力争取得更加优异的成绩。

【从教感言】

"一朝晓庄人，一世晓庄情"。离开母校13年了，晓庄的一草一木、一师一友，都深深地印刻在我的记忆中。13年的教师生涯，我努力践行陶行知先生"捧着一颗心来，不带半根草去"的精神，学习并思考"生活即教育""社会即学校""教学做合一"的理论，我想，这就是晓庄教育之魂，是母校馈赠给我最宝贵的财富。

锐意进取 不负芳华

廖加兴

【校友名片】

廖加兴，2005年6月毕业于南京晓庄学院小学教育专业（语文方向），现任南京市栖霞区实验小学教育集团副校长、语文教师，"作文自能评改"项目研究负责人和创始人之一，中共党员。

执教省、市、区三级公开课、讲座40多次，曾获江苏省课堂教学大赛一等奖；主持市级规划课题两项，10余篇论文在《小学语文教师》《小学教学设计》《教育视界》《阅读与写作》《七彩语文教师论坛》等杂志发表；先后荣获栖霞区教坛新秀、栖霞区优秀青年教师、栖霞区学科带头人、南京市优秀青年教师等称号。

2001年秋天，我独自背上行囊踏进了享誉全国的师范教育名校——南京晓庄学院。对于一个从未涉足大城市的农村孩子来说，校园的一切都是那么新鲜，高大的陶行知先生塑像，葱绿的紫藤长廊，琴声悠扬的艺术楼……以至于在四年的学习生活中，我对校园一直都怀有百看不厌的情结，甚至毕业之后还多次"溜"回往日的校园，只为追忆似水年华。

2005年8月，我有幸进入南京市栖霞区实验小学工作。这所学校创办于1919年，1927年成为陶行知先生的乡村教育试验点。毕业于行知先生早年创办的晓庄，工作于行知先生曾经工作的学校，对我这个陶子来说，真可谓一朝结缘，相伴一生。从教13年来，我从一个初出茅庐的新手教师成长为一个学校的管理者，一直心怀感恩：感恩在晓庄那四年的人生积淀和拔节成长，感恩13年来引领、助推我专业成长的前辈和同伴，感恩陶行知先生赐予我的精神滋养和人格力量。

勤于业务　成长自有"天助"

至今仍清晰地记得,工作刚"满月"时,我的师父姜一敏校长就让我在全区的教研活动中上了一节公开课。作为一个纯粹的"菜鸟",我能够得到这样的展示机会,真是犹如接到了"天上掉下来的馅饼"。幸运的是,从此以后,我几乎每学期都有机会开出至少一节区级公开课。而每次开课之前,师父都反复对我进行指导,一遍又一遍地帮我磨课,有时还亲自上阵给我做示范。为了开好"理想的风筝"这节课,师父帮我磨课至少磨了6遍,我记得真真切切。

师父退休以后,我又有幸遇到了特级教师巫新秋老师,她给我搭建了更好的平台,也给我提供了更多的机会。我进了她的名师工作室,她帮我制定了三年发展规划,让我有了明确的发展目标和方向,并定期带我外出学习和交流。每学期我都会在她的工作室上展示课,陆陆续续上了六七节研讨课,每一次她都细心地帮我打磨。她严谨的治学态度和不辍的学习精神深深地影响了我,在她的指导下,我在省级期刊发表了4篇高质量的文章。

工作13年来,我上过各种级别的公开课,参加过不同类型的赛课,开设过大大小小的讲座,累计超过40次。在我成长的过程中,除了姜一敏校长、巫新秋老师外,还有区教师发展中心的应老师、陈老师以及南京市教师培训中心的冯老师,他们在不同的时间节点给了我莫大的帮助,使我从一名普通的小学语文教师成长为南京市优秀青年教师。2014年,我在"江苏省第五届小学语文实验教科书课堂教学大赛"荣获一等奖;2015年,我又在"全国作文教学大赛"说课大赛中荣获特等奖。

面对曾经助推我进步的前辈们,我常想,除了心怀感恩之外,更应不忘初心。"业精于勤荒于嬉",无论何时何地,我都要努力学习,认真教书,踏踏实实做好教学研究。时至今日,我也有了自己的工作室,我也应传承师父们甘为人梯、提携后学的无私奉献精神,尽快把我的"徒弟"们送入教师专业发展的快车道。

专于研究　形成"自能"特色

"那个廖老师的作文教学研究还是蛮有特色的。"在栖霞区的小语界,很多认识我的人都会这么说。他们所称道的"蛮有特色",系指我自2007年开始进行的"小学生作文自能评改"研究。2009年以来,我在栖霞区上作文自能评改公开课不下于6次,两次在南京市市级教研活动中做团队研究成果的专题汇报,先后去本省镇江市、句容市、海安县等地以及青海省做"作文自能评改"的专题讲座,还向前来我校学习的各地代表团做专题报告10余次。我想说的是,专一的目标、不懈的追求和团队的协作,是我之所以能够在作文教学方面小有成就最重要的原因。

我对作文教学研究的关注始于工作第二年的下半学期。我发现同一办公室的一位老主任一直在进行学生互改作文的尝试,我很好奇,没事的时候就会翻一翻他班上学生的作文本,了解他是怎么做的。"既然高年段的学生可以互改作文,那么中年段的孩子是不是也可以尝试尝试?"于是,我把"作文教学"作为自己的研究方向,不声不响地在自己的班级进行了半学期的实践。我把这种课命名为"作文自能修改课",并试图用"三读三改法"来具体支撑这种课型的实施。老主任觉得我这个年轻人很有想法,于是我们就成立了一个研究小组,聚集了校内一批志同道合的老师一起进行课题研究。

此后,我一边如饥似渴地阅读有关作文教学的书籍,汲取作文教学名家的经验,一边继续开展作文教学改革实验,在总结、反思的基础上撰写教学论文。2012年老主任退休后,我就"接棒"成了这一研究项目的负责人。如今,我们团队已经开发出了作文教学的"五大系统",即"流程系统""课型系统""操作系统""评价系统"和"符号系统"。"作文自能评改"已经成为我们学校语文教学的一张名片,也成就了我个人的教学特色,并逐步走出栖霞,走向南京、江苏乃至全国大舞台。

真情投入　管理"从心"入手

我先后教过6届毕业班。对于每一届学生,我都会全身心地投入,用心与他们相处,用心与他们相伴,努力营造开放的课堂教学氛围和民主的班级管理模式,师生关系十分融洽。每一年的教师节,我都会收到往届毕业生发来的短信和贺卡,那一刻,一种无以言表的幸福与甜蜜充溢心田。

记得我工作第一年当班主任带的第一届毕业班,只有21个学生,和我搭班的是学校的教导主任。后来才知道这个班原来有42个学生,因为班里"刺头们"太多,原先的班主任死活都不愿意再带这个班了,学校没有办法,只好将其一分为二,以便管理。做这样一个毕业班的班主任,挑战有多大可想而知。学校的一些老教师好心地劝我说:"即使分了班,你们班还存在'四大金刚'和'武林高手',再说,这个班学生的家长也不太配合,你要做好心理准备啊。"我当时并没有把这些老师的话放在心上,因为我从没有管理过一个班级,属于"无知者无畏",便欣然接受了学校的安排。谁知道,从此"苦不堪言"的日子真的是"缠"上了我:打架的、不交作业的、上课迟到的、旷课的……几乎每天都有;今天他摔伤了,明天他手被夹了,磕磕碰碰的事层出不穷。我每天就在处理这种琐事中忙得焦头烂额,说实在的,那一段时间我从心里"讨厌"他们,对他们有一种莫名的抵触情绪。

期中考试以后,这个班级成绩比年级均分差了10分,这对我触动很大。学校领导安慰我说:"你是新人,只要能保持这个班级稳定就行了,学生的学习成绩暂时不对你做要求。但是你要从心理上接受他们,不能有抵触情绪。"当时我也不知从哪里"冒"出一股勇气,竟然"夸海口"说:"班级我会管好,成绩我也能赶上去,今后我和他们就是'一伙'的,同苦同乐。"

"君子一言,驷马难追。"为了兑现自己的承诺,首先我努力调整自己的心态,并着手制定了班规,每周都对学生的情况进行评比反馈,树立典型;同时对每个学生的情况逐一进行摸底排查,分析归类,寻找他们如此现状的原因,并通过实地家访了解情况,寻求家长的配合;周末时间,我索性把那些没有家长监护的孩子带到自己的家里,替家长看管。我使出了"耐心的教育"+"贴心的疏导"+"真心的帮助"的"组合拳",终于"降伏"了班里的"四大金刚"和"武林高手",孩子们开始和我交心,从心理上真正悦纳了我,我的课堂也变得井然有序了。毕业考试时,我带的班和年级均分仅相差1分,学校领导对我带着孩子们把成绩赶了上去都表示认可。

回头想想,真得感谢这一届毕业班的孩子们对我的种种"考验",它使我对小学生的身心特点有了更多的认知与理解,在班级管理方面也积累了不少成长"经验值"。

作为当年行知先生进行乡村教育试验点的乡村实验学校的一名老师和管理者,作为行知路上的后来人,我将不忘初心,牢记使命,继续锐意进取,不负青春年华。

【从教感言】

从教十三载,当初的青涩已渐渐褪去,但当年的誓言却从未改变——承担先贤所言"传道授业解惑"的师者使命,践行陶行知先生"千教万教教人求真,千学万学学做真人"的育人信条。也许此生我在事业上的成就不一定能攀上名师的高峰,但我一定会成为一个受学生爱戴、受家长欢迎、受社会尊重的好教师。

爱心育桃李 真情写春秋

於小丽

【校友名片】

於小丽,2005年6月毕业于南京晓庄学院小学教育专业(数学方向),现任南京师范大学附属小学数学教师。

曾多次在省市区执教示范课,主持省级规划课题,10余篇论文在《小学数学教育》《江苏教育》《江苏教育研究》等杂志发表,曾获南京市教师基本功竞赛一等奖,南京市教学实践与评优竞赛一等奖,南京市微课竞赛一等奖,南京市课件制作一等奖,全国网络教研团队竞赛一等奖。先后获南京市优秀青年教师,玄武区学科带头人,玄武区优秀青年教师,玄武区优秀教育工作者等称号。

2001年于我而言是那么的不平凡,我终于通过高考走出农村,来到我心目中最理想的大学——南京晓庄学院。报到当天,走进学校大门,首先映入眼帘的就是我最敬仰的陶行知先生雕像。目视着先生那伟岸挺拔的身影,我默默地告诉自己,一定要以陶为师,用自己的实际行动弘扬"捧着一颗心来,不带半根草去"的无私奉献精神。从此,"做一名出色的教师",成为我心中的教育梦想。毕业后,我进入百年名校南京师范大学附属小学工作,经历了刚从教的懵懂,走过了十年之期的困惑,逐渐成长为南京市骨干教师,成为学生喜欢、家长信任、学校放心、社会认可的优秀教师。

情系学生：用爱为孩子们扬起快乐的风帆

教育是爱的共鸣，是心与心的相应相通，教师的爱可以为孩子们扬起快乐的风帆。因此，我每天都带着微笑来到学校，每节课都神采飞扬，哪怕身体不舒服，也要用自己的青春与热情感染学生。

我坚信每一个学生都蕴藏着巨大的潜能，只要善于发现他们身上的闪光点，从内心认可他们，他们就会给我带来惊喜。因此，我特别注意深入地了解每一个学生，热心地帮助每一个学生。对待那些学习困难的学生，我再三提醒自己要留心、留心、再留心，耐心、耐心、再耐心，千万不要让他们产生自卑感。

2017年9月，根据学校工作安排，我新接手了一个班。班里有个叫小鑫的男孩，上课从不回答问题，作业虽然在家长的督促帮助下也能完成，可是一到考试就不及格。开学没几天，我就发现了他的问题，便开始悄悄地关注他，并找班级小干部了解他的情况。从其他学生那里我了解到，小鑫很内向，平时没有朋友，也不愿意和大家一起交流，每天都生活在自己的世界里。我当时就觉得这孩子很可怜，显然有点自闭倾向，如果一直这样下去，恐怕连小学的知识都难以学成。经过深思熟虑，我和小鑫的妈妈进行了面对面的沟通，从他妈妈口中我知道了这孩子确实有生理和心理问题。原来小鑫妈妈在生小鑫的时候，因为孩子太大无法顺利娩出，医生不得已使用产钳，把小鑫的头部挤伤了，小鑫一生下来就住院几个月。后来，小鑫渐渐长大了，妈妈发现他确实和其他孩子不太一样：胆小、爱哭、害怕见陌生人……听到小鑫妈妈的描述，我的眼眶湿润了，也许是因为自己也是一位母亲，更能感同身受。从那以后，每天上完课我都会坐到小鑫的身边，问他有没有听懂。刚开始他很排斥我，只是看看我，什么话都不说，我就把课上讲的内容再讲一遍给他听。不知不觉中，我已经为小鑫"开小灶""炖回锅肉"快一个学期了，他也习惯了每天"加餐"，单独和我交流课上学习的内容。突然有一天，我跟他说到课堂上讲过的某道题时，小鑫立刻回答说"这道题我会"。听到他开口跟我说话，我真是既惊讶又惊喜，觉得这几个月的付出没有白费。后来，在课堂上，小鑫也偶尔敢主动举手回答问题了，虽然次数很少，但他的变化却是那么显著。直到今天，我还在继续每天找他聊天、讲题，他的家长也感受到孩子的变化，很是欣慰。

我不知道，这孩子以后会不会更好，至少在我手上我不会放弃，我一定会继续坚持每天找他聊天、讲题。因为我知道，即便是像小鑫这样有生理或心理缺陷的孩子，心中也会有自己的梦。用自己全部的爱去编织孩子们心中的梦，为他们扬起快乐前行的风帆，是一个教师师德的内在要求。

情系教学：用爱为孩子们燃起智慧的火花

记得在母校求学时，老师曾谆谆告诫我们：要想成为一名优秀的教师，光有爱学生的情感是远远不够的，还要有渊博的学科知识和精湛的业务能力，这样你的爱才会更厚重。走上工作岗位后，我不断鞭策自己，一定要立足教学，精益求精，追求卓越。

工作的第五个年头，我有幸和特级教师贲友林在同一个年级教学，便如饥似渴地跟着贲老师学习他"以生为本"的教学理念，学习他用小研究帮助学生思考问题的教学方法。只要遇到教学上的问题，我都会抓住一切机会向他请教，好在有贲老师不厌其烦地开导我，毫无保留地传授我，再加上学校领导和同事的关心和帮助，我逐步形成了自己独特的"轻松、活泼、有活力"的教学风格。

功夫不负有心人。在我的不懈努力下，我所带班级的学生思维变得敏捷了，数学语言表达能力越来越强，数学学习成绩也有了大幅度的提高，更重要的是学生的综合素养也得到了显著的提升。2016年1月，我执教的两个毕业班学生考试均分在全区名列前茅。2016年8月，我带完一轮大循环后，接受学校的安排继续留在六年级教毕业班，并担任六年级数学教研组长。虽然我心有担忧，但仍能保持一个平和的心理状态和进取的工作姿态。最终，我执教的两个毕业班均分再次在全区名列前茅。

由于我在教学业务上不断探索，努力完善自己，先后获得过南京市教师基本功大赛一等奖，南京市课件制作一等奖，南京市微课竞赛一等奖，南京市中小学教师信息化教学实践与评优活动一等奖。近几年来，在省、市、区教学研讨会上，我执教了二十余节示范课，做了十余次专题讲座，还应邀赴南京六合、河北承德、安徽黄山等地指导教学，在专题研讨会上分享心得、交流经验，深受当地老师们的欢迎。我还曾在"现代与经典"全国教学研讨会上执教"确定位置"观摩课。在2016年全国网络教研大赛中，我和团队成员一起与来自全国的数学教师同台竞技，最终技压群雄，一举夺得全国一等奖，为学校和南京市赢得了荣誉。

一分耕耘，一分收获。我的付出获得了肯定：2011年被评为玄武区优秀青年教师；2013年以来，还担任南京师范大学教育科学学院、南京晓庄学院学生的指导教师；2015年被评为玄武区学科带头人；2017年被评为南京市优秀青年教师。

情系研究：用爱为孩子们支起攀升的阶梯

为了提高自己的专业素养和研究能力,我购买并阅读了大量教育教学理论、心理学以及数学专业领域的书籍,广泛涉猎,刻苦钻研。2009年,我积极报考在职研究生,经过三年苦读,于2012年以优异的成绩获得南京师范大学教育硕士学位。

在我看来,教师投身教育教学改革,投身教育教学研究,不仅仅指向个人的专业成长,同时也指向学生的学业进步,因为我们所做的研究都是基于学生、为了学生,学生是教师教科研成果的最大受益者。作为学校科研中心组成员,我主持了省级课题"小学数学'问题导向式'微课的开发与应用研究",并已取得了一定的成果:课题组成员积极参加与课题有关的论文评比及微课比赛并获奖,还于2018年6月举行了区级公开课展示活动。我先后主持了4项市级个人课题,其中"新课程背景下小学数学估算教学的案例研究""小学低年级数学学困生成因及转化的个案研究""小学数学课堂学习中产生的错误资源有效利用的实践研究"等3个项目已经通过结题验收,同时课题论文还获得南京市一等奖。近年来,我有10余篇论文在《小学数学教育》《江苏教育》《江苏教育研究》《教育研究与评论》等杂志发表,多篇论文在省、市、区三级获奖。

2012年以来,我一直承担学校的数学思维方法课的开发与实施工作。这门课程旨在全面促进学生数学素养的提升,既可以训练学生的数学思维,增强他们分析问题和解决问题的能力,又能扩大学生的视野、拓宽知识面,为培养他们的创造性思维品质提供空间,使之具有终身持续发展的学习能力。我在课程开发与实施中形成的10余篇文章先后在《小学生数学报》的"名师大讲坛"栏目发表。

在2014年度、2015年度南京市"我的生活与数学"比赛中,我辅导的学生多次获得市一等奖和市二等奖,我也因此获得了玄武区"生活与数学"优秀指导教师奖。2016年2月,我参与了学校STEM开发团队和全科阅读团队,这两个团队均在市级评比中取得了佳绩。我还参加了教学光盘的审稿工作,参加了江苏省教研室、省电子音像出版社组织的四年级凤凰数字课堂的编写工作、五年级教学课件的开发工作。

工作13年来,我有六个年度考核等第为优秀,七次获得学校颁发的"斯霞奖",两次获得玄武区优秀教育工作者表彰。"做最好的自己,让青春在三尺讲台上闪光",是我的教育格言。每当有年轻人向我询问成长有啥"秘诀"时,我总是这样对他或她说:"每天尽力把一件件简单的事做好,把一件件平凡的事做好,日积月累,你就会越来越优秀。"

爱心育桃李，真情写春秋。平凡的三尺讲台永远是我激情洋溢、活力四射的大舞台！

【从教感言】

从教十余年，我从刚入职的懵懂稚嫩到现在的成熟稳重，每天都保持着一颗积极向上的心，这也感染着我的学生变得更加阳光自信。我从中收获了教学带来的乐趣，收获了学生对我的爱，也收获了自己的成长。能做一名小学教师，和孩子们在一起，我感到很幸福！我会继续坚守，为做一名优秀的人民教师而不懈努力！

走在行动的路上

顾 健

【校友名片】

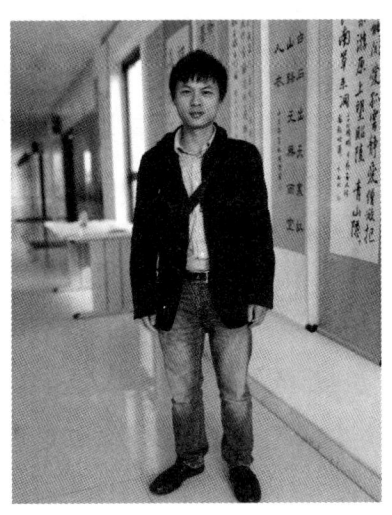

顾健,2005年6月毕业于南京晓庄学院小学教育专业(数学方向),2010年硕士毕业于浙江大学教育学院,现任淮阴师范学院第一附属小学数学教师。

获江苏省基础教育成果一等奖、"一师一优课"部级优课、江苏省首届微课大赛一等奖;江苏省教师网络团队比赛一等奖、江苏省"教海探航""师陶杯"征文比赛一等奖,50余篇教学论文在省级以上刊物发表。曾获淮安市"533"技术骨干人才、南通市优秀教育工作者、淮安市优秀教育工作者、淮安市优秀青年教师等称号。

成长是一件最为漫长的事情,在人生的不同阶段,成长的主题不尽相同,一岁成长在身体,十岁成长在知识,二十岁成长是情感,三十岁成长是智慧。相对而言,我的成长要比别人迟一些——悟性不高,追求虽早,收获却很迟。但是,我一直走在行动的路上,努力做到"在平凡中追求不凡,在平静中保持激情"。

一场"盛宴"后的彻悟

2005年从南京晓庄学院毕业后,我不忘初心,回到家乡,就职于海门市货隆中心小学。没有应酬,也没有什么娱乐活动,有的只是一片宁静。正是这样,看书便成了我支配业余时间的最好方式。那时,我每年都自费订阅五六种教育报刊,再加上学校订阅的10多种,这样我每月都能读到十几种教育报刊。对于课堂教学,因为开始时没人指点,一直是在平平淡淡中摸索着。面对每学期都要进行的全市统一的期末考试,我不得不思考一个最朴素的问题:怎样让学生考出好成绩?平时除了备课、上课、批改作业外,其余时间都被读书征用了。日子过得平淡无奇,如同温水煮青蛙实验中的那只青蛙,被生活的温水熬着,没有什么追求,也没有什么长进。直到2008年参加一次赛课,我才有了全新的改变。

记得5月1日那天,我为创建活动加班准备材料,刚一踏进校门,就被王校长告知:"好好准备一下吧,参加这一届海门市教育技术与数学学科应用教学优质课竞赛。"面对这样一个突如其来的任务,我倍感压力。对于在县级优质课竞赛和教育技术应用竞赛方面"双重空白"的我而言,无疑是挑战蜀道之难。同时我也明白,这既是挑战,也是机遇。于是,在接下来的一个月时间里,我全身心地投入优质课竞赛的准备之中,决心完成一次"蜕变"。

我把以前只是走马观花看过的《小学数学教师》《小学教学设计》等50多本杂志一股脑儿地全部搬至案头,下班回到家就埋首其中。上班时,我上网下载名师名家的数学教学视频,复印名师名家的课堂教学实录,一有空闲,就反复观看,反复揣摩。那一段时间,就连上下班路上的十几分钟我也不放过。赛课时间如约而至,我执教了四年级"解决问题的策略"一课,获得大赛二等奖,有了收获自然很是兴奋,因为农村小学能突破片区参加市赛的机会极少,何况还获得不错的二等奖。可很快我就高兴不起来了,因为我发现自己与同样年轻的市区选手在教学设计的创新度、对课堂的把控度等方面都有明显差距,正所谓"没有比较就没有伤害"。痛定思痛,我决心更务实地努力前行。

一次"邂逅"后的奋起

2009年,我撰写的班主任论文荣获南通市一等奖,并受邀参加当年的"班主任年会"。虽然只是一次普通的年会,但对我的专业发展来说,却是一次美丽的"邂逅"。至今仍清楚地记得主持人讲述的那个故事。有一位僧人一心向佛,总想修成正果,他每日拜佛,遍读经书,可总觉得没有悟到禅理。一日,他正跪在神佛面前念经时,德高望重的方丈走了过来。僧人说出自己的苦恼:我天天拜佛念经,却没有什么收获,怎么才能成佛呢?老方丈微笑着说:"正因为你天天跪拜神佛,永远也成不了佛,只有直立起你的身子,你才有可能成佛。"僧人顿悟,从此再读经书时加入自己的感悟和体会,有了自己的思想和语言,在前人基础上悟出了更多、更深的禅理。

主持人讲述的这个故事，深深地震撼了我，使我茅塞顿开：必须直立身子，展开行动，走专业成长之路。回到家后，我很快就开通了自己的教育博客——"庄周梦蝶"，还制定了个人专业成长的长程规划：

1. 广泛阅读：阅读电子教育教学杂志或报刊，做读书日记，浏览教育网站一小时，了解时事动态，学习先进的教学理念。

2. 亲近名家：下载名师课堂教学实录，看名师教学视频，访问名师博客空间，积淀营养。

3. 反思写作：每周完成一篇高质量的博文，记录自己专业成长历程。

4. 加入网络成长共同体：相互督促，在竞比中成长，在集体中前进。

有了明确的目标后，生活中的倦怠和懈怠也渐渐消除。我利用"博客"发出自己的声音，反思每天在教育生活中说的、做的、想的点点滴滴。我扪心自问：为何得意？为何失意？为何困惑？为何争议？我反复琢磨：合理吗？有效吗？内隐的思考经过书面化的表达后，不仅思路变得更加清晰，还能督促思考的持续与深入，不再是"重复昨天的故事"。2012年，我的教育博客"庄周梦蝶"被南通市教育局评为优秀教育博客，我写在上面的近20篇博文，经整理先后在《教育导报》《小学教学参考》《南通教育》《四川教育》《陕西教育》等杂志发表，这让我体验到了教育生活的多彩和专业发展的幸福。就这样，我阅读着，实践着，反思着，成长着。

一次"转移"后的新求索

2012年9月，考虑到家庭因素，为解决两地分居造成的生活不便，我离开海门来到了淮安，加入了淮阴师范学院第一附属小学这个大家庭，实现了职场的一次重要"转移"。6年间，我当了6年班主任，送走了6届毕业班，在淮师一附小开始了新征程上的新求索。

2013年，我被评为淮安市教坛新秀，这让我明白了作为教师的第一重境界——走进课堂，教出本味，立足学科，成为人师。

2015年，我参与编写了山西教育出版社出版的《名师说课》一书，获得了江苏省中小学教师"教海探航""师陶杯"论文评比的一等奖，成为学校那一年唯一同时在两项赛事中获奖并且都是一等奖的教师。"十年旧约江南梦，独听寒山半夜钟"，感谢"教海十年"，在一次又一次精神的跋涉中，让我听到了自己成长拔节的声响；感谢"教海十年"，在一次又一次深情的召唤中，让我越发坚定了自己的专业自觉与自信。"教，然后知困""教海前行"让我的视野逐渐宽广，让我思考的触角逐步从自己的课堂小天地拓展到区域教育相对宏阔的大空间;"写,然后知不足",写作也让我阅读涉猎的领地从教育教学的方寸空间拓展到儿童哲学、教育社会学、教育伦理学等广阔天地;在阅读、思考、研究和写作的过程中,我逐步学会了论据的规整和论证的严密。

基于课堂,立足现实,憧憬未来,永远是做学问的不二法则,否则便是无本之木,无源之水。2016年我承担了"立体图形的体积复习"市级公开课,在此基础上的改进课例获得了部级优课。这让我明白了作为教师的第二重境界——赢得课堂,遵循规律,超越学科,成为明师。

探究的触角有多深,获得的舞台就有多大。2017年,我作为课题组核心成员参与的研究项目"新技术视域下学与教方式的变革"荣获江苏省基础教育成果一等奖;2018年我参编了吉林大学出版社出版的《开放性教学模式在小学数学教学中的实践应用》,该书旨在通过构建小学数学开放式教学模式,提高小学生分析问题、解决问题能力,培养学生创新思维与实践能力,增强自主探究和合作意识。这让我明白了作为教师的第三重境界——超越自我,成全学生,以文化人,成为导师。

从教13年来,我一直行走在教育实践和教育研究行动的路上。在行动中不断成长,在成长中加速行动,我已经初步形成教师专业发展的良性循环。行动为成长奠定基础,成长为行动引领方向,这将是我不悔的选择,不懈的追求。

撰写本文的经历,如同又一次教海探航,我将一生珍藏。

【从教感言】

感谢母校对我的培养,我会把这份感恩化作行动,将之前的种种收获作为一种鞭策和激励。再出发的号角已经吹响,我愿继续高扬启程的风帆,去迎风追寻理想教育那一抹迷人的蔚蓝;我愿继续深耕研究的田野,让自己的教育人生因思想而美丽、丰盈。"曾经"已不再重要。重要的是,每一次洗礼的经历,每一次提高的过程;重要的是,我们一直在"成长"的路上……

在孩子们的童年留下一个美好的"杨梅老师"

杨 美

【校友名片】

杨美,2005年6月毕业于南京晓庄学院小学教育专业(数学方向),现任南京晓庄学院附属小学教务处副主任、小学数学高级教师,中共党员。

曾两次获得栖霞区小学数学教学竞赛一等奖,栖霞区小学数学基本功竞赛一等奖,南京市论文一等奖,在省级以上刊物发表近10篇文章,担任过4次市个人课题主持人,带领附小数学组获得了南京市优秀教研组,申报的"数学与生活"课程获全国卓越课程。先后获得区教坛新秀、区青优、区优秀教育工作者、区教学先进个人等荣誉称号。

我是杨美,我的学生喜欢脆生生地叫我"杨梅"。2005年从南京晓庄学院毕业进入晓院附小工作,至今已有13个年头。13年来,我没有统计自己一共教过多少个孩子,但他们那一张张天真可爱的小脸却时不时地在我的眼前浮现。我想,他们的记忆中,大概也会留有一个美好的"杨梅老师"吧。

我是一个幸运的老师。晓院附小的百年积淀,前辈师长的优秀传承,让我浸润其中,努力成为更加优秀的那一个。回望过去的13年,我付出了自己的热情,收获了内心的成长,前行的每一步都无比珍贵。

我当班主任:为了找学生,第一次爬上门框

在从教的13年里,我当过3年班主任。我特别喜欢当班主任,因为我喜欢孩

子,更喜欢带着孩子一起玩耍,共同学习。他们俏皮地叫我"杨梅",我总是开心地答应。

在我的班级里,总有一些困难家庭的孩子,我特别心疼他们。记得一个叫小沈的同学,妈妈跑了,爸爸一时想不开,将他一个人孤零零地扔在火车站,给孩子妈妈发了一个信息,人就消失了。看到小沈没来上学,我急坏了,打了好多个电话,他爸爸就是不接;去家里敲门,也没人开门。那是我第一次不顾形象,爬到门框上,努力地向房间里看:为什么床上明明有人,就是不起来开门?

无数个坏结果缠绕在我的脑子里。不得已,我求助了燕子矶派出所。可是当警察撞开了沈家的门以后,屋子里并没有我的学生小沈。经过警察的一再盘问,历经辛苦,才将孩子从外地找了回来。记得小沈回来的那一天,蓬头垢面,一个男孩的头发竟然比女孩还长。见到小沈的那一刻,我的眼泪一下就涌了出来。我立即带着他去理发,亲手帮他洗了头,他的颈脖里全是污垢,衣领黑黑的。从那一刻起,我就把像妈妈一样照顾小沈的责任担在了自己的肩头。

令人欣慰的是,我当班主任期间,班风正,学风好,所有的孩子都和我很亲,他们懂得我的真心,也对我真心以待,一个个都以优异的成绩完成学业,顺利毕业。

我爱上课:分数小数"活"起来,让孩子爱上数学

我平时为人很谦和,但在教学上却比较"泼辣"。我们学校坚持生本课堂的教育理念,重视学生能力和良好习惯的培育,在这个基础上,我在班级大胆尝试先学后教的学习方式,运用"小先生讲坛""成绩星卡"等激励措施,提高学生学习数学的自信和热情,因此,我班里学生的数学成绩一直名列前茅。

2017年,我参加了南京市教务主任培训,学习了前沿的教育思想,无论工作有多繁忙,我都会第一时间将这些思想分享给附小的老师们。我现在还是南京市"小学数学学习历程"研究的核心成员,2017年2月以来,几乎每晚都要12点之后才能休息。在我的带领下,附小数学组多人对市、区开设有关学习历程案的研究课与讲座,我个人也开设市级学历案研究课"解决问题的策略——转化"与"组合图形的面积计算"。在研修过程中,附小数学组老师解读教材的水平与课堂教学的能力都在逐步提高。

我始终认为,其实孩子们都是爱学习的,关键是我们老师怎样激发他们的兴趣,让他们主动钻研。在小学数学里,小数、分数的学习是难点,概念比较枯燥,我就想办法尽量让它们"活"起来。教分数的时候,我给孩子们讲故事:"古人狩猎时

打了两只兔子,分给两个人很容易,可是怎么分给五个人呢?"在鲜活的情境中,孩子们主动联想,思路一下子打开。讲小数的时候,我跟孩子们说,小数很"无辜",它们都是被逼出来的,当1/2加1/5不容易计算时,换算成小数就容易多了,小数就被逼出来了。我在全区开设了CCTALK课"玩转分数""被逼出来的小数",有趣的课堂让更多的孩子受益。

为了传递"学历案"设计的前沿理念,我在江苏省小学数学课改成果汇报会上开设了"学习历程案的设计"讲座;为了帮助师范生尽快地掌握小学数学教学的技能,我对南京晓庄学院小教专业的学生开设了3节远程录播课、两次讲座。除此之外,我还对栖霞区的同行开设了多节研究课与讲座,和区里的数学老师们共同研究教材、切磋教学方法。因常年执着于小学数学教学的研究,我于2012年、2017年两次获得栖霞区"红枫杯"赛课一等奖,并获得教学能手的称号。

我紧盯学业:怀孕期间上课时垃圾篓随身带

记得2015年怀孕时,因为身体反应大,我在床上一躺就是个把月。当情况略有好转、能下地站立时,我立即回到附小上班。不过在上课时,我的讲台旁边总是放着一个垃圾篓,常常背过身去呕吐。就在这样的情况下,我所带的班级在期末考试时依然获得全年级均分第一名的好成绩。

我一直认为,教学的优异成绩与教师自觉地进行教学反思是分不开的。在日常教学中,我会根据学生的实际情况,认真备课与上课,认真批改作业,认真研磨周周练与天天练,认真辅导学生,所以我所教班级学生的数学成绩常常名列前茅。

经过教学反思,我总结出的一些教学小窍门,让我校所有数学老师都获益匪浅。(1)课堂教学不放松。认真备好每节课,让所有学生在课堂上不仅收获知识与能力,关键还要学会数学思维,积累基本活动经验。(2)提优补差要到位。平时教学抓两头,针对学生薄弱点进行教学设计才有效果。(3)易错题天天练。分析班级学生的作业,找出学生学习的盲点、易错点,重点强化练习。(4)团结友爱共进步。一个年级就是一个集体,大家集思广益,编制《周周练》《天天练》,一起检测,一起分析,为提高数学教学质量而努力奋斗。

我爱钻研:关注过程,让每个孩子有一份专属"学历案"

我认为,多读书、多思考,有助于教师更好地掌握学生的学习心理,提高自己的教学能力,而把师生的教学过程记录下来,则能让更多的老师从分享中受益。我们数学教研组一直致力于"学历案"的研究和实际应用,让每一个孩子有一份专属于他自己的学习过程评价,预习、上课、复习都可以用,而一位老师想了解一个学生的学习状况,打开学历案就一目了然。

近几年,我都坚持利用晚上时间读书、写作,目前有了一些小小的收获:我担任主持人的南京市第十期个人课题"小学数学'解决问题的策略'单元学历案的编写与实施的研究"顺利立项;担任课题组核心成员的市"十三五"规划课题"互联网+时代陶行知'真人教育'思想的创新实践"顺利开题。此外,担任课题主持人的区级第九期个人课题"高层次思维能力在小学中、高年级数学课堂教学中的实践与研究"正在研究之中。我所撰写的论文、案例,已有多篇发表或获奖。如《找准教学起点,构筑高效课堂》发表于《数学学习与研究》2016年第10期;《学生社团的规划、引领与实施》发表于《教育视界》2017年第1期;《基于"学历案":关注学习历程,让学生真正学会》发表在《生活教育》2017年第10期。此外,我在参加南京市教务主任培训时,跨学科撰写的《活力"球"真 健康一生——晓院附小"活力篮球"校本课程实施案例》荣获南京市教师培训中心一等奖。

我是教研组长:全力打造数学团队

俗话说"一个人好不是真正的好"。真正优秀的人会带着大家一起上进。从2014年接管数学教研组以来,为了提高整个数学组教师的教学能力,在校长室的领导下,我带着数学组所有老师一起奋斗,获得了"全国卓越课程""南京市优秀教研组""栖霞区数学学科校本研修一等奖"等多项荣誉。每一个荣誉称号的背后都凝结着全体老师辛勤的汗水。记得评"新教育卓越课程"时,我和顾新佳老师、邹海燕老师彻夜未眠准备材料;评"南京市优秀教研组"时,我们全组老师一起加班,连续工作10天,成功地完成了材料上传,在最后的展示环节,我们数学组五人自觉加班两周打磨发言稿,精彩地呈现了我们数学组的风采。一分耕耘、一分收获,这两年,我和我们的数学组收获颇为丰硕。

我爱心帮扶:共同研制钟化小学教研策略

2017年,我在承担繁重的毕业班数学教学工作的同时,主动申请到钟化小学交流,和钟化小学的佘文婷组长、王颖老师一起学习,共同研制钟化小学的教研策略。在我的积极引荐下,钟化小学的数学老师们走进附小的教研团队中,大家一起教研、一起磨课、一起读书、一起写文章,我以这样的方式帮助钟化小学的年轻老师们快速成长。2018年6月,我又主动到晓庄小学交流,因为晓庄小学是今年刚开办的新建校,万事开头难,我就从7月底开始提前上班,协助金校长一起制定晓庄小学课程方案、排课表、均衡分班、落实弹性离校……为新学期开学做好一系列准备工作。

我结对年轻老师:徒弟已经定级为二级教师

虽然学校教务工作繁忙、孩子年幼,但我坚持指导徒弟徐鹏阳老师与其他年轻老师的课,帮助他们更快地成为一名合格的人民教师。目前,我的徒弟已经定级为二级教师,并为全区开设了一节公开课,他撰写的论文还获得了南京市优秀论文评选一等奖。

我热爱我的学生,热爱我的教学,潜心研究,不断进步。从教13年以来,我先后获得区青优、区优秀教育工作者、区教学先进个人等荣誉称号。自尊、自信、自立、自强,努力成为一名优秀的人民教师,在孩子们的童年留下一个美好的"杨梅老师",是我始终不渝的追求。

【从教感言】

要想学生好学,必须先生好学。唯有学而不厌的先生才能教出学而不厌的学生。教师既要像母亲一样爱护孩子,关心孩子们的身体健康、学业水平,也要公平公正地对待每一个孩子。在教学上,教师需要保持不断创新的理念,以课题为引领,不断调整教学思想,认真备好每一节课,上好每一节课,促进每一个孩子的发展。

怀仁爱之心　走求真之路

陈　健

【校友名片】

陈健，2006年6月毕业于南京晓庄学院小学教育专业（语文方向），现为扬州市育才小学语文教师，先后担任办公室主任、团总支书记等职，政协扬州市广陵区第八届委员，中国高等教育学会教师教育分会会员。

任教以来，曾获得扬州市"名师行动"赛课一等奖、扬州市"二分明月"小学语文教学竞赛一等奖、广陵区"育花奖"综合实践学科一等奖、广陵区"育花奖"语文学科一等奖。获得扬州市青年岗位能手、广陵区优秀团干部、广陵区优秀团员、广陵区优秀中队辅导员、广陵区教育系统先进个人、十佳班主任、"青蓝工程"优秀师徒、师德先进个人、优秀少先队辅导员、优秀班主任、诗教先进个人等荣誉称号。

2006年9月，我成了扬州市育才小学一名年轻的语文教师。从踏进校门的第一天起，我的脑海里就产生了一个挥之不去的问题：经历了晓苑陶风长达四年的精神洗礼，我的教师职业生涯该如何度过？为此，我不断地追问自己，也不断地鞭策自己。

仁爱为怀：立德树人做表率

从教12年来，我教过近300名学生，他们有的天资聪颖、活泼可爱，有的性格顽劣、不服管束，有的家境贫寒、孤僻怪异……我一直坚信，用生命的热情去传达爱的讯息，进而完成立德树人的神圣使命，是每一位教师义不容辞的重任。我始终不忘那一份沉甸甸的责任，始终心怀那一颗暖融融的爱心，尊重、理解每一位学生，公平、公正地对待每一位学生,只为了让他们如鲜花般美丽绽放。

  小顾是一名脑瘫学生,自幼行动不便,生活难以自理。接班以后,为了更好地帮助她,我定期去家访,及时和家长进行有效沟通,一年就达十余次。在学校里,她上下楼不便,我就每天搀扶她出行,风雨无阻。同时,我还号召班里的同学都行动起来,给予小顾更多的关心。课间,会有人陪她聊天说笑;中午,会有人帮她打饭端汤;放学,会有人帮她拿包拿物。在这个充满爱的班集体里,小顾脸上的笑容越来越灿烂。我并没有因为小顾身体情况特殊就在学习上放松对她的要求,反而经常给她一些特殊的帮助,帮她夯实学习基础。慢慢地,小顾的学习成绩呈现出稳中有进的良好状态,自信心也越来越强了。

  小邓是一名特困生,自幼父母离异,性格孤僻,学习成绩也不尽如人意。了解到这些情况后,我第一时间与他的家长沟通,共商助推他成长的策略。以后,我特别留心关注小邓的一举一动,把他当成自己的孩子来照顾。集体春游时,发现小邓口袋里没有零花钱,我就主动给他买了小伙伴们都有的零食;上公开课时,发现小邓的学具中没有水彩笔,我就立刻跑到超市为他买水彩笔;夏天到来时,发现小邓的衣衫破旧不整,我就买了几件新衣服送到他的家中。在我的带动下,同学们也都自觉地行动起来,给予小邓很多切切实实的帮助,这让他充分感受到来自班集体的温暖。小邓毕业后,我时常会在学校附近遇到他的奶奶。老人家一见到我,就不停地念叨着当年我对小邓的种种关心。

  在我看来,教师对学生的爱原本是不分大小的,有时一句话宛如一盏灯,或许就能改变孩子的一生。对于那些取得进步的学生,我会毫不吝啬地给予公开表扬,鼓励他们再接再厉,取得更大的进步;对于那些表现一般的学生,我会在给他们指出问题的同时,提出最切近的期望,让他们学会用自己的表现来赢得老师和同学的肯定。在这种爱和赏识中,很多学生都增强了自信,明确了目标,他们不断端正了生活和学习的态度,也取得了一天比一天明显的进步。

  我认为,教师对学生的爱也是不分八小时内外的,有时业余时间的额外付出,或许能收获比工作时间更大的成效。下班时分,当我看到有的学生家里还没有人来接时,我就会主动将他们送到家里;班上有学生生病住院时,我会舍弃休息时间,连续数日前往医院看望,有时一待就是两个小时;得知有学生放假在家沉迷网络、电视,难以自拔时,我会连续几天前往他的家中教育、督促……我还利用休息时间创办了班级贴吧和家校公众号,通过多种途径与家长沟通,实现了家校共育。

  近年来,我所带的班集体累计获得区级、校级表彰十余次,因为经常包揽学校运动会所有比赛的冠军,被同事笑称为"奥运班",2010年我荣获"仁爱求真之师"称号,这是学校给予我的最高表彰。我所教过的学生,很多人毕业后依然和我保持着密切联系:或邀我一起去球场打球,或在我生日那天送来温馨的祝福,或在假期来我家中蹭饭,或在遇到心事时就给我打热线电话……这是学生给予我的最高褒奖。

勤奋为径:精耕课堂创佳绩

走上教师工作岗位后,每一年我都会购买大量的书籍阅读。从名师课例到历史专著,从课程标准到人物传记,从传统文化到报告文学,从教学杂志到散文诗集……我在书海中尽情地遨游,不断提升自己的专业素养和业务能力。

除了勤于读书之外,我还勤于向"名师"学习。记得刚工作那会,我每周都要从图书室借来大量的名师教学视频光盘。晚上一吃完饭,我就坐在电脑前,一边记录教学过程,一边反思自己平时的教学行为。一个学期不到,图书室的光盘被我看了个遍。但我仍旧觉得不"解渴",于是就在网上展开搜索,从"百度视频"到"悠然之家",凡是能找到的优秀教学视频,我都一节不落地认真学习了。时间久了,我也就慢慢地悟出了教学的"门道"。

在孜孜不倦的学习中,我教学的底气也越来越足,很快就在学校脱颖而出,执教区、校级展示课近20节,还曾赴镇江、无锡等地执教示范课,先后获得扬州市"名师行动"赛课一等奖、扬州市"二分明月"小学语文教学竞赛一等奖、广陵区"育花奖"综合实践学科一等奖、广陵区"育花奖"语文学科一等奖。每次参加完赛课,我都会及时把教学心得整理出来,编写成文,陆续投稿给省级杂志社。近年来,我在《小学语文教学》《习作旬刊》《七彩语文·教师论坛》等期刊发表论文近10篇,在全国、省、市、区级论文、教学案例评比活动中屡屡获奖,在失败中砥砺前行,在成功后再攀高峰,这就是我所走的路。虽然很辛苦,但我觉得很充实,很荣耀。

除了关注课堂教学改革外,我还会尽可能利用空余时间对学困生进行悉心辅导,帮助他们找出知识的薄弱环节,及时进行查漏补缺。通过开展"你争我夺"等学习活动,营造"你追我赶"的良好学习氛围,帮助他们端正态度,互相学习,相互促进。同时,我还自创了"复习本",在班级设立"流动图书架",通过多种形式激发学生的学习兴趣。记得在母校求学期间,教小语的李正存老师曾经跟我说过:工作以后,你要学会研究试卷。毕业后,我一直把这句话牢牢记在心里。我搜集了大量的语文试卷,花了很长时间进行研究,从中提炼出重要的知识点。因此,在上复习课时,我能在不增加学生负担的前提下帮助他们夯实基础,拓宽眼界,训练思维,提高能力。我任教的班级期末考试优秀率常年排名年级第一,得到了家长的高度认可。

我教过的很多学生进入初中后都在语文学习方面表现出扎实的基础和良好的素养。不少家长在跟我聊起孩子的中学学习生活时，都会对我当年认真负责教学的成效表示感激。

实干为本：行政岗位展身手

2010年，我开始走上学校的行政管理岗位，先后担任团总支书记、办公室主任等职务，并于2012年成为扬州市广陵区政协委员。

在担任学校办公室主任的那些日子里，我除了要完成诸如"寄语校长"的回复、校级督导工作的反馈、学校各项会议的安排、各项活动的主持词撰写等常规工作外，还要完成很多突击性的工作，如市级文明行业测评、市级未成年人思想道德建设、省级文明单位评比、全国城市文明程度指数测评等。面对繁重的工作压力，我不推诿，不敷衍，常常是在电脑前一坐就是几个小时，加班加点几乎成了"家常便饭"。

我所在的育才小学是扬州市最热门的窗口学校，作为学校办公室主任，我为繁杂的行政事务付出了巨大的心力，完成了一项又一项艰巨的任务。来自全国各地的访问团来学校学习考察，有关学校介绍的文字稿需要我准备；省、市、区各级领导来校视察，有关学校工作的汇报材料需要我撰写；拍摄学校形象宣传片，解说词需要我撰写，前期素材拍摄需要我协调，后期视频制作需要我参与；学校分校即将开班办学，所有面向公众的宣传活动需要我参与，从联系报社到设计版面，再到数易其稿……当我完成一天的工作任务走出办公室时，校园里常常是一片黑寂，只有在秋风中"飒飒"作响的梧桐树叶，伴着天外的孤星明月。

由于长期处于超负荷运转的工作状态，我的健康很快亮起了"红灯"。椎基底动脉脑供血不足，使我无法再坚守学校办公室主任的岗位。随后的几年里，我继续主持着学校团总支的工作。作为团总支书记，我坚持围绕党政中心工作和青年需求扎实开展工作，积极参加各级团委组织的活动，育才小学团总支也先后获得了广陵区教育系统"五四红旗团支部"、广陵区"五四红旗团支部"、扬州市"青年文明号"、江苏省"青年文明号"等荣誉称号。

怀仁爱之心，走求真之路，这就是我从教12年来交出的答卷！

【从教感言】

　　教书育人，教人求真。这么多年来，我始终难忘四年的大学生活。在晓庄，我锻炼了才干，掌握了教育教学的技能。从教后，我也始终以一名"晓庄人"的身份严格要求自己。在十余年的教学生涯中，我真切感受到教师是太阳底下最光辉、最神圣的职业，并且深深地爱上了教师这个岗位，愿意为之奋斗一生。

我有三个"雅号"

陈新涛

【校友名片】

陈新涛,2006年6月毕业于南京市晓庄学院小学教育专业(数学方向),现任南京晓庄学院附属小学数学教师、教务副主任,中共党员。

多篇论文发表在市级、省级及以上刊物,文章曾荣获上海黄浦杯一等奖,江苏省师陶杯二等奖,南京市一等奖等。2017年参加全国中小学信息技术创新与实践活动NOC网络教研团队赛荣获一等奖。曾荣获南京市优秀青年教师、南京市优秀班主任、栖霞区数学学科带头人、栖霞区教学先进个人等多个荣誉称号。

我是一名女教师,但名字却有点男性化。从教12年来,我曾荣获南京市优秀青年教师、南京市优秀班主任、栖霞区学科带头人、栖霞区优秀青年教师、优秀党员等多个荣誉称号,但最让我引以为傲的,是我在南京晓庄学院附属小学赢得的三个"雅号"。

学生管我叫"涛妈"

工作12年来,我做过11年班主任。现在回想起来,孩子们对老师的需求有时候真的是很简单,一个拥抱,一次陪伴,一句鼓励的话,一个赞美的眼神……对于老师来说是举手之劳,但对于孩子来说,则是莫大的安慰与幸福。可惜,刚参加工作的时候,我还不能意识到这一点。

那是一个忙碌的午后,突然,一个稚嫩的声音传来:"陈老师,你能陪我玩个游戏吗?""不好意思,老师现在比较忙,你找小伙伴玩吧!""哦。"孩子的小脸上立刻布满了失望。那失望的表情一整天都萦绕在我的脑海里,挥之不去。

这事过了不久,又是一个课间,一个胖乎乎的小女孩走到我的身边,怯生生地问道:"陈老师,我可以抱你一下吗?"弥补上次那个遗憾的机会终于来了,我立刻放下手头正在批改的作业本,拥抱了这个小姑娘。孩子十分满足地跑出了教室,一边跑一边兴奋地喊道:"陈老师抱我了! 陈老师抱我了!"这一喊竟把全班其余的47个孩子都喊了过来,他们都要求我抱一下,于是,我一一满足了他们的要求,并将所拍的照片进行了美图组合,取名"这刻幸福着"。

这件事情让我意识到,既然教师服务的对象是孩子,那么,就应该从点点滴滴的小事做起:孩子们的课间游戏有我的身影,孩子们的午间休息有我的照看,孩子们的放学离校有我的护队……也不知道从什么时候起,孩子们把"涛妈"这个雅号送给了我。

班级有一个女孩大腿骨折了,行走不便,课间我就背着她去上厕所,家长知情后非常感动;发现班里有个孩子到校后发烧呕吐了,我立马把她送到医院诊治,并将孩子搂在怀里,细心呵护,让孩子感受到母亲般的温暖……

2014年6月,我带着不舍送走了一个毕业班,又回头接手了一个一年级新生班。这一年,正值栖霞区开展新教育,打造完美教室。我经过悉心谋划,决定把自己的班命名为"向日葵班"。向日葵,顾名思义,就是一直向着太阳。班级的"太阳"就是班集体的核心价值——向上、阳光、团结、拼搏。为了打造这样的班集体,我以星卡评比为抓手,以活动为载体,开展了"走向户外"的系列活动。

走向户外的理念是"学习不仅仅在教室里发生",旨在通过组织丰富多彩的亲子活动,更好地沟通家长和孩子、孩子与孩子之间的关系,锻炼孩子们的社会实践能力。环湖游、绳儿乐、包粽子、进福利院、义卖、家校运动会……每场活动我都要精心准备,为此牺牲了大量的休息时间。每场活动下来,虽然我的身体是疲惫的,但心情却是愉悦的。看到孩子们在成长,他们变得更大方、更阳光、更自信、更团结、更善良、更懂事……我的幸福指数急剧上升。

十多年班主任工作,变化的是一届又一届的学生,不变的是我对教育的热爱,对学生的挚爱,对班主任工作的执着。在2014年南京"最美班主任"网络评选活动中,没想到我能最终以票数第一的成绩当选为"最美班主任"。

"这样的老师成为'最美班主任'是名副其实的,当之无愧的。"我一直将家长们的褒奖视为激励与鞭策。

同事管我叫"涛哥"

我从小生活在农村,养成了吃苦耐劳的品质。参加工作后,每到学校工作急需人手的关键时刻,我都会"挺身而出",因此,我的同事们都亲昵地称我为"涛哥"。

2012年9月份,因为当时有9位女教师将陆续生孩子,学校的课务安排陷入了前所未有的困境。尽管校长绞尽脑汁、周密安排,最后还是有一个班数学老师的"缺口"补不上,"缺口"期为一个月。校长为此急得团团转:"怎么办?怎么办?怎么办?一个月时间让我到哪儿去聘请代课老师呢?"我得知学校的难处后,便向校长主动提出:终止产假,提前上班。"你不是还有一个月的产假吗?"当我在课堂上出现时,老师们都很惊讶。为了给这个班级的学困生补课,我又主动牺牲了每天一小时的"哺乳假",忙得顾不上自己回家给孩子喂奶,而是让婆母把孩子抱到学校来吃母乳。同事们都嗔怪我:这么"狠心"的事儿,也只有你"涛哥"才干得出来。

2015年5月,南京市小学教师培训中心要在附小举办一场全市性的"算中学"活动。准备时间短,活动要求高。学校把承办这项活动的重任交给了我。我二话没说,开始组团队,想策略。如何直观形象地展现"算中学"这个项目?我想到了课本剧。当我把这一想法汇报给领导和专家时,大家一致称赞是个好点子。

于是,我开启了加班模式,首先是赶写剧本,然后是找演员,接着是排练,一遍又一遍,不停地改、不停地练。常常是忙到晚上八点钟了,教室里依然灯火辉煌,我依然神采飞扬,带领团队精心地排练着。星期天,我把孩子交给了老公照看,继续赶到学校,再一遍一遍地排练。

5月21日,活动如期举行。各路专家汇集附小,"媒一"教室高朋满座,当"算中学"课本剧开场时,所有人都眼前一亮,演出结束掌声响起时,我知道,这是对我们团队的肯定和褒奖。

由于工作压力大,2014年初夏,我阑尾炎急性发作,医生建议手术治疗,但我考虑到还有一个月学期就要结束了,眼下正是孩子们最需要自己的时刻,于是我选择了保守治疗的方案,带病坚持工作到放暑假。

校长称我为"涛师"

"做教师,从合格走向优秀;上讲台,从站稳走向站好。"这是我在心里默默定下的目标,因此,我忙碌的脚步总是停不下来。

我秉持"以生为本"的教学理念,精心设计教学,为的是让每一个孩子都能获得良好的数学教育。在我的课堂上,孩子们自主探究,善于表达,个个都是自信阳光的小陶娃。从教12年来,我已经记不清自己一共开过多少节公开课和研讨课了,只记得近两年来就开设了市级公开课2节,区级公开课3节,校级研讨课3节。为了开好每一节公开课,我总是虚心地向前辈请教,有时为了一个环节的设计而寝食不安。夜深人静时,我常常为教案设计冥思苦想;晨曦微露时,我又开始为课件修改精益求精。由于我的勤勉和努力,公开课和研究课均获得专家和听课老师的好评。我曾在栖霞区"红枫杯"课堂教学竞赛中荣获数学和劳技一等奖,"红枫杯"(数学)课堂教学竞赛一等奖,还曾荣获南京市生活数学"小鬼当家"优秀辅导奖。

在做好教学工作的同时,我还积极投身教科研。我担任主持人的市级课题"小学中年级数学学困生转化策略的研究""小学高年级数学试卷的命题研究"以及2个区级课题,均已结题。近3年,我已有10篇文章在省级期刊发表,多篇论文和案例在省、市、区三级获奖,其中论文《寻求一年级教学最佳路径》荣获江苏省"师陶杯"二等奖,《让品德评价真正成为学生品行发展的动力源泉》荣获长三角"黄浦杯"一等奖;教学案例《认识几分之一》荣获南京市一等奖,《认识角》荣获栖霞区一等奖。

为了帮助年轻教师成长,我经常陪伴年轻教师加班备课、磨课,从教案到课件逐一检查,下班后完全顾不上年幼的孩子需要自己去呵护。在担任级部主任期间,我主动关心本级部每一位教师,了解他们生活上或者工作上的困难,给予帮助和支持。在我的带领下,所有师生都能健康快乐地工作与学习。我所带的班级曾荣获栖霞区先进班集体称号,"向日葵班"荣获栖霞区新教育"完美教室"称号。

"陈老师是我们附小青年教师的杰出代表。在她的身上总闪现出积极、上进、好学、吃苦、勤勉的可贵品质。这样的品质是行知精神的传承与再现。"我知道,这是鲁校长在鞭策我这个"涛师"努力成为名副其实的弘扬行知精神的陶师。

【从教感言】

"捧着一颗心来,不带半根草去。"愿吾心如陶老,智慧伴教育,以一颗智慧的心去解读陶行知先生的伟大教育思想,以一颗无私的心去实践陶行知先生思想下的光辉教育。展望未来,我满怀激情,心中理想之火不灭,脚下奋进之步不停,争做一名优秀的人民教师。

与时俱进：信息学科教师发展的必由之路

马 杰

【校友名片】

马杰，2006年6月毕业于南京晓庄学院小学教育专业（信息技术方向），目前在南京外国语学校仙林分校小学部担任信息技术教师。

获得南京市网络团队教研竞赛二等奖，区基本功竞赛一等奖，区"红枫杯"赛课一等奖；论文和案例获得省市比赛二等奖3篇，发表3篇，主持区集体课题1项，编写校本教材一套；曾获栖霞区优秀青年教师、栖霞区教学能手、江苏省优秀科技辅导员、优秀辅导教师等荣誉称号。

在信息技术迅猛发展、日新月异的今天，作为一名信息技术学科教师必须不断努力学习、实践创新，将新思想、新技术融入自己的课堂教学中来，以更好地培养学生的信息素养和信息技术操作能力，培养学生勇于质疑的问题意识和敢于尝试的创新精神。回首自己12年的教学经历，我最深刻的体会就是，信息学科教师必须坚持与时俱进的专业发展之路。

不断学习前沿技术，让自己站稳讲台

大学毕业那年，凭借着自己在晓庄所学的教育理论和计算机专业知识，我成为南京市扬子第二小学的一名教师。原本以为当一个小学信息学科教师还是挺轻松的，然而，理想很丰满，现实很骨感。面对着思维异常活跃、不断挑战教师"权威"的学生，面对着计算机维修、校园网络维护以及学校工作汇报的课件制作等一个接一个的非教学任务，我开始感到有些"力不从心"了。我清楚地知道，作为一名新手教师,欠缺课堂掌控能力虽然在所难免,但在学科专业方面出现的"本领恐慌"却是很可怕的:大学里学习的 Windows 98 和 2000 以及基本的 office 软件已经不能适应当下的教育形势了。"必须赶紧为自己'充电'!"我暗暗地下定决心。

于是,我自费购买了计算机专业的相关书籍,利用课余时间加强学习。2008年,我通过了江苏省成人高校招生考试,获得了小学教育专业本科函授的学习机会,三年后取得了本科毕业文凭。2008年的暑假,我报名参加了南京市电教馆举办的信息技术教师网络管理培训班。南京的8月骄阳似火,我的同事们都已开始在家享受闲暇和清凉了,而我却要连续半个月,每天从江北乘坐近两个小时的公交车赶去参加培训。刚开始时,面对以前从未接触过的路由器和交换机的配置、计算机的网络搭建、动态网站的搭建和维护等培训内容,我是"一头雾水",似懂非懂。怎么办?除了上课认真听取培训老师的理论讲解外,我还虚心地向身边一些有基础、有经验的同行请教,学习他们的实际操作经验。最终,我和大家一起顺利地通过了培训认证考试,拿到了网络工程师的证书。

在日常的课堂教学中,我多采用项目主题式教学方式去精心设计每一节课,特别重视对学生的信息素养和创新能力的培养。在我的信息课上,我会先创设一个有趣的情境去激发学生的学习兴趣,然后出示一个或者几个带有分层意识的主题任务,让学生带着问题和任务去学习,同时结合微视频教学,引导学生主动去探究,并适时帮助他们解决学习过程中出现的问题,基本上每个学生最后都会提交或者呈现他们的学习成果。对于学生提交的作品,我坚持以正面激励为主的原则,采取多元评价方式反馈,以进一步调动他们的学习积极性。因此,我的信息技术课堂教学也受到了在校师生的一致好评。

2010年,我从扬子二小调入现在的工作单位——南京外国语学校仙林分校。伴随着个人的专业成长,我开始从学校到栖霞区再到南京市开设公开课和讲座,在向同行展示和分享自己成长经验的同时也学到了很多东西。一路走来,从栖霞区"红枫杯"赛课一等奖到基本功竞赛一等奖,再到南京市网络团队教研二等奖,从学校优秀青年教师到栖霞区优秀青年教师、栖霞区教学能手,我算是站稳了讲台,收获满满。

努力完成网站开发,让自己学有所用

我工作的第一个单位南京市扬子第二小学,是沿江工业开发区首家"南京市小班化实验学校"。2006年,我刚刚参加工作,就被学校领导委以重任——负责"南京市小班化教育网"整个网站的建设,这是当时全国唯一的小班化教育主题网站。这个网站是由扬子二小申请注册的域名,我接手建设时只有一个简单的架构,并没有多少实在的内容,更谈不上有什么影响。校长要求我在1～2年时间内把网站建成南京市乃至全国都要有影响力的网站,我感到压力很大。但是压力终归要转化成动力,不管是主动还是被动,等待我的只能是撸起袖子加油干。

于是,我每天除了备课、上课、维修电教设备外,几乎把所有的精力都集中到网站建设上来。我主动联系相关领导和专家,着手对现有网站进行改版,重新定位并细化栏目。由于有专家的指导,有专业技术人员的支持,改版工作进行得比较顺利。但我也清楚地知道,一个好的具有影响力的教育网站,要释放功能、发挥作用,关键在于它的站内资源建设。虽然当时南京市教育局给各小班化教育实验学校统一下发了通知,要求他们积极提供资源,但是效果并不理想。没办法,我只能主动出击,上门"收购"。

记得那一段时间,我每周五这天都没有教学任务,于是我就手持市教育局开的介绍信,一家一家地去拜访小班化实验学校,其过程得到过理解与肯定,也遭遇过误解和委屈,既饱含着汗水,也饱含着收获。有一次,我去南京某小学拜访,门卫认定我是搞推销的,死活都不让进门,幸好一位刚毕业的学妹恰好出校门碰见了我,才把我带进了这所学校。随着时间一页一页地翻过,我的背包里塞满了从各实验学校"搜罗"的文本材料,移动硬盘的空间也被各种数字文件"占据"了。我利用双休日和假期一遍一遍地对材料进行加工整理,源源不断地上传到网站,网站的信息资源丰富了,影响力也随之扩大了。后来全国各地有不少学校纷纷与我联系,要求加入小班化教育网络联盟中来。2008年3月,在南京市首届小班化教育工作会议上,时任南京市教育局局长徐传德亲手点击发布"南京市小班化教育网",这个网站正式成为南京市小班化教育的官方网站。那一刻,我特别有成就感。

热心辅导学生竞赛,让自己教有所获

信息技术学科对于小学生来说是一门综合学科,且每周只有一节课。虽然有不少学生对信息技术很感兴趣,但他们能够用在信息技术学习上的时间是非常有限的,因此,想要培养出具有信息技术专长的学生还需另辟他径。

为了满足学生在信息技术方面有特长发展的需求,我很早就开始谋划建立信息技术兴趣小组和信息技术社团。我利用周一到周五的午休时间以及下午学生的课外活动时间,组织对信息技术感兴趣的同学到机房里进行课外拓展学习。由于学生的兴趣点不同,有的喜欢电脑绘画,有的喜欢制作电子板报,有的喜欢网页制作,有的喜欢 3D 创意设计,还有的喜欢编程……我就把他们分成不同的兴趣小组开展学习,而自己就像一个陀螺一样围着不同的小组旋转。我每周正常的教学工作量是要开满 17 节课,再加上兴趣小组和社团活动,每周要上 20 几节课,每天的工作强度可想而知。但就是这样,我还是咬牙坚持了下来。

付出总是会有回报。从教 12 年来,从我指导的信息技术社团中走出的学生,有近 200 人收获了属于他们的劳动成果:在江苏省"信息与未来"编程夏令营,约有 20 个学生获得了省一等奖;在南京市中小学生电脑制作比赛中,有几十个学生获得了市一等奖和二等奖;在区里举办的学生电脑作品竞赛中,获奖的学生超过了百人。我本人因此多次被评为优秀科技辅导员和优秀辅导教师。

积极参与教学科研,让自己专业成长

记得有位名师讲过:"在网络时代,老师怎么来工作?我说应该研究工作,工作方式是研究型的。尽管中小学教学的实践性很强,但是不研究就无法跟上学生的发展需要,不研究就无法面对复杂的教育问题。"刚开始听到这话时,我很不以为然,总觉得做课题、搞研究、写论文之类的工作是属于专家、学者的,跟我这个普普通通的小学信息技术老师"不搭界"。但是随着自己的教育之路愈行愈远,我渐渐地发现,如果不勤学习、不擅思考、不会研究,别说不可能成长为一名优秀教师,就是正常的、基本的教学任务也难以保证有质量地完成。因为信息技术学科的发展实在是太快了,教师必须努力"以科学之方,新教育之事"。

当我开始意识到从事教科研之于教师专业成长的重要性后,便在认真做好自己常规的教育教学工作之外,留意观察教育教学中出现的现象和问题,及时加以总结和反思。我结合所教学科的特点,在如何为学生提供包括学习时间、学习内容、学习方法等在内的更多选择,如何为学生提供更多动手、动脑的机会,如何鼓励学生依照自己的兴趣和需求,开展实践、探索、创新活动等方面进行研究,不断努力提高自己的教科研水平。我参与编写的校本教材《小学信息技术》已在学校二年级和六年级投入使用,目前正在主持校本教材《小学生 3D 创意设计与打印》的编写工作。我主持的区级研究课题"小学信息技术课堂教学中理想教育的研究"已顺利结题,目前还在参与省级课题"基于小学生综合素养提升多学科融合教育的案例研究"的研究工作。在此过程中,我积极撰写教育论文和教学案例,其中有 3 篇在南京市获奖,1 篇获江苏省二等奖,论文《小学信息技术的"反向整合"研究与实践》于

2011年2月发表在《科学教师论坛》;《小学信息技术课堂教学的理想教育研究》于2015年11月发表在《新课堂》;《小学信息技术学科教学中师生情感建设的策略》于2017年4月发表在《江苏教育研究》。

【从教感言】

　　作为一个师出行知先生创办学校的晓庄人,作为一名怀揣先生教育理想并努力践行之的信息技术学科教师,十余年的教育实践让我深深地感悟到:教育不是夸夸其谈的浮光掠影,而是一种良知的守望。作为一名教育工作者,既要甘于平凡与坚守,也要勇于实践和创新。为学生的终身幸福奠基,播撒良种,静待花开,期许一径长途,香花弥漫,我辛劳并快乐着。

亲知爱生　学做真人

顾新佳

【校友名片】

顾新佳,2007年6月毕业于南京晓庄学院小学教育专业(数学方向),现任南京晓庄学院附属小学数学教师、发展规划处主任,栖霞区教师发展中心兼职教科员,中共党员。

曾荣获南京市小学数学教师赛课二等奖,栖霞区第八届、第九届"红枫杯"赛课一等奖,江苏省"师陶杯"论文评比二等奖,南京市论文评比一等奖,在省级以上刊物发表教学论文近20篇。编著出版《优秀小学生成长的100个教育细节》《爱孩子,就懂得一点经历教育》《60招轻松教子》《小学一年级,老师告诉父母的100件事》等书籍。曾荣获南京市优秀青年教师,栖霞区优秀青年教师,栖霞区优秀教育工作者,栖霞区教学先进个人,栖霞区师德先进个人等荣誉称号。

自2007年从南京晓庄学院小学教育专业毕业后,我来到晓院附小工作已经整整11年了。我喜欢看见孩子们天真无邪的笑脸,喜欢看见他们自信洋溢的表现,更希望他们中的每一个都能在教育生活中真正感受到幸福与快乐。令我感到十分荣幸的是,培养我当上人民教师的母校与砥砺我当好人民教师的附小,都是陶行知先生于1927年亲手创办的。作为行知路上的一名后来人,"亲知爱生、学做真人",成为我始终不渝的追求。

小先生讲坛：以生为师

2015年9月，我根据栖霞区教师流动的计划安排，到八卦洲中心小学交流任教，便将自己在附小一直施行的"数学小先生制"实验带到了洲小。我首先在班上选拔了10位"小先生"，然后请这批"小先生"开坛设讲。我对他们讲课的初始要求并不高，内容要么是一道题目的讲解，要么是一个知识点的回顾与整理，时间为3~5分钟，讲完即可。

说实话，在第一位"小先生"开讲之前，我心里还是比较紧张的。都说"万事开头难"，我怕这"第一个吃螃蟹"的孩子讲不好，毕竟这试验不是在我熟悉的环境中展开。怀着忐忑不安的心情，我们迎来了"小先生"第一讲。"打头阵"的王紫欣同学虽然有点紧张，但过程还算顺利，讲完后，我和同学们给了她热情鼓励的掌声。同时，我也在期待着"小先生讲坛"活动的下一个精彩。

第二讲由徐睿同学担任"小先生"。在我的提示下，她读完题目后，先提问，再互动，互动结束后，还表扬了踊跃发言的同学，同时也虚心接受了听课的"小学生"的建议。第二讲比第一讲又有了新的进步，这让我对"小先生讲坛"有了更多的期待。

接下来的第三讲、第四讲……一直到第一轮十位"小先生"讲课结束，我们举行了隆重的"最佳坛主"评选，结果，刘悦、林成果、王紫欣三位同学荣获"最佳坛主"称号。对"最佳坛主"应该给予什么样的奖励呢？是一支笔？一个本子？或许，这些来自物质方面的奖励对于一个五年级的孩子来说并不是最佳奖励方式。这时，我想到了请家长进课堂。我跟孩子们说："上学这么多年，还从来没有家长来到我们的课堂，听我们讲过课吧？既然'最佳坛主'讲得这么好，那就让你们的父母一起来听听你讲课吧，作为最佳奖赏。"我的话音刚落，全班同学立刻报以热烈的掌声。

于是，刘悦的妈妈、林成果的爸爸、王紫欣的妈妈先后走进我们的课堂，见证了自己孩子的"小先生"风采。"小先生讲坛之家长进课堂"活动取得了圆满成功。当我利用微信朋友圈分享我们活动的成果时，引来了更多家长的关注与支持。周雯锦同学的爸爸看到微信后，立刻在微信上报名，要求听听女儿讲课，我迅速做出回应，满足了他的愿望。

在"小先生讲坛"活动中，最令我感到欣慰的是蒋立同学。这个从来不在课堂上主动发言、每次说话声音都很小的孩子，鼓足勇气报名在"小先生讲坛"开讲。为了帮助孩子讲好课，蒋立的妈妈提前两周联系我，问我上课的进度，她要和蒋立一起准备讲稿。当蒋立走上讲坛,大声地、完整地讲完课后,全班同学不约而同响起了热烈的掌声。那一刻,我突然发现,蒋立成了全班同学眼中的"英雄"。

2017年9月,两年交流期满回到附小后,我又继续在班级开展"小先生讲坛"活动,孩子们对讲坛非常感兴趣。人人都是"小先生",人人都走向讲坛,这样的活动不仅提高了孩子们的自信心,也提升了孩子们的学习力。

行知亲子学堂:热心公益

2015年7月,由我领衔的晓院附小写作团队经过近两年时间写就的《小学一年级,老师告诉父母的100件事》一书由中国纺织出版社正式出版。作为本书的策划者和主编,当初辛勤写作的过程历历在目。如何推广我们的研究成果,让更多的人从中受益呢?在附小鲁照斌校长的倡导下,栖霞区"行知亲子学堂"于2017年9月成立了。我作为"行知亲子学堂"的主要负责人,从此踏上了家校共育的公益之旅。

至今我都还清楚地记得,2015年9月30日晚6点30分,晓院附小媒体二室内灯火通明,栖霞区西片家庭教育公益讲师团首场活动在此正式启动。面对济济一堂的2015级一年级学生家长,我以"无限相信阅读的力量"为题,讲述了我们的家庭阅读推广计划,向各位家长推荐阅读书目,并布置后续的家长共读征文活动要求。学期结束时,一年级学生家长纷纷拿起笔,撰写自己一个学期以来的读书心得与教子感悟。讲师团共收到各校初评的100多篇稿件,经过认真审读与评选,我们于2016年3月26日在南京市新华书店新街口店隆重举行了家庭教育公益讲师团家庭教育征文颁奖礼。

2016年暑期,我们家庭教育公益讲师团的活动迎来一个高潮。7月11日,我代表西片家庭教育公益讲师团携《一年级,老师告诉父母的100件事》一书亮相第六届江苏书展,书展中,我以"培养良好习惯,幸福小学生活"为题,向前来参加书展的家长讲述了一年级学习习惯的培养策略,这一活动得到了扬州时报、人民网等媒体的关注并给予报道。8月21日,在栖霞—台湾海峡两岸教育论坛上,我代表栖霞区做了题为"家校共舞,助力儿童核心素养发展"的主题报告,这一活动被南京日报、南京电视台、栖霞电视台等多家媒体报道。8月26日,在全区暑期全员培训新教育专题展示中,我代表西片教育共同体以"以公益之名,推动家庭共读共写"为专题,汇报了在家庭教育公益讲师团的引领下开展共读共写的成果。燕子矶中心小学二(3)班蒋开同的妈妈在展示汇报时说:"希望这样的公益讲座和阅读活动继续举办下去,给我们做父母的带来更多的指引,让我们更好地先长大,和学校一起,把孩子教育得更好。"

家庭教育公益讲师团的活动也推广到八卦洲中心小学这样的农村小学。我们在洲小开展书香家庭建设时,赢得了很多家长的大力支持,全校共有 100 多个家庭报名参加。荣获"书香家庭"称号的三(4)班蒋文静同学的妈妈说:"非常有幸参加到学校举办的家庭教育公益讲师团活动中,通过学习,让我们认识到亲子共读的重要性。虽然我们的工作很辛苦、很繁忙,但我和她爸爸总是会抽出时间陪伴孩子,分享共同阅读的快乐时光。我们要用阅读点亮孩子的童心,我们要用阅读帮助孩子健康成长。"家长们的感谢与支持是我们全力以赴的最大动力。

求真课堂:探索理想课堂的真谛

"求真课堂:基于陶行知儿童哲学的实践研究"是我们附小申报的江苏省"十二五"重点课题。作为课题组的核心成员和主要实施者,我紧紧围绕"求真课堂"的构建,开展教学实践活动。

陶行知先生主张,通过解放学生的头脑、双手、眼睛、嘴巴、时间和空间,让学生在民主自由的课堂生活中,自主学习,主动发展,真正形成"教"与"学"的和谐统一,促进学生知识、能力、人格的全面发展。在陶行知儿童哲学观的指导下,我们对求真课堂的基本特质和教学范式开展了具体有效的研究,形成了以"目标导学—先学后教—问题解决"为核心理念,以"学案导学—小组互学—班级展学—拓展延学"基本教学环节,以"儿童性、真实性、探究性、生成性、互动性"为基本特质的求真课堂,与之相应,建立了"求真课堂"的评价标准。

2016 年 1 月以来,我分别执教了体现"求真课堂"特质的三节公开课,在栖霞区第九届"红枫杯"赛课中取得了一等奖的好成绩;我围绕求真课堂所撰写的多篇论文与案例,或发表,或获奖;我申报立项了南京市第九期个人课题,南京市"十三五"规划课题,所申报的研究课题,获批南京市规划课题、栖霞区规划课题。2017 年,我荣获了 2015—2016 学年年度栖霞区教学先进个人称号,荣获了南京市第九届优秀青年教师称号。

在日常教学过程中,我还关注课程开发与建设,依托学校"生活与数学"校本课程的建设,组建了"小陶子数学俱乐部",每学期都会带领孩子们开展多项"生活与数学"活动,带领学生完成了"校园垃圾桶摆放位置的研究""校园安全指示牌的位置分析研究""鸡蛋的体积大测量""身体的表面积""脑袋的直径测量"等专题,指导学生在各级各类报纸杂志上发表文章50多篇,多次获得各类"生活与数学"活动竞赛优秀辅导奖。2013年在全市"生活与数学"作品颁奖会上执教市级公开课"数学与生活:垃圾箱摆放在校园何处"。我撰写的《探索儿童喜爱的班本课程》一文发表于2016年第9期《小学教学参考》杂志。2017年7月,我主持开发的"生活与数学"课程,被评为全国新教育十佳卓越课程。

【从教感言】

当初在晓庄读书时,我们常常背诵教师誓词,光大行知思想已成为晓庄学子代代相传的使命。从教以来,我牢记师长教诲,以童心看待孩子,以生为师;以爱心对学生,关爱每一个孩子,认认真真教书,踏踏实实做人,为晓庄这部永不完稿的诗集抒写属于自己的一页。

做一个快乐的教育者

杜明炼

【校友名片】

杜明炼,2007年6月毕业于南京晓庄学院小学教育专业(数学方向),现任南京市玄武区同仁小学数学教师、校长助理,中共党员。

参加工作以来,先后有10余篇论文获奖,4篇文章在省级以上刊物发表,曾荣获玄武区第七届"优秀青年教师"、南京市"优秀大队辅导员"、玄武区"优秀大队辅导员"和玄武区"优秀德育干部"等荣誉称号。

2007年6月,我从南京晓庄学院毕业后走上教师工作岗位。从教11年来,无论是担任一名普通的小学数学教师,还是担任少先队大队辅导员、德育副主任、工会主席、校长助理等职务,我都坚持以行知先生"捧着一颗心来,不带半根草去"的无私奉献精神鞭策自己,尽心尽力地做好本职工作。"不求什么轰轰烈烈,只求在平凡的工作中享受成功的快乐",我常常这样勉励自己。

当好少先队大队辅导员:努力向着太阳奔跑

2007年8月,我正式成为南京市樱花小学的一名教师。既任教数学,又担任少先队大队辅导员,这对一个刚入职的年轻教师来说,无疑是一个非常大的挑战。少先队事业是必须埋下头去苦干的事业,大队辅导员是一个非常锻炼人的岗位。我勇敢地接受了这个挑战,并以满腔的热情和满满的自信投身其中。少先队工作千头万绪,刚刚接手时,毫无经验的我经常忙得像热锅上的蚂蚁团团转。面对工作中出现的困难,我积极乐观,充满激情地拼搏着。因为我深知:要做好少先队工作,唯有吃得苦中苦,才能渐渐有收获。在组织鼓号队训练时,我一方面鼓励队员认真刻苦训练,沟通家长支持少先队工作,另一方面虚心向指导老师学习训练方法。因为指导老师每周只来校指导一次,每天的日常训练都由我负责。鼓号队训练之初,指导教师一走开,对音乐一窍不通的我就显得手足无措,无法带领队员们开展训练。经过一个月起早摸黑的练习,鼓号演奏的一般节奏我基本掌握了,鼓号队日常训练的组织工作我也胜任了,这对孩子们也是一个极大的鼓舞。

少先队是孩子的事业,更是一个"开拓未来"的事业。我深知,对少先队员的教育必须紧跟时代前进的步伐,这样才能更好地与社会接轨,与生活接轨,孩子们才有可能更好、更快、更健康地成长。在担任大队辅导员的8年时间里,我总能及时地走到队员们中间,了解他们的思想新动向。我把樱小"小先生制"课堂学习机制成功引入少先队日常管理,逐渐形成了具有樱小特色的"小先生制"少先队管理机制。

"小先生制"最早是由陶行知先生提出的,以学生"即知即传"为特点,是学生自主学习、自主管理、互相学习、互相教育的一种机制。在保持少先队原有建制的前提下,我尝试在少先队日常管理中增设各类"小先生"岗位,如安全"小先生"、卫生"小先生"、礼仪"小先生"等,各中队在此基础上又创造出了关灯"小先生"、午餐"小先生"、路队"小先生"等各种岗位,形成了人人有岗位、人人都是主人翁的新局面。各种校园文化活动的开展,从收集建议、策划方案到组织实施都由"小先生"们来完成,老师们只要做好指导和后勤保障工作。这些活动为队员们提供了展示自我的平台,增强了他们的创新意识,开拓了他们的思维,激发了他们的想象,学校的办学特色也在少先队工作中得到了拓展和延伸。

少先队辅导员是一个阳光的称呼,做少先队辅导员就是从事阳光事业,在这条路上追逐,就是向着太阳奔跑。在大队辅导员这个岗位上,我先后数次参加市、区"少干班"学习,并以优异的成绩结业;我重视建设学习型团队,探索了中队辅导员校本培训"例会制",提升了辅导员团队的专业素质,形成了一支执行力强的中队辅导员队伍。在团队成员的共同努力下,樱花小学的少先队工作不仅形成了健全的体制和灵活的机制,还创造了独特的"小先生制"管理特色。2011年,学校少先队被授予"南京市优秀大队集体"称号,我个人也先后被授予"玄武区优秀大队辅导员"和"南京市优秀大队辅导员"称号。

争做孩子的知心朋友：把期许和关爱带给每一个学生

大教育家乌申斯基曾经说过："教师个人的范例，对于学生的心灵是任何东西都不能代替的最有用的阳光。"小学生对老师有一种特殊的、天然的信赖感，在学生面前老师就是一面镜子、一本书，教师的一言一行、一举一动，都会在无形之中对全班几十个孩子产生影响。

我始终坚信，"每个学生都是一块金子、一片肥沃的土地，老师必须给予他们发光的机会和耐心的培育，放手让他们在体验中磨炼、成长。"在实际工作中，我始终以期待的目光关注着每一个学生，以慈母般的爱心关怀着每一个学生，从不因为一些学生学习成绩差或过分顽皮而歧视他们。由于我既为取得好成绩的学生感到高兴，也能谅解、宽容学生学习中的失误，学生都愿意把我当作知心朋友。

我曾经带过的班上有一位叫致远的孩子，由于父母离异，父亲将他送到托管班托管。原本很聪明的致远脱离了父母的管教与约束，变得上课小动作多了，偶尔也有不完成作业的情况发生，学习成绩下降了不说，行为表现方面也变得越来越顽皮，老师们都拿他没有办法，找家长也无济于事。一天下午放学后，有几个孩子正在教室里打扫卫生，其中一个孩子向我报告说："杜老师，你知道吗？托管老师不管致远了，还说烦死他了。"我看了看正在教室里补作业的致远，对那个反映情况的孩子说："别人怎样对他我不管，但他是我的学生，不管怎样，我都不会坐视不管的。我有时也批评致远，那是因为他有小毛病，但我不是讨厌他。"我说话的语气很坚定，声音也大到能让不远处的致远听到。我瞥见致远抬头看了看我，眼神中流露出感激之情。

毕竟致远还是个孩子，行为上出现反复也是难免的。于是我一有空就找机会跟他谈心，让他知道老师关心的不仅仅是学生的学习，还有学生的健康和品行。一段时间之后，致远有了改变。毕业后一次回校时，致远悄悄地告诉我，当别人都在嘲笑他、放弃他的时候，是杜老师选择了信任他、鼓励他，这才使他有了进步的勇气。如今的致远已经长成了一米八几的阳光大男孩，上了职校后还经常回母校找我聊聊，有了烦心事也愿意跟我说说，他总是跟我说："杜老师，如果你不讨厌我的话，我可会经常来'烦'你哦。"

不断改进教学方法：让数学教学充满乐趣

数学课以理性见长，由此带给学生更多的是"一本正经"的严肃与紧张，较之语文、音乐、美术等学科容易使学生感到乏味，甚至产生疲倦、反感等消极心理。怎样才能使与数、形打交道的数学课堂也充满活跃的气氛？我认为，教师必须想方设法为学生创设一个富有生活气息的自主学习情境，把数学知识与学生的生活相结合，同时注重引导学生探究发现，促使学生在学习中学会学习。

例如，在讲"2和5的倍数的特征"时，我首先用亮"绝招"的办法激发孩子们的学习兴趣。面对投影屏幕上打出的几个数，我非常肯定地说出它们是不是2或5的倍数，并且告诉孩子们："原因就在于老师掌握了它们的倍数的特征，你们想学也不难。"接着我出示主题图，让学生说出哪些座号从双号门进，并板书出来让学生观察，原来这些数就是2的倍数，然后放手让学生去探讨、发现。在总结出2的倍数的特征后，我马上在黑板上写上"58和47"两个数让学生来验证，之后我又马上叫学生分别举出是2的倍数和不是2的倍数的两位数来强化概念。基于学生已经有了"2的倍数的特征"的知识和学习经验，我放手让学生探究"5的倍数的特征"，他们很快就能在1～100的表格里找出所有5的倍数，并自己总结出5的倍数的特征，再举例说明。紧接着我让学生纷纷报出自己的学号，带着他们紧扣"2和5的倍数的特征"做游戏。我提出的第一个问题是"请学号是2的倍数的同学站起来"，学生便按口令做出反应。第二个问题是"请学号是5的倍数的同学站起来"，学生又如约而行。第三个问题"为什么有些同学站起来两次"提出后，学生一下子全愣住了。几秒钟之后，一个同学站起来说："因为我既是2的倍数又是5的倍数。"同学们情不自禁地为这个同学鼓掌。最后，我又提问"他们的学号有什么特征？""这些数的个位都是0，它既是2的倍数又是5的倍数！"在我的引导下，孩子们就这样在轻松愉快的氛围中掌握了本课的学习内容。

为了不断提高自己的教学水平，我认真学习新课标，借鉴先进的教改经验，在学生中开展培养学生自主学习能力等教学研究。我每月都在班里组织师生对抗赛，我的"对手"就是班上的所有学生，师生互相出题，比赛解题速度、正确率以及书写的整洁度。每到这个时候，孩子们的积极性就特别高，一个个都以"战胜"老师为荣。这样的活动不仅提升了孩子的学习兴趣，也拉近了师生之间的情感距离。

近年来，在市、区、校三级青年教师赛课中，我多次获得一、二等奖，多次开设区级及以上公开课，并摄制了多节录像课。在躬行实践的同时，我也不忘总结反思自己的教学行为,先后有10余篇教育教学论文或案例在全国、省、市评比中获奖,4篇教学经验在省级期刊发表。

行知先生说:"人生为一大事来,做一大事去。"我既然选择了教师这个职业,教育就是我人生的大事。我要把教育作为自己人生的唯一目标,力争做好、做成功,把教育当作一种快乐,当作一种幸福,当作一种享受。这些年,我一直用这样的心态去面对教育,面对孩子们,努力做一个快乐的教育者。

【从教感言】

教育是慢艺术,是需要在等待中慢慢绽放的艺术,而教师就是在这等待中慢慢发现美的艺术家。四年的晓庄学习生活给我带来的不仅是专业知识、技能的提升,更为我打下了深深的"行知"烙印,无论走到哪里,我都以自己是晓庄学子为荣。

用爱的和弦奏出美的乐章
——记南京市游府西街小学景嫣老师

许加瑶

【校友名片】

景嫣，2007年6月毕业于南京晓庄学院小学教育专业（英语方向），现任南京市游府西街小学英语教师，中共党员。

曾参与省市区级课题组若干；发表各级论文十余篇；获奖若干；参与撰写教辅材料四册。2010年获全国交互式白板赛课一等奖；2016年获南京市小学英语教师基本功大赛一等奖；2018年获南京市小学英语优质课赛课一等奖。先后获得区优秀青年教师、区教学先进个人、区优秀教科研先进个人等称号。

"没有爱就没有教育，爱本身也是一种最好的教育。"景嫣老师对此深信不疑。从步入晓庄读师范，到走进小学当教师，用爱的和弦奏出美的乐章，一直是景嫣老师不懈的追求。

爱专业：她在大学校园奏出品学兼优的乐章

2003年9月，景嫣进入南京晓庄学院，开始了她的大学学习生活。"综合培养、学有专长"是学院对小学教育专业师范生采用的培养模式。"四年本科阶段，自己该学什么专长呢？"景嫣回忆说，入学教育时，彭小虎副院长给新生介绍的"双语教育"引起了她极大的兴趣，她决定了今后的专业学习方向：双语。经过竞争激烈的选拔性考试，景嫣如愿进入了双语班。

双语班的学习氛围很浓厚,老师们的课讲得也很棒,这让景嫣受益无穷。在课堂上,她不仅认真听课,还会将老师讲课的重点都认真记录下来。她的笔记内容丰富,字迹工整,班上的同学都喜欢借她的笔记本来补订、修正自己的课堂笔记,她也从不私藏,总是大方地借给别人参考。临近考试时,她还会和小伙伴们一起交流学习方法,集体复习迎考。

不仅仅是在学习上,在生活中,景嫣也很乐于助人。实习期间,正好遇上六城区招考的试讲环节。有一天,舍友突然生病发烧失声了,一直到晚上,嗓子都没有丝毫好转的迹象。眼看着隔两天舍友就要去应聘的学校参加试讲了,嗓子发不出声可怎么办?于是,景嫣就拉着舍友去了住所附近的迈皋桥医院。挂号、缴费、看医生、拿药……忙前忙后忙不停。在陪舍友打点滴的过程中,她们还抓住宝贵的治疗时间,一起练习备课、议课、互相评课,提出修改意见,并在此基础上重新设计教学方案,不断改进完善。由于治疗及时,舍友总算顺利地闯过了"失声"这一关,没有耽误实习和试讲。

大四那年做毕业论文,景嫣说,她十分幸运地遇到了白薇老师。白老师特别严格,也特别细心,从确定选题到做文献综述再到论文修改,一直都在以身示教:如何做一个严谨的教育研究者。令她难以忘怀的是,实习期间,因为白天要忙于完成实习任务,她只能选择傍晚放学了再赶到白老师家,白老师放弃了自己的休息时间,逐字逐句地帮她点评论文、指导修改。在白老师的精心指导下,景嫣的毕业论文《衔接与连贯在小学英语故事教学中的应用》被评为院级优秀毕业论文,毕业后又顺利地发表在《江苏教育》杂志上。

大学学习期间,景嫣每年都能凭借优异的成绩获得一等奖学金和单项奖学金,2006年还荣获了江苏省"三好学生"的称号。毕业前,她经历了考研与考编两手准备、同步复习,因此对中西方教育史、心理学和教育学等课程有了比初次学习时更深的认识和体会。凭借着笔试和面试的出色发挥,她最终如愿进入自己心仪的学校——南京市白下区游府西街小学。

爱职业:她在三尺讲台奏出教书育人的乐章

"学高为师,身正为范。"景嫣说,这八个字,就是一直支持着她不断前行的动力。

在教学过程中,景嫣发现,只有站在学生的角度,用他们能理解的方式去进行教学,才会收到显著的效果。因此,她常常会想出一些有趣的"妙招"来帮助学生提高学习的效率。例如,她发现学生读"mango"这个单词时,常常会错读成"忙狗",于是她就请孩子先观察,把这个单词拆成"man"和"go"两部分,然后再用简笔画画出一个小人在走路,并请学生做出走路的姿势。有了直观的形象图解后,学生就再不会把"man"读成"忙"了。此外,在教学中景嫣老师还特别注重对学生的思维进行启发。又如,在教"水果沙拉"这一课中,她用一个苹果引出课题,先问学生:"What can I do with this apple?"再给他们提示了盘子、杯子、叉子、盒子,学生的思维被打开了,口语表达训练也就很顺畅地进行下去了。

教师的任务绝不仅仅是教书,面对教学过程中出现的一些非教学问题,景嫣也绝不放过。有一段时间,她发现班上的孩子都迷上了玩"魔方",甚至还玩到了课堂上。为了扭转这种局面,景嫣没有采取"封杀"的办法去"堵",而是采用引导的办法去"疏"。她利用业余时间自学了三阶魔方的操作技能,还利用班会课的时间播放了魔方演示小视频,开展了以魔方为主题的专项比赛。由于她巧妙地为孩子们提供了玩魔方的时间和空间,小朋友们知道了魔方只能在恰当的时间里玩,玩好了还会有奖励,渐渐地,把魔方玩到课堂上的问题也就自动解决了。

"如何让自己的课堂更生动有趣?""如何让自己的学生更喜欢英语学习?"景嫣经常向自己提出这样的问题,并要求自己不断寻求解决问题的答案。从教 11 年来,她在三尺讲台上尽情挥洒汗水,用自己对职业的热爱,奏出了一篇篇美的乐章:2010 年,她在全国交互式白板赛课中荣获一等奖;2016 年,她在南京市小学英语教师基本功大赛中荣获一等奖;2018 年,她又在南京市小学英语优质课赛课中荣获一等奖。2016 年 1 月,她的教学论文《微课:英语学法指导的新平台》发表在《江苏教育》杂志上,同年 3 月,她的教学论文《以"图"为媒:从模仿到创作——例谈思维导图在小学英语高年段写作训练中的应用》发表在《南京晓庄学院学报》上。

爱学生:她用爱的和弦奏出师生亲密无间的乐章

在景嫣看来,现在的小学生是一群非常有思想、有主见的孩子,所以,在处理师生关系时,教师要尊重学生、信任学生,特别要注意倾听他们的想法,并且适时把自己的思考和建议告诉他们。2018 年,班上的学生要搞一个模型飞机的特色班会,景嫣老师就放手让孩子们自己去策划、去筹备。但是考虑到对于模型飞机素材的组织,孩子们可能会计划不周,她便在第一时间对学生说:"你们的计划和方案,我也可以帮着参谋参谋呀。"与此同时,她还积极调动家长的力量来合作,顺着孩子们的想法帮他们补遗拾漏。这种既放手又不丢手的做法,让孩子们充分感受到被尊重、被信任的开心,也充分享受到被帮助、被支持的快乐。正因为景嫣老师具有处理师生关系的技巧,她与孩子们之间的关系十分融洽。当她暂时离校外出赛课时,孩子们会自发地为她加油;当她结束轮岗离开帮扶学校时,孩子们又会自发地与她惜别。景嫣说,每天看见孩子们幸福的笑脸,幸福感就在心头潜滋暗长;经常看到孩子们的进步与成长,成就感就在心头不断攀升。

  工作11年来,景嫣先后两次离开游小,轮岗支教。2010年2月,她来到苏北的涟水县东胡集镇小学支教。那里的孩子接触的资源有限,家长的辅导能力也有限。支教期间,景嫣主要围绕英语单词的记忆展开课堂教学研究,她的教学方法深受当地学生的欢迎。一个孩子转学了,他妈妈特意给景嫣留言,说孩子转学后最惦记的人就是景老师。2015年8月,景嫣老师又一次接受轮岗任务,来到南京市江宁区的东郊小镇小学。在这所学校里,景嫣老师一边进行正常的英语课堂教学,一边以学生喜闻乐见的方式进行拓展性的活动,让孩子们从中体会英语学习的乐趣和表达的自信。在教完课本规定的内容之后,她利用空余时间教孩子们唱英文歌曲,带领他们排练英语短剧。离别该校时,孩子们哭得稀里哗啦的场面让景嫣非常感动。她说:能给孩子留下温暖,她感到很欣慰,与此同时,孩子们的真情也温暖了自己。

  每到六月毕业季,总有一批孩子要离开小学,走向中学。为了给毕业班的孩子们留下童年时光的美好回忆,2017年6月,景嫣利用课间给孩子们拍照。因为学生人数多,她还特意提前做了号牌,预约拍照。看到孩子们在她的指导下摆出各式各样的pose,笑得开心、闹得放肆,那一刻,她也收敛起了平时的严肃,和孩子们一起开怀大笑。毕业前夕,景嫣还将孩子们以前写过的作文收集起来,加上照片,做成了一本"私人订制"的英语习作集。毕业典礼后,每个孩子都收到了她赠送的这本英语习作集与相册。孩子们、家长们纷纷激动地与她话别,甚至有几个孩子说着说着就哭了起来,只因为心中有太多的不舍——舍不得过往的美好时光,也舍不得这样一位默默关爱着他们的老师。

  生活中,景嫣老师也是一位母亲。有时候她在家里备课,孩子就会默默地在边上玩玩具。当她对着电脑模拟课堂时,孩子就会手舞足蹈,还会对她说:"妈妈,你再请我举手发言呀!"景嫣说,成为母亲之后,自己才发现教师和母亲在职责方面有很多重叠的地方。既懂得了要更好地理解孩子,也明白了要更好地倾听孩子,还学会了用更大的耐心去陪伴孩子的成长。在景嫣看来,母亲的爱是非常强烈的、发自内心的本能的爱,有的时候甚至是不理性的,但教师的爱则必须是集感性与理性于一体的。在班级这个大家庭中,教师作为几十个孩子的"母亲",需要秉持客观公正的态度来回应每一个孩子的需求,公平公正地关爱每一个学生、处理每一件事情。"这也许就是教师和母亲这两个不同角色在爱的方式上存在的差别吧",景嫣说。

也许教师的爱没有母亲的爱那样细腻,但她绝对比母爱更博大、更深沉。唯有用这样的和弦,才能奏出美的乐章。

【采写心得】

从访谈中,我发现景嫣老师是一位非常优秀同时也很谦虚的老师,她一直说自己只是一名普通的一线教师,只是做了身为教师应该做的事情,自己距离"学高为师,身正为范"的目标还差得很远。我想,这也正是景嫣老师独特的风采吧。传承"捧着一颗心来,不带半根草去"的行知精神,带着爱与童心在这个平凡而又伟大的岗位上不断奋斗着,这正是我们每一个师范生应该向她学习的地方。

有追求方有进步

姜 娟

【校友名片】

姜娟,2007年6月毕业于南京晓庄学院小学教育专业(英语方向),2015年取得西华师范大学教育硕士学位。现任江苏省太仓市新区第二小学英语教师、党支部组织委员、团支部书记、办公室主任兼人事秘书,中共党员。

曾执教苏州市展示课、沿江七县市小学英语观摩课,多次执教太仓市公开课,获得苏州市把握学科能力竞赛三等奖、太仓市二等奖;承担太仓市优效课题研究,4篇文章公开发表,有22篇文章获奖;曾获得太仓市师德标兵、太仓市"三会"优秀指导教师、太仓市教育系统"百对好师徒"及学校首届百川教师气质奖等荣誉称号。

2007年8月,我走进江苏省太仓市新区第二小学,由此开启了我的教师生涯。11年来,我在学历上由大学本科提升到教育硕士,在职务上从一个普通的英语教师和班主任成长为学校的一个中层管理人员,靠的是不断地学习与实践,不懈地追求与奋斗。在我看来,无论在学校工作中扮演什么角色,都必须德才兼备。唯此,方可小有成就。

当班主任:爱心与智慧缺一不可

记得在校读书时,一位老师曾经对我说:"作为一名教师,如果不当班主任,就不能真正体会到做教师的快乐!"然而,等自己真正踏上工作岗位后,才发现实践总是比理论困难得多,要体会当班主任的快乐还真是不易,既需要有爱心,也需要有智慧。为此,我坚持向书本学习,不断夯实自己的理论基础;坚持向同事学习,不断丰富自己的教育行为;坚持向家长学习,不断增加自己的教育合力;坚持向学生学习,不断调整自己的教育方式。

"人人都说小孩小,谁知人小心不小。您若小看小孩小,便比小孩还要小。"陶行知先生的这首小诗,简短而又明确地强调了学生在班集体中的地位。因此,我在班级管理中,十分注重开发学生的潜力,尽力尝试将"权利"还给他们,也从中收获了他们带给我的许多惊喜。首先,积极唤醒孩子们的主人翁意识。开学之初,我以"家"为主题在班级开展了一系列活动,将班级中的问题抛给学生,让他们自己寻求解决问题的方法,还让学生自主建立班级公约,学做班级管理的主人。其次,注重班级小干部的培养。一方面,鼓励班干部们自己拿主意、大胆开展工作;另一方面,时常召开班干部会,对工作做得好的提出表扬,对做得不够好的提出改进建议。再次,给学生提供展示自己的舞台。我在班级里设立了"水娃小讲坛",让每个孩子轮流讲故事,展示自己的才艺。六年级下学期,我还邀请学生自己来上晨会课、班会课。他们自由分组,自由选题,确定主题后又自行分工,分头准备,因为是孩子们自己主持的晨会或班会,所以他们在课上更愿意踊跃发言。

要做好一名班主任,必须用心呵护每一个孩子的成长,对此我深有体会。我曾经带过一个叫小L的特殊孩子,他从小因先天性脑瘫导致身体残疾,因身体残疾被家人溺爱,因而养成了骄横跋扈的性格,稍不如意,就辱骂甚至动手打同学、打奶奶。为了改变这个孩子,我主动去图书馆查阅相关书籍,了解转变这类特殊学生的策略;我主动去家访,让孩子感受老师对他的重视;我每天搀扶他上厕所,去食堂,让他感受老师的关爱。我还在教室的讲台上常备一包餐巾纸,小L的口水一流出来,我就走过去轻轻地为他擦拭。在课堂上,我还积极创造机会,让他有回答问题且受表扬的体验……在我坚持不懈的努力之下,小L慢慢地转变了,上课能静下心来参与学习活动了,在校也能和同学友好相处了,在家里对奶奶也有礼貌了。

做"教书匠":尽心与钻研缺一不可

大学期间,我们除了学习专业知识与技能外,还学习了教育学、儿童心理学、课程与教学论、教师基本功训练等教师教育类课程,从中获益匪浅。印象最深的是"小学英语教材分析"这门课,老师围绕着小学课本,从一个单元到一个课时,带着我们进行详尽、透彻的分析,帮助我们找出教学的重难点和学生的易错点,对我们职前的实习和职后的工作帮助很大。

参加工作以来,我一直从事小学英语教学。在教学中,我认真学习课程标准,刻苦钻研教材,想方设法通过创设有趣的生活情境来激发学生学习英语的兴趣,通过组成互学小组来营造浓厚的英语学习氛围,通过采用多样化的奖励措施来让孩子们感受学好英语的乐趣。在此过程中,我大胆实践"小组合作"的学习模式。我首先对班级里的学生进行科学的分组,使每个小组的整体水平大体均衡相当。同时,我反复强调小组合作对于学习的重要性,激发学生参与小组各项活动的积极性,并让各小组成员群策群力给自己的小组命名,以形成小组的凝聚力。为了使学生对小组合作学习能保持长久的热情,我以加分的形式记录各小组每天的进步,比如课堂上的表现、默写的情况等。一个单元学习结束后,在各小组之间进行一次比拼,对于前三名的小组在班级张榜表扬,并给获奖小组的学生发奖状,同时还给学生家长发表扬信。由于我在教学上肯钻研、勤思考、善积累,获得了不少走出校门、展示风采的机会,曾多次执教太仓市小学英语公开课,也曾执教沿江七县市小学英语观摩课和苏州市小学英语展示课,并获得了苏州市把握学科能力竞赛三等奖、太仓市二等奖等教学奖项。

工作的第四年,我被调到学校教导处分管英语学科。为了适应新的工作岗位要求,我每天都给自己布置了一定的学习任务,或阅读教育教学理论书籍,或研读英语教学杂志,或学习先进教学理念,或了解英语教学改革动态,或吸收课堂教学先进经验。正是得益于多读书与多思考,我逐步增加了自己的理论积累。原本我的口头表达能力并不占优势,但在担任"百川讲坛"主持人时,也能侃侃而谈、应对自如。有一次,我执教一节市级公开课,课后得到了这样的评价:"设计这么巧妙,上课这么老练,真看不出工作才四年。"我以为这是对我极大的鞭策。

每一个学期,我都要给自己确定一个小目标,到学期结束时,认真梳理一下本学期的所学、所做、所思、所想,然后撰写教学论文,截至目前,我已有22篇文章获奖,其中2篇获中国中小学教育学会论文评比一等奖,2篇获江苏省"蓝天杯"论文评比二等奖,1篇获江苏省"师陶杯"论文评比三等奖,4篇文章发表在《教育研究与评论》《新课程学习》等期刊上。

为了不断提升自己的专业素养,我还利用业余时间参加了全国在职研究生考试,并顺利进入西华师范大学学习,于2015年取得了小学教育硕士学位。

上行政岗:热心与苦干缺一不可

2007年8月,与我同期分配到太仓市新区第二小学的还有另外20位青年教师。由于在大学期间我参加了学生会外联部的工作,组织协调能力、与人沟通能力均得到了很好的锻炼,很快就从这批新教师中脱颖而出,成为这群年轻人的"领头羊"。学校有突击任务,我主动去承担;青年教师有心结,我主动去开导。团支部书记、教导处副主任、党支部委员、办公室主任兼人事秘书等管理岗位,一个接一个来到我的面前。

在担任学校副教导一职时,我仍是英语教学团队的主心骨。只要英语学科有公开课执教任务,我总会展开全教研组总动员,组里每一个教师都像自己要开公开课一样,积极参与讨论、分析、做课件、设计板书。在我的影响下,英语教学团队形成了浓厚的教研氛围:人人手上有课题,人人执教公开课,人人论文有获奖;形成了积极向上的风气:人人争做班主任,人人自觉义务给学生补课。正因如此,我们新区二小的英语团队被太仓团市委授予"青年文明岗",英语教研组博客被评为太仓市"十佳博客"。

我现在担任学校办公室主任一职,凡事力求"想在前,做在前",积极配合校长室做好日常的接待、服务、宣传等常规工作,不断提高服务质量,努力扩大学校影响力。

2007年12月,为了迎接苏州市德育现场会活动,我与美术老师通宵加班;2011年,为了一个名叫小时的学生能在太仓"三话"比赛中取得好的成绩,我把孩子带到家里,一遍又一遍不厌其烦地进行辅导,功夫不负有心人,这名学生最终获得太仓市一等奖。为了不耽误教导处的工作,怀孕期间,尽管自己身体不适,医生也多次开出病假条建议休息,我都把它藏在包里,照常坚持工作。尤其是临近产假,我更是加班加点,尽力将原本需要在产假中进行的学校工作提前完成。

强烈的集体荣誉感和责任心使我获得了全校师生的认可,2013年我被评为太仓市"师德标兵",2015年我荣获学校首届"百川教师气质奖"。

【从教感言】

教师,是一个充满爱的职业,爱学生、爱教育。教师,是一个充满激情的职业,树立目标、超越自我。因此,我的教育格言是:用爱心启迪孩子的心灵,用激情点燃孩子的智慧。

爱，让教育升温
——记南师附中江宁分校杨小莉老师

侯 叶

【校友名片】

杨小莉，2007年毕业于南京晓庄学院小学教育专业（数学方向），现任南师附中江宁分校小学科学教师、科学教研组组长，中共党员。

曾获江苏省宿迁市宿豫区第五届"新秀杯"小学课堂教学比赛一等奖，教学作品曾被评为省级"优课"，获评南京市江宁区第三届"教学骨干"、江宁区首届"学科教学优秀青年教师"；曾多次主持市级课题并结题，撰写的论文获省市区论文评比一、二、三等奖；曾获中国少科院优秀辅导员、江苏省科技教师等荣誉称号。

儿时的杨小莉曾经有过许多职业梦想，但是真正开始将教师职业纳入人生规划中却是当年老师对她说过的一句话——"孩子们需要老师。你，我觉得可以去试一试！"从教11年来，杨小莉发现，越了解、越深入这份职业，对它的喜爱与责任会变得越炽烈、越深厚。教育需要爱，或曰学生渴求爱。爱，可以让教育升温。

满怀激情　挑战自我

杨小莉说，大学毕业前的那段时间，自己对报考哪一门学科的教师职位还是经历了一番激烈的思想斗争的。毕竟自己在校期间是选择数学方向予以强化的，工作后做一个小学数学教师，可能比较容易上手。但是看到小学科学师资稀缺，许多学校都亟待引进科学专业老师，建设科学实验室，于是她勇敢地放弃了当时留在南京市六城区执教的机会，毅然选择去宿迁市一所新建的小学从事科学学科教学工作。

2007年9月，杨小莉走上了宿豫区实验小学的讲台。看到一个个天真活泼的孩子抬头仰视着自己，眼神中充满了对新老师的好奇和对新课程的懵懂，她从心底涌出一股冲动——要用自己全部的爱去呵护每一个幼小的心灵。杨小莉说，站在讲台的那一刻，为求职、应聘而熬夜备课、试讲的所有艰辛全都消弭不见了，三尺讲台似乎有一股特殊的魔力，激励自己将对教育的赤诚之心付诸实际行动。

勇气归勇气，激情归激情。杨小莉说，现实毫不留情地让她感受到突然间专业转型的困难。虽然大学四年中也接触过部分小学科学学科的学习与培训，但一开始就要一个人独立地负责课程开发与课程研究，说"一筹莫展"还真不是夸张。再说，当时宿豫区实验小学里没有一个专业的科学老师，她既得不到前辈、同事的引领与帮助，也得不到家人、好友的理解与宽慰，只能是"孤军奋战"。为此，她哭过、失眠过，但却没有一次对自己的选择后悔过。因为从递交求职应聘材料的那一刻起，她就认定，哪怕肩上的责任只有自己一个人承担，也必须坚强地、执着地扛起来。

就是凭着这份信念，杨小莉主动向学校领导申请资金、采购仪器，建起了宿豫实小第一个完备的科学实验室。当周末或小长假其他老师都在休闲度假时，杨小莉哪儿也不去，经常一个人默默地待在教职工宿舍里，看一些省级、市级优秀科学教师的授课视频，从中汲取有益的启示。杨小莉感慨地说，在宿豫实小的四年，是她专业成长重要的蜕变期。她心无旁骛，一心扑在科学课的教学上，很快就在同龄人中脱颖而出，2008年在宿豫区小学"新秀杯"比赛中荣获课堂教学一等奖。这四年的专心致志，也为她后来不断取得教学成绩打下了厚实的基础。

选择远方　风雨兼程

2011年，杨小莉老师辞去了宿豫区实验小学的教职，并成功入职南师附中江宁分校。虽然此时她已经有了自己的家庭，业余时间也不可能像在宿豫实小那样全部集中在工作上，但是她并没有懈怠。在新的工作环境中，她一如既往地严格要求自己，在教学上秉持"因材施教"的理念，坚持对不同的授课班级采取不一样的教案与教法。为了第二天的课堂教学能够流畅顺利地进行，她经常工作到深夜十二点。整个小区早已在一片寂静的时空里沉睡了，只有窗外的点点路灯和桌上的一盏台灯陪伴着她伏案工作。不知不觉中，晚睡早起成了她的生活习惯。

"言传身教,身行一例,胜似千言。"这是杨小莉老师很欣赏的一句名言。无论是在课上还是课下,她都力求用自己的人格魅力去感染学生。由于小学科学课课时少,教师每周在一个班级的教学时间基本上不会超过两节课,跟孩子们的关系自然也就不如语数外等老师那般熟悉,孩子们对老师也不会像对待班主任那样听话、乖巧。为了组织好课堂教学,避免教学中或吵闹、或沉闷的尴尬场面出现,杨小莉在备课时就提前设想了课堂上可能遇到的突发情况,并且根据孩子们的特性与喜好,准备了诸如战队PK等活跃课堂气氛的小游戏。更重要的是,她从来不在孩子们面前端着成人的架子,而是尽量放低姿态,将自己融入学生之中。课堂上,她特别擅长用绘声绘色的讲述感染学生,以讨论争辩的方式启发学生,还时不时用一些幽默的笑话来调节气氛。孩子们说,杨老师是一个幽默感与亲和力都很强的老师,他们特别喜欢上她的科学课。

据不完全统计,从教11年来,杨小莉平均每年至少开一节区级以上的公开课。在她看来,每一节公开课就是一次对自己的教学能力进行淬炼的机会,她很期待借此机会得到前辈和同行的指教,使自己的教学不断臻于完善;她也很欣赏敢于直面失败并不断向成功发起挑战的人。她认为,对于这样的人来说,胜利最终不会"缺席"。有一次,杨小莉承担了一节市级公开课。为了使公开课精彩、完美,上出示范效应,她在短短的两周时间内,连续在11个不同的班级试上,每上一遍便修改一遍。正是由于她勤于深耕课堂,2015年她被特聘为南京市江宁区第三届"教学骨干",2016年—2017年她的论文《浅论利用微课帮助小学生建构科学概念》《浅析"做中学"课堂的模式建构》先后获江苏省二等奖,2017年她的教学作品"三单元电和磁——5 电磁铁"被评为省级"优课"。

很多同事都说杨小莉是一个"完美主义者",是一个"工作狂",她也曾不止一次问过自己:真有必要这样吗?这样做值得吗?汪国真有诗云:"既然选择了远方,便只顾风雨兼程。"同理,既然自己当初决定为人之师,就应当立志成为良师。这就是杨小莉给出的答案。

慧眼识"宝" 润"物"无声

杨小莉直言,因为小学科学课不是主科,在许多学生和家长的眼中被认为是可有可无,有一段时间,她也曾感到极度的伤心与挫败,觉得自己的努力没有得到应有的认可。"但是,并非所有的努力都是徒劳。"杨小莉很开心地与我们分享了一个她与学生的故事。

故事发生在杨小莉调入南师附中江宁分校的第三年,她遇到了一个叫昊昊的小男孩。那时的昊昊属于家长和老师普遍心烦、头疼的一类:上课基本不听,喜欢插嘴讲话,作业总不能按时完成,经常被老师叫到办公室来训话。杨小莉身为科学课教师,一周要上七八个班的课,接触的学生有两三百个,即便昊昊这样的小男孩再引人注目,也不过是几百分之一。就在其他老师对昊昊加以否定的时候,杨小莉决定去走近他,观察他,帮助他。她欣喜地发现,昊昊对科学有着浓厚的好奇心。于是,杨小莉便在课堂上多关注、多提问、多鼓励昊昊,课后让他继续完成课堂中的科学实验,并关注他的后续进展。她还用"酒精灯的火焰哪一层温度最高"之类的小实验来不断扩大昊昊对科学的好奇心,并且慢慢地将这份原本可能微不足道的好奇心转变成浓浓的探究兴趣。

昊昊上五六年级的时候,杨小莉老师带着昊昊多次参加了南京市、江苏省乃至全国的小学科学学科竞赛,2015年昊昊参加了江苏省少科院的答辩活动,获得了"江苏省少科院小院士"称号;2016年他参加全国少科院答辩活动,凭借着答辩中的出色表现,获得了"全国少科院小院士"称号。

育人之重 在于育"心"

杨小莉认为,教育事业不仅关乎国家与民族的未来,也关乎个人与家庭的未来。教育工作是爱的共鸣,是心与心的沟通,来不得半点的马虎与耽搁。采访中,当我们问起"作为一个小学教师最需要什么"时,她不假思索地回答说:"爱心,耐心,但最重要的是良心,教师的所作所为绝不能愧对自己的良心。"

杨小莉说,现在有不少孩子的父母在"望子成龙"的传统观念驱使下,不断盲目地给孩子的课业增负,甚至"野蛮"地给孩子幼小的心灵加压。孩子们不堪重负的"悲剧"几乎每天都在上演。每当看到孩子在家长的斥责下掩面哭泣的样子,杨小莉都会主动走到他或她的身边,用点小糖果、小饼干之类的食品安慰他们,并耐心地和他们进行心理沟通。杨小莉说:"无论多大的小孩子,他们都是渴望得到父母的关注与关爱的,如果这一点很难从父母那里得到,那么,我希望我们做老师的能多给他们一些。""我们做教师的也许不能帮到孩子们很多,但是至少可以引领他们走出伤痛。"杨小莉是这么说的,也是这么做的。

"如果光已忘记要将前方照亮,你会握着我的手吗?如果路会通往不知名的地方,你会跟我一起走吗?"

杨小莉坚信,孩子们在成长的过程中需要光,教师理应化为照亮他们前方的光;孩子们在成长的过程中恐惧未知的前方的寒冷,教师理应化为温暖他们内心的暖流。教育永远不可能被人工智能所取代,因为教育与教师不是冰冷的机器。教育是有温度的,教师应该是温暖的符号,教师的爱能使教育升温。

【采写心得】

　　杨小莉老师作为一名晓庄人,一直秉行并传承着"知行合一"的行知精神,对科学保持敬畏,对自己的职业怀揣一份责任,对所有的学生心怀同样的期待与希望!当师范生对将来要成为怎样的教师感到迷茫时,我觉得杨小莉老师的故事会启迪我们,如何以爱与责任之名,行教师之职。

军中绿花　杏坛绽放

许小娟

【校友名片】

许小娟,2007年6月毕业于南京晓庄学院小学教育专业(数学方向),现任南京理工大学实验小学副校长,任教数学学科。

曾获得"江苏省优秀少先队辅导员""南京市青年岗位能手""玄武区首届德育带头人""玄武区优秀青年教师"等荣誉称号。

弃笔从戎——那一年,我当兵了

2000年9月,我跨进南京晓庄学院大门,成为信息科学与技术(师范类)专业的一名新生。和许多大学新生一样,我对大学生活抱有各种美好的憧憬。可能是受高中时代读过的诗词影响吧,我对自由与独立似乎比同龄人更多了一份期待:在我心中一直向往着可以走出父母庇护的保护圈,独立地面对未来的生活。终于,2002年圣诞节前夕,我的心愿达成了——我成为南京晓庄学院首批应征入伍的大学生,而且是被南海舰队在江苏选中的23名海军女兵中的一员。我和同批应征入伍的姐妹们义无反顾地登上了飞往广东湛江的飞机,在那里服兵役整整两年。

至今依稀清晰地记得,在新兵连里,体能训练、紧急集合、全副武装拉练、割草、喂猪、打扫厕所卫生、干农活……一切的一切,无不考验着我的生理承受极限,身体肌肤受到了前所未有的疼痛冲击。在一次紧急集合中,我的左手手指在关门的那一刻被狠狠地"咬"了一口,顿时手指上出现了淤紫。没几天,整个左手肿得跟馒头一样,弯曲起来都很费劲,更别说叠被子、掐被缝了。每次队列训练时,还时不时被身旁的小伙伴碰打到,更是雪上加霜。面对高强度的训练和疼痛,我硬是咬牙撑了过来:认真学习内务条令,勤奋练习叠"豆腐块",刻苦钻研队列动作……三个多月的"魔鬼式"训练,让我这个从地方上来的"女娇娃"蜕变成了一个拥有坚定眼神和坚强意志的女兵。可能是因为我在新兵中学习最勤奋、训练最刻苦,对人热情又体贴,新兵连的领导和战友们都很喜欢我。

随后,我被南海舰队司令部选中,成了通讯总站的一名通讯兵。新的连队直接将我们送往"三岭山"进行为期半年有余的专业训练。在那里,无论是压码抄报,还是听力训练,我的每一项业务能力都很出色,因此成为当时训练大队的"业务明星"。很快,专业修炼期限到了,我们又各自回到连队上岗执勤。

在自己的连队,我很快找到了家的感觉。在那里,我积极参与政治学习,潜心修炼专业技能,在服兵役的最后一年里,我有幸成为"蛟龙—2004"红海湾演习中的一员,参与通讯联络的任务执勤。这在当时已相当光荣。在部队服兵役的第二年,我光荣地加入了中国共产党。因为业务技能过硬,我数次获得嘉奖,又因为在参与任务执勤过程中表现优秀,荣获"优秀士兵"称号。

就在短暂的两年兵役期快要结束时,我的家中发生了很大的变故:父亲因为意外遭遇了一场车祸,差一点和我永别。作为家里的独生女,我只好忍痛离开部队,回到家乡,回到父母身边。

破釜沉舟——考上小学教育专业

2004年12月,我从南海舰队退役回到家中。看到大病初愈、气色不太好的爷爷,看到车祸后右腿打上了钢板的父亲一瘸一拐地走路,得知在爷爷手术的当天,妈妈居然和爷爷在同一家医院同时手术……我的眼泪止不住哗啦啦地直往下流。原来这两年家里发生了这么多变故,而我在部队竟全然不知,家里人为了让我在部队安心服役,一直对我隐瞒着事实真相。

与家人短暂的相聚之后,我很快便返回母校。回到阔别两年后的校园,第一件事就是去当年的宿舍。令我异常惊喜的是,还有几个当年的同班同学因为考上了本校的专转本专业,留在校园里继续进行专业学习,当年编号为541的宿舍,居然还住着自己熟识的同学。我的心一下子安定了许多,又找回了入伍前当大学生的感觉。每天清晨6点,我和在部队一样准时起床跑步;白天,我就一个人到自修室看书学习,一直到晚上9点,准时回宿舍洗漱就寝。生活就这般平常且规律。经过半年时间的努力,我不仅把原先的专科专业文凭拿到了手,还如愿以偿地考上了本校的品牌专业——小学教育专业。2005年9月,我正式成为小学教育专业(专转本)的一名学生。

不忘初心——成为玄武教育一名教坛新兵

两年的专转本学习生活,是我实现教师梦的开端。在专业学习中,我始终保持着军人本色,努力克服跨专业"专转本"的"先天不足",每年都能拿到学校颁发的奖学金,并被评为"优秀学生党员"。也许是因为经历了两年当兵的"摔打",让我有了超乎同年人的成熟与稳重,在班级活动和院系学生会的活动中,我都表现得非常干练,在毕业实习期间,也得到了更多的历练机会。最终,我以较高的成绩通过了南京市六城区新教师招聘考试,成为玄武教育的一名教坛新兵。

刚一踏上玄武教育这片热土,我的热情便感染到了双选意向学校——南京理工大学实验小学(当时名为南京市长江路小学分校)的校领导,开始走上了教学与行政"双肩挑"的专业发展之路。在人民军队这个大学校里植入的"青春是用来奋斗的"精神基因,让我在神圣的学校教育天地里不断释放出创新、进取的活力。

工作的第一年,我一边任教一年级数学,一边担任学校少先队大队辅导员,面临的挑战是可想而知的。由于自身努力学习钻研,再加上老一辈少先队专家的引领,很快我就熟悉了大队辅导员的工作,并在少先队工作方面取得了比较突出的成绩,成为玄武区的样板。学校"特色中队建设"形成了"一班一品牌"的良好态势,红红火火的少先队活动让学校的特色文化建设焕发出勃勃生机。

我一直坚信,带着思考去工作远比机械性地完成任务更有价值。因此,在各项工作中,我不仅表现出超强的执行力,还时常表现出一定的创造力。在教育教学工作中,我善于走近学生,乐于反思课堂,勇于剖析每一次得失,及时把工作的经历(尤其是和学生之间的交流互动)、经验、反思付诸文字,形成我特有的教育叙事或教学日记。在历年的南京市教育叙事(案例)评比中,我总能获得一、二等奖的好名次,已有多篇论文发表。

鉴于我的自身素质条件,在学校工作中表现出的肯干、实干、能干的良好状态以及所取得的工作业绩,2015年暑假,经校领导推荐、群众评议和上级教育主管部门的考察等程序,我成了时任校级领导中较为年轻的一位,那一年我才31岁。

走上校级领导的管理岗位后,工作思路、模式及方法均和以前大不相同。由原来的具体执行逐步转变为管理和协调，这样的改变给我带来了很大冲击。我一边向身边优秀的校长们学习，一边不忘扎根群众，团结教师群体，共同做好各方面的工作。

2017年9月，学校领导班子决定，将我分管的工作由原先熟悉的学生德育调整为教科研。面对特色课程、特色项目、学校特色文化建设、学校发展路径规划等相对前瞻性的工作，我并没有因为自己的经验不足而退缩，而是迎头赶上，缺啥补啥，把个人自学与参加培训结合起来，特别注重与专家进行深度探讨交流。我所分管的学校特色文化建设工作，在过去的一年内，先后通过了"江苏省特色文化建设项目"答辩、中期答辩，由我牵头的多次交流互动，都有力地推动了学校特色文化项目建设。

有一段时间，我接受了学校领导交办的制作二代植物树牌的任务。在向南京中山植物园专家请教如何对学校植物名牌进行统计和分类时，我接触到了"花伴侣"和"形色"两个新名词，还认识了"识花神器"——只要对着植物的一些典型部位，使用App扫一扫，就可以智能识别出植物的名称，扫描部位越典型，识别准确率就越高。

作为一名具有信息科学与技术学科背景的数学老师，我对这两款智能App充满了探索的欲望，因为我知道这样的智能App背后就是一个强大的数据库在做支撑。大量的数据信息、图片资料、人文背景资料的介绍都是智能软件开发者通过海量信息的收集而成的。我的脑海中顿时闪现一个念头：能不能向学生们介绍这样的"识花神器"，让他们学会使用这样的App呢？于是，"大数据"驱动下的课堂出现了。

我把课堂从教室搬到了户外，在美丽的校内实践园中，给学生上了一节综合实践课，这是我人生中的第一次跨界教学。我执教的课题最终定为"数据库里的植物世界"。在准备这节课期间，我和中山植物园的专家进行了两次深度交流，我们一起来到现场进行模拟，经过多次尝试，最终决定对校园植物进行分区，根据地理位置分布的不同，提前划定好A、B、C、D四大区域。为了能和学生有更好的互动，我提前去制作了正面是区域名及实物图、反面是植物名称的海报，以便实现户外课堂学习成果呈现和集中反馈。学生不仅可以通过PAD中的智能软件扫一扫认识数据库里的植物世界，还需要经历设疑—分析—实践—释疑的过程，学习内容更为丰富。

这节课原本就是"无中生有"，是我在充分整合学校特有的校本资源的基础上，结合当下的"数据库时代"特点，开发出来的一节综合实践课。我惊喜地发现，一名数学老师"跨界"开设综合实践课,专业学科背景和丰富的活动组织经验是必不可少的条件。由此我也体会到,学生的课堂不仅仅在教室,户外更为广阔的空间正有待开发。有了这样一次"跨界"的初体验,我对"全学科融合"教学又多了一份期待。

感谢南京晓庄学院和南海舰队,为我的青春抹上了葱郁苍翠的绿色;感谢南京理工大学实验小学,为我的青春提供了绽放活力的舞台。我深深地知道,当下,青春是用来奋斗的;遥远的将来,青春是用来回忆的。今后,无论我走到哪里,作为教育人,我的初心不会改变;作为曾经的军人,我的本色也依然不变。

【从教感言】

课堂,不仅让学生"学会",还要让学生"会学"。教师,应当做学生经历学习全过程的合作者和指导者,不断发现学生是怎样学习的。"生活即教育",为了让学习真正发生,教师要善于利用一切资源,让学生在充分的体验、实践中,习得技能,增长见识,学会用自己的方式表达内心情感,在成长的道路上,相互携手。新时代的教师也要做综合全面的教师,要敢于"跨界",勇于"突破"!

仰望星空　脚踏实地

蒋　云

【校友名片】

蒋云，2008年6月毕业于南京晓庄学院小学教育专业（双语方向），现任上海外国语大学松江外国语学校英语教师，三年级英语备课组长，学校课程与教师发展中心成员，中共党员。

曾多次获得校级青年教师教学评比一等奖，一次获全国论坛杯英语教学评比二等奖，代表学校参加区公开展示课活动，多篇论文发表于全国中文核心期刊扩展版以及市级公开期刊，获区级教科研成果评比一等奖和二等奖，2018年评选为松江区教坛新秀。

2008年6月毕业季的场景似乎仍浮现在眼前，但一晃已经过去了整整10年。回首来时路，我从一名师范生变身为一位人民教师，经历实在太多，感触也实在太多。我体会最深刻的就是，既要仰望星空，又要脚踏实地。

为追求从教的高起点而深造

记得大三那年，学校"刮"起了考研风，各类考研培训班、讲座一波接一波。不少同学都加入了考研大军，披星戴月忙"备战"。在这一种极具感染力的氛围影响下，我也抱着试试看、凑热闹的心态参与进来。眼看着毕业与就业即将进入"倒计时"，我愈发觉得惶恐："就这样经过三四年的打造，我就可以'出炉'当一名小学教师了？"于是，我开始坚定考研的决心，身边考研挚友们的精神也将我感染成革命战士一般。现在想来，这种精神是不知不觉地渗透在骨子里的，以致走上工作岗位后,习惯性地保持着一种昂扬的战斗姿态。

报考哪所学校呢?也不知哪来的破釜沉舟精神,让我毅然决定首选华东师范大学。也许是上一届张成师兄考取华师大的成功范例赐予我勇气,也许是从小就不服输的性格激发我直面挑战。这让我想起大一时院里的学生会第一次招新时的情形:那时的我也是"初生牛犊不怕虎",竟然报名竞聘技能培训班的副主任,虽然最后只是从一个小干事开始干起,但经过一年的锻炼,最后还真是如愿以偿了。

我的这种喜欢挑战和尝试的性格或许真的应了那句"性格决定命运"的名言。最终,我以笔试倒数第二、面试第二的成绩考取了华东师范大学教育学系教育学原理专业研究生,还获得了 B 类奖学金。三年中,我每月领着 300 元的生活费,自力更生地完成了学业。

在华师大,我师从李家成博士,研究基础教育方向,有幸聆听了国内外教育界大师们的真知灼见,与教育界同伴们慷慨激昂地搏击青春,畅想未来……

在高起点上从教,且行且努力

2011 年研究生毕业后,怀揣着在晓庄萌发的当一名小学教师的最初梦想,我留在上海松江一所外国语大学附属外国语学校任教小学英语。除去完成人生大事的一年半时间外,其余 5 年半时间,我一直不断地努力将自己所学的理论应用于教育教学实践。

作为一名教师,我的专业技能基础是在晓庄四年求学时打下的,感谢老师们的辛勤栽培,让我练就了比较扎实的基本功。正是由于当年教书法的戴建强老师教学认真、要求严格,才让我这没有任何基础的"白纸"在学校组织的新教师"三笔字"技能竞赛中获得粉笔字一等奖、钢笔字二等奖的好成绩。

在 5 年半的工作时间里,我任教最多的是一年级和二年级英语。在教学上,我努力向身边的优秀教师学习,学习他们如何组织教学,如何设计课堂教学环节和活动,如何获得家长的认可共同帮助学生成长,如何提升自我学习的高度并拓宽发展的平台。时间的磨炼让我懂得,只有自我培养才是教师专业发展最有效的途径。

记得在生完孩子休产假的日子里,老校长安排我去几所幼儿园发放问卷,完成一个有关幼小衔接课题的问卷调查。我主动设计了访谈提纲,修改了问卷设计,用有效的数据和翔实的访谈完成了调查任务。这是我在参加工作后第一次将自己所学的理论与方法运用于一次课题研究,它让我对如何开展教育科学研究有了更切实的体验。

我知道，自己和学校的其他老师相比，虽然学历略高一点，可是在教学实践这门学问上，自己并没有什么优势。因此，在从事教学工作的第一个年头，我每个周末都放弃休息，伏案备课。每一周都利用空堂时间听老教师的常态课，深受启发，常常是听到一半就抽身赶回办公室，抓紧修改自己的课件，以便下一节课上使用。平时只要碰到学习机会，我都会紧抓不放，主动请缨外出听课，主动要求开区级公开课、参加赛课。正是凭借着这种拼搏精神，我在学科教学方面渐渐地站稳了讲台。

工作三年后，我达到了晋升高一级职称的年限，可是在上课这一环节上，我还是抱憾败给了有着七八年教龄的老师们。经过那次失败，我对教学有了更高的自我要求。除了听本校优秀教师的展示课外，我还会借来市级赛课的光盘学习，积极向学校争取宝贵的市级教学培训机会，让自己的眼界开阔起来。在培训过程中，我结识了更多优秀好学的教师，我不仅向他们学习教学技能，同时也学习他们的教学信念和人格魅力。从工作的第四年开始，我连续三次获得校级青年教师教学评比一等奖，一次获全国论坛杯英语教学评比二等奖。

在教学的第三年，我被派去本区其他学校支教。当时校长以饱含期待的语气对我说："那所百年老校现在英语学科比较薄弱，他们的校长打电话委托我找一位教学上有经验的优秀教师去当备课组长，你愿意吗？"我点点头，欣然接受了这个挑战。我知道，备课组长这个头衔意味着要挑起整个年级组的英语教学工作的重任，与此同时，我还在支教学校兼任了班主任工作，这是我从教以来第一次当班主任。可我并没有被双重身份的压力打倒，而是主动投身其中，积极工作。记得第一次参加支教学校的会议，我就提出了什么时候家访的问题，分管教学的校长吃惊地问："需要吗？需要人人被家访吗？"我坚定地说："需要！人人都需要！"

开学后，我发现班级里有两名特殊儿童，均被检测出智商低下。班里没有同学愿意和她俩一起玩，于是，她俩经常相约下课后到楼下采花捡树枝，上课铃声响了也不回教室，还干出了私自降下主席台上的国旗之类的荒唐事情。学校的老师和领导常常向我反映这俩孩子的情况，我也会经常把她们叫到办公室来，然后联系家长，各方沟通，真是心力交瘁。记得有一次，其中一位吴同学突然课上抽动发癫痫了，吓得我一边打电话给她妈妈，一边联系校医务室老师。我陪在小吴同学身边看护，过了好大一会儿她才开始好转，那可怜的样子看着让人心酸。在后来的家访中，我才得知，小吴是因为小时候发高烧烧坏了脑子，她妈妈给我看了孩子发烧前跳舞的视频，那时的小吴十分可爱，我没忍住也陪着她妈妈一起落了泪。吴同学在家休息了十天半个月，其间另一位闫同学便变得更加形单影只。这让我认识到特殊学生身上的特别可怜之处，作为教育者应该为他们付出更多的时间与耐心，当教师不应该仅限于研究教学这一个方面。

不断追求教学与研究的高水平

完成一年支教任务后，我又重新回到了上外松外学校，担任一年级英语备课组长。作为组内教龄最短的教师，我带领组员努力开拓进取。本着团队一起进步的理念，我们每周开展一次固化备课组活动，提出了一学期内每个老师至少开设一节公开课供大家学习研讨的要求。虽然一开始老师们也有些怨言，但是一年后不少老师很认可并感激这样的磨炼让自己成长。每学期结束后，我都会将大家一学期取得的成绩整理出来，人人留档。

记得刚参加工作时，老校长曾开玩笑地拿我们这些研究生毕业的新教师打趣："你们的实践能力好比钟摆的线，学历越高线就越长，摆起来自然要多花些时间。"工作若干年以后，我才慢慢悟出老校长这番话背后的意味。

2018年暑假，当别的老师忙着在朋友圈晒各地旅游的美照时，我却连续半个月早起赶一个小时地铁去市区参加一个教学设计的培训班，与一群一样追求专业素养发展的同仁们学习着、进步着。"一个人走得快，一群人走得远"，我深深地体会到这一点。

读研期间，我在中文核心期刊 CSSCI 来源（扩展版）发表了 3 篇学术论文，参与编写了《当代教育重大问题》一书。工作以后，我一直在思考这样一个问题：如何发挥研究生学历的优势，在教科研方面比别人走得更快、更远？我给出的答案就是不停步，迈大步。2012年是我工作的第一年，我在中文核心期刊（扩展版）和省级期各发表了 1 篇文章，还获得了"黄浦杯"长三角城市群"成长纪事"征文三等奖，2012 年松江区教科研教育教学成果一等奖。

2013—2014 年我参与了学校申报的市级课题"培养英语教师世界文化素养的实践研究"的研究，已顺利结题。2013 年 8 月，我撰写的《自主学习的文献综述》在上海市"中小学幼儿园课题情报综述"征文评选中荣获二等奖。

2014 年 11 月，在学校的推荐下，我有幸参加了上海市教育科研骨干培训班。为期三个月的培训，让我明晰了很多学生时代没有理解的理论，进一步明确了基础教育教科研的方向。

2017 年 3 月，我作为第一责任人申请了区级课题"英语小报如何培养低段学生英语学科核心素养的实践研究"，与学校另外 3 位同仁组建了课题组，经过将近一年半的研究,2018年10月初顺利结题。2018年3月,该课题论文获得松江区2017年度学校教育科研成果二等奖。

2018年秋季开学后,我又加入了学校的课程与教学研究中心,与科研部领导一起开拓学校的科研领域,希望能在其中发挥自己的优势,将所学为工作所用,与研究团队一起成长。

如果说"星空"代表令人神往的美好未来,那么"实地"则代表催人实干的现实场域。倘若没有仰望星空的浪漫情怀,人就没有勇往直前的动力;倘若没有脚踏实地的实干精神,理想与目标就会成为虚妄的泡影。我愿做一名脚踏实地的仰望星空者,在默默地耕耘中不断追寻自己的教育理想。

【从教感言】

教师这个职业本是一份良心工作,教书育人乃是本职。在价值观多元化的社会环境下,仍然坚守儿时拿着木棍扮演老师的那份纯真的初衷,需要的是一份执着的信念。"选择做老师,即选择了清贫。"导师曾经说过的话,至今铭记在心。感恩寒窗苦读12年后遇见了晓庄,是她为我的人生树立了最初的梦想。在那里种下的种子,如今已经生根、萌芽,亟待花蕾绽放……

默默耕耘，孜孜求索

姜 玥

【校友名片】

姜玥，2008年本科毕业于南京晓庄学院小学教育专业（英语方向），2017年硕士毕业于扬州大学。现任扬州市汶河小学英语教师，英语备课组长。

曾获扬州市优秀微课及微课程展评活动一等奖；曾作为核心成员参与三项市级课题研究，曾获扬州市中小学英语教育教学优秀论文评选活动三等奖，扬州市"新课程学术论坛"征文活动三等奖，江苏省"师陶杯"论文评选活动一等奖，2篇文章在省级、市级刊物上发表；曾获学校"师德之星""汶河东校名师"等称号。

我是一名普普通通的小学英语教师。工作10年来，我一直将"甘作春蚕吐丝尽，愿化红烛照人寰"作为自己的信念，在小学教育这片田地里默默耕耘，孜孜探索，可谓初心不改，青春无悔。

辛勤耕耘，爱岗敬业

2008年8月，我怀着对教育事业的满腔热情，走上了三尺讲台，担任一年级六个班的英语教学工作。没过多久，与我搭班的班主任生病请长假了，于是我主动承担起班主任的工作。我每天总是早早到校，巡视教室，看看学生有没有到齐，早上是否吃过早餐，各种学习用品是否都带齐了，遇到天冷或天热的时候，还要看看同学们的衣服穿得是否合适。一年级的孩子太小，动手能力比较弱，因此，为学生分餐、给学生系鞋带、打扫班级卫生这些琐碎事情,我都亲力亲为。课间只要一有空,我就来到班上,提醒孩子们及时上厕所以及安全游戏。几乎每天都要忙到晚上7点多才下班。

开学一个多月时间过去了,孩子们都适应了小学生活,他们的学习习惯、生活习惯也都慢慢地走上了正轨。原本以为可以暂时缓口气、歇歇脚了,谁知天有不测风云,没过多久,我们班的数学老师也生病住院了,真是雪上加霜!恰好此时,身为班主任的我再过一个星期就要举办婚礼。"如果我又请婚假,刚管理好的班级岂不是要乱成一锅粥了?如果让其他老师来顶班,孩子们能适应吗?"思前想后,我怎么都放心不下班上的孩子们。于是,我和先生商量决定放弃长达15天的婚假,只请了2天婚假来完成人生大事。婚礼刚刚办完,我就立刻回到工作岗位上,回到孩子们中间。校领导和家长们得知这个情况后,都非常感动。

无私奉献,关爱学生

我深知,爱心是教育的原动力,是进行教育的必要条件。当教师全身心地爱护、关心、帮助学生,做学生的贴心人时,师爱就成了一种巨大的力量。

我班上有一个男生,之前学习成绩一直很好,可是突然间成绩退步了,上课时心不在焉,无精打采,总是一副愁眉苦脸的样子。于是我找来该男生的奶奶进行沟通,却不见起色,可我并未就此放弃。经过多方面了解,我才知道他的父母正在闹离婚,他爸爸已经好几天未回家了。"难怪这孩子没有心思上课,这样的家庭变故对一个八岁的孩子来说是多大的打击啊。如果就这样下去,这个孩子岂不是毁了?我不能就这样眼睁睁地看着孩子消沉下去。"于是,我决定"双管齐下"。

一方面,我利用课余时间做好家长功课。我把孩子的父母分别请到学校来,与他们进行单独交谈,把孩子以前和现在情况的反差告诉他们,并劝说他们为了孩子要相互包容、相互谅解。另一方面,我对学生的学习也丝毫不放松。我不仅给这个孩子义务补课,还从生活细节方面多关心他:天气凉了,我会提醒他要加件衣服;天气热了,我会提醒他多喝点水;吃午饭时,我会提醒他多吃点。我们之间虽说是师生,更似母子。

我的辛勤付出没有白费,孩子的父母竟奇迹般地和好如初,孩子的脸上又重新绽放出笑容。在后来的期中考试中,他取得了班级第五名的好成绩,我甚感欣慰。

潜心钻研，因材施教

作为一名英语教师，我将"上好每一节课，改好每一本作业，教好每一位学生"作为自己的工作准则，我最大的愿望就是孩子们能喜欢上我的英语课。

记得有一次学校开展家长开放日活动，为了上好家长开放课，我提前一个月就开始准备教案，然后不断地试教，还邀请其他老师帮我一起磨课，为我提出宝贵意见。为了设计出新颖又有趣的课堂小游戏，我冥思苦想了好几天。白天我要忙着给学生上课、批改作业，所以没有时间自制教具，只有等到下班后再抽空制作。就这样，我一连忙活了好几天。每次等我忙完准备下班回家时，天色已黑，偌大的校园里已空无一人。精心准备了一个多月的课终于在家长们面前"亮相"了，家长们都赞不绝口，说孩子最喜欢上我的英语课，我真是开心极了。

在课堂上，我会想方设法采用学生乐于接受的方式来教学，也逐渐形成了自己活泼、幽默的教学风格。放学后，我还会耐心地帮扶后进生，为他们做课后辅导，努力使每个学生都拥有自信，体会到学习的快乐。

班上有个叫小涵的女生，患有先天性心脏病，学习能力很差。我刚教她时，她正上二年级，英语只能考20多分。她的父母都是已经快50岁的人了，想帮她辅导英语显然力不从心。每次与她妈妈交谈，看着她满鬓的白发和焦急的眼神，我感到十分难过，也很同情。于是我决定每天放学后为小涵做个别辅导。因为她的基础不扎实，所以我得从最简单的知识点讲起，帮她认读单词，背诵课文。就这样，我坚持了整整一个学期，到二年级期末考试的时候，小涵的英语成绩及格了。她妈妈激动地对我说："姜老师，太谢谢你了！没有你，小涵不可能取得这么大的进步，您真是一位好老师！"虽然我现在已经不教小涵了，但她的妈妈一直和我保持联系，她告诉我，现在小涵最喜欢的科目是英语，成绩最好的科目也是英语。

由于不断努力和钻研，近几年来，我的教学成绩非常显著：我所带的班级英语学科成绩名列前茅，我也多次获得校课堂竞赛一等奖，教师基本功比赛一等奖，扬州市微课大赛一等奖。我还多次在校内开设精品示范课和开放课，受到听课者的一致好评。我也因此荣获学校"师德之星""汶河东校名师"等称号。

更新理念，投身科研

工作几年之后，我越来越感到自身科研知识的匮乏。为了提高自身的专业素养和科研水平,我决定报考扬州大学的教育学硕士。

　　白天要忙于工作,晚上和周末我就放弃休息,重新拿起了多年未碰的教育学、心理学教材认真复习迎考。功夫不负有心人,我顺利地通过第一轮笔试。可就在这时,我发现自己怀孕了:第二轮面试到底要不要参加呢? 如果不参加,失去这次机会十分可惜;如果继续参加第二轮,我的身体能吃得消吗? 我陷入了两难抉择的境地。在家人的鼓励下,我最终决定继续冲刺第二轮。复试的时候,我挺着6个多月的大肚子走进考场,没有胆怯,没有紧张,只有坚定的信念。最终,考官被我的勇气和才气所折服。我被录取了,成为扬州大学一名在职教育学硕士研究生。从此,我不仅要忙工作,还要忙学业。一连三个暑假,我都没有休息,上课、查资料、考试成了暑期里的日常。三年的学习是辛苦的,但收获也是很大的,我从导师那里汲取了许多科研知识,于2017年顺利毕业并取得了教育硕士的学位。

　　研究生毕业之后,我发现自己喜欢上了教育研究。白天忙工作没有时间,我就等晚上孩子入睡之后开始撰写论文。周末,我会放弃自己的休息时间,做问卷调查,查文献资料。为了写好一篇文章,我不断思索,反复斟酌。我多次在扬州市论文评选活动中获奖,2017年,我撰写的论文荣获了江苏省"师陶杯"论文评选一等奖,全扬州市获此奖项的小学英语教师只有我一人。2018年12月,我的论文《小学英语任务型教学实施现状的调查与分析》发表于《当代教育评论》。

　　在教育这片沃土上,我只是一株平凡无奇的小草,还需要更多的阳光照耀和雨露滋润,让自己更加茁壮地成长。

【从教感言】

　　十年的从教经历让我体会到,教师职业就是良心职业。有了良心,才有对学生的爱;有了良心,才有对家长的负责;有了良心,才有对教育事业的无私奉献。教书育人,就像喝一杯浓茶,开始时会有些苦,但是越喝越香,到后来还能品出丝丝甜味。我想,这正是教育事业的魅力所在吧。

长大后我终于成了你

崔 珺

【校友名片】

崔珺,2008年6月毕业于南京晓庄学院小学教育专业(英语方向),现任南京市天正小学英语教师,中共党员。

工作以来,多次参加教学基本功竞赛和赛课,获得市、区级一、二等奖;多次在省、市、区范围内开设公开课,均获得好评;撰写的教育论文多次在省、市、区评比中获得一、二等奖。屡次被评为"先进教育工作者""新城市优秀教师""感动天正人物",并于2014年荣获"区优秀青年教师"称号。

小时候,每当有人问:"你长大了想干什么?"我总是毫不犹豫地回答:"当教师!"是的,小时候,我的理想就是当一名教师。为了那个梦想,我常常召集几个小伙伴,在墙上挂上一个小黑板,摇几下铃铛,表示上课了,然后便摇头晃脑地讲起了连自己都一知半解的"锄禾日当午,汗滴禾下土……"带着"长大后,我要成为你"的信念,高中毕业时,我毫不犹豫地选择了师范。

进入南京晓庄学院后,我第一次感觉到自己离梦想这么近。陶行知先生的"千教万教,教人求真;千学万学,学做真人",让我懂得了如何学习,如何为人师表;小学教育的专业知识,渊博浩瀚,有趣又实用,让我如饥似渴;导师和辅导员的关心与引导,让我在深受感激的同时,也立志要将其延续到自己的职业生涯中去。2008年9月,我如愿以偿,成为光荣的人民教师行列中的一员,实现了"长大后我就成了你"的夙愿。

工作三年——学习与历练

南京市瑞金路小学，是我的"第二所大学"。在这里，我从开始的懵懂——不知道自己不懂，到迷茫——知道自己不懂，再到清晰——学会思考，再到成长——成长为一名教学新秀，都离不开邓玲校长的鞭策，教研组长赵晓萍老师的言传身教，师姐黄媛媛老师的鼎力相助（她们也都是优秀的晓庄校友）。工作三年，我一直都在学校领导和老师们的关怀下学习、历练，每一天都有新的视角，都有不同的思考和体会。

记得最忙的时候，我同时担任四、五、六三个年级的英语教学工作，还兼教二年级的口语。刚开始接受任务时，压力很大：虽说是任教四个班级，但却跨越了四个年级，面对四群不同年龄段的学生，每一堂课都是新课，没有反思后再调整的机会。但也正是这样，鞭策着我马不停蹄地前进。每上一节课前，我都要根据学情，把教案再研究一遍，进一步优化课件。上完课后也立马反思，将学生课堂上反映出的问题及时调整记录到下堂课的教案中。日复一日，我对教材的理解不再是单独一册的孤立看法，而是有了跨年级的融会贯通。

也是这段时间，我经历了很多"First time"——

第一次上区级教研课。在两位师傅和全组老师的帮助下，我第一次从写教案开始，一遍遍推敲细节，琢磨课堂用语和过渡语，研究每个环节的设置及操作，再到最后的说课……最终，我的公开课得到了听课教师的一致好评。从这次"痛苦"的磨课中，我也习得了宝贵的经验。以后在进行教学设计时，我都会自觉地问自己：我的每个环节要解决什么？有没有体现一环多效？我的环节设计有没有循序渐进？

第一次参加区英语优质课评比，从海选说课开始，邓玲校长就亲自压阵，和赵晓萍老师商讨我的说课思路，推敲我的每一个环节——具体到语言的表达、PPT切换的时机。进入复赛，我在万分焦急中等到了比赛的课题，刚参加完中年级组竞赛的黄媛媛老师便立刻加入我的"亲友团"之中，连续数日，不分昼夜，帮着我备课、磨课。最后，我的课获得了白下区小学英语高年级组二等奖的好成绩。

苦尽甘来之余，我深知，没有大家的鼎力相助，就不会有这个荣誉。团队的力量让我倍感温暖，也让我倍加珍惜：在这条行知路上，与许多优秀的前辈同行，我从未孤单，我倍感自豪！

工作六年——成长与收获

古人云："飞瀑之下，必有深潭。"这"深潭"是"飞瀑"长年累月冲击地面而成的。同理，教学经验和方法也要靠长时间的实践才能积累起来。我明白，自己还要为之付出更多的努力。

我经常利用业余时间，阅读有关教育改革、课程改革的资料，为的是让自己具有一种先进的教育理念，再在具体的教学工作中加以实践、运用、提升。"从理论中来，到实践中去"，这样不断积累理论知识并将理论知识与自己的实践结合，使得我的教科研工作也取得了喜人的进步。我撰写的教育论文、教育叙事，陆续在省、市、区获得一、二等奖。

2010年，学校给青年教师引进专家指导，我有幸师从南京市玄武区教师发展中心资深英语教研员章老师。我每两周上一节校内公开课，章老师都亲临课堂听课、评课，并从宏观、微观两个方面给予英语教学方向和方法的指引。那一段时间，我白天忙教学，晚上忙备课，甚至连睡梦中都在思考课程框架和环节设置，真可谓：披星戴月，"为课痴狂"。也正是这段宝贵的经历，让我从"被赶着"往前走，渐渐具备了"赛跑"的能力，"教学做合一"受益良多！

有了基本功的苦练，再面对各种教育教学的挑战，我就比之前从容多了。在南京市教学设计大赛中，我获得了网络团队教研一等奖的好成绩；在南京市第一届微课制作大赛中，我又获得了南京市一等奖。渐渐地，我从一名"教学新秀"成长为学校英语学科的青年骨干教师，并在白下、秦淮两区合并之初，获得了"首届秦淮区优秀青年教师"的荣誉称号。

在工作成长的同时，我也经历了个人角色的变换——结婚、生子；在人生经验丰富的同时，我更坚定了对"教师"这份职业的守护与追求。

2014年，我调入南京市鼓楼区天正小学。这是一所年轻却耀眼的学校，作为琅琊路小学教育集团校，这里汇聚了各市区的骨干教师，可谓"卧虎藏龙"。每个天正人从进校园开始，都在高速运转着。初入天正园，正值我初为人母，还没能从容地面对新生儿的吃喝拉撒睡，就进入了一个高强度、高效率的工作环境。但因为有了前六年的成长积淀，秉承着"对每一个孩子负责"和"教学不止，研究不辍"的信念，我尽心尽力地投入工作，很快就适应了新的学校环境和工作模式，完成了职业生涯中的又一次蜕变和成长。

工作十年——忙碌与幸福

十年前,我带着"教师梦",离开晓庄园,继续行知路。如今,工作至第十年,我仍然忙碌而踏实地走在这条路上,感受着这份"平凡"带给我的"稳稳的幸福"。

在学校里,我争分夺秒地工作:备课,批作业,盯"订正";在家里,我忙忙碌碌地生活:照顾孩子,料理家务。其间,还要见缝插针地忙教科研……

同年级的英语老师回家待产,学校前后找了几个代课老师,但他们都以"太辛苦""报酬少""早晨起太早"等这样那样的理由退下阵来。在学校的统筹安排下,我欣然承担了五年级三个班的教学任务。高年级课务多,任务重,为了不耽误孩子们的英语学习,我尽量给予半途接手的新班级更多的关注,让他们有继续学习英语的安全感和信心。"授人以鱼不如授人以渔",我努力追求教学效果的完美,不断优化教学环节,通过学法指导,帮助学生更有效地学习,让学生们在自己的英语课堂上享受语言学习的幸福。我认为,作为风华正茂的年轻一代,只有足够努力并且在本职工作上做到了自己的极致,才能对得起学生、家长的期待,对得起"教师"这份职业,对得起生命的每分每秒,也才会拥有"稳稳的幸福"。

诚然,在我的职业生涯中,也有过迷茫的经历和感受:挑灯苦熬,精心备课,辛辛苦苦传授学生知识,有时却发现他们的热情不高;晓之以理,动之以情,却发现有些个性调皮的孩子依然我行我素。曾经,我的心也一点点冷却下去,甚至有说不出的恼火、伤心。

然而,每到这种时候,我总会想起陶行知先生对教师说过的一段话:"你的教鞭下有瓦特,你的冷眼里有牛顿,你的讥笑中有爱迪生。你别忙着把他们赶跑。你可不要等到坐火轮、点电灯、学微积分,才认识他们是你当年的小学生。"是的。有爱才有一切。当我蹲下身子,耐下心来,那些孩子的转变曾给我带来欣慰和感动,也曾一次次温暖我的心田。每当我望着他们那清澈透亮的双眸,那渴望知识的眼神,我都感觉置身于灿烂的星空之中。我明白,在这片闪烁的星光里,有清澈如山泉的真、善、美,有最美好的未来!

工作十年,在学校的操劳,和同事的交流,对学生的操心,占据了我生活的大部分时间。一年又一年,一届又一届,当年的小豆豆们陆续从小学升入了中学。每当他们寄来一封信,倾诉对老师的思念;每当他们回母校,谈谈学习中的苦恼与收获,都是我最幸福的时刻——久别重逢的幸福,桃李天下的幸福!

"长大后,我终于成了你!"才知道"那根粉笔,画出的是彩虹,洒下的是泪滴""那个讲台,托起的是别人,奉献的是自己"。我愿守一方净土,安于三尺讲台,用爱写好"师德";我愿做一只摇篮,日出摇来满河的童话,日落摇走彩色的梦幻;我愿做一根扁担,肩起民族的重任,托起祖国的未来!

【从教感言】

> 南京晓庄学院,是我成长和圆梦的地方。从开始工作至今,我身边的优秀前辈和工作伙伴,几乎都是晓庄的莘莘学子。至今,我仍记得学校里丰富多彩的课程,怀念学校里每位恩师的教导。我喜欢进入课堂,热爱给孩子们上课,他们渴望求知的眼神和淳朴可爱的天性是我前进的动力。踏踏实实做事,勤勤恳恳做人。我骄傲,我是晓庄人!

努力、努力、再努力

杜 云

【校友名片】

杜云,2008年6月毕业于南京晓庄学院小学教育专业(英语方向),现任江苏省太仓市新区第四小学英语教师、德育处主任,中共党员。

多次执教太仓市级及以上公开课,曾获苏州市小学英语基本功竞赛二等奖、太仓市小学英语基本功竞赛一等奖、太仓市小学英语评优课比赛一等奖;7篇论文在省市级以上获奖或发表;先后获太仓市教学能手、太仓市教坛新秀、太仓市小学英语学科教改带头人、太仓市十佳最美青年教师等称号。

自2008年6月从南京晓庄学院毕业以来,我已经在小学教育这片沃土上辛勤耕耘了整整十年。从一名小学英语教师成长为太仓市小学英语教改带头人,从一名普通教师成长为一名学校中层管理人员,我的成长没有什么"秘诀"。如果硬要找出所谓"秘诀"的话,我认为,就是努力、努力、再努力。

努力耕耘好自己的"一亩三分地"

作为一名专职英语教师,我十分热爱自己的本职工作。为了耕耘好自己的"一亩三分地",在备课时,我认真学习课标,刻苦钻研教材,根据学生的年龄特点和个性差异设计教案,注重教学环节的合理安排,积极探索行之有效的教学方法。在课堂上,我努力创设真实的语境,让学生在真实的语境中去学习语言知识;努力深挖教材,让学生理解知识背后更多的含义;努力展现英语学科的人文性,让学生体会不同国家、不同种族之间文化的异同点；努力为学生创造机会，让他们成为课堂中真正的主人；努力打造开放性的课堂，让学生在课堂中自由生长。在上课后，我经常反思自己当天教学的得与失，认真撰写高质量的教学后记。

2016年9月，在学校没有哪一个老师愿意接手的情况下，我自告奋勇，接手了五年级三班的英语教学。开学第一次单元测试，我便领教了这是一种怎样的"挑战"：测试成绩在90分以上的孩子只有10个左右，而测试成绩不及格的孩子竟然和90分以上的人数差不多，更恐怖的是班里竟然还有3个同学只有40分。我批完卷子的第一反应："天啊！怎么办？""如果还这样下去的话，这些孩子的英语基础学习就完蛋了！"我更担心的是，如果这些孩子每次都考这么差的成绩，总有一天他们会对英语学习失去兴趣，进而失去信心。"如果我们教出了一群没有了兴趣爱好、没有了信心的孩子，那该是一件多么悲哀的事情。"于是，我决定在三班正式实施英语学习改进计划。

改进计划的第一步，是让学生喜欢英语老师。我一直认为，让学生学得好的必要条件，就是让学生能够对这门学科感兴趣；而让学生喜欢一门课的前提，就是让学生喜欢上这门课的老师。于是，我便抽出自己的课余时间走到孩子们中间，尽量和他们在一起，聊一些他们喜欢的话题，参加他们在课间进行的小游戏。在此过程中，我发现当老师放下身段后，学生还是很乐意和老师待在一起的。相处到一定的时候，师生之间的关系融洽了，他们也就比较容易爱上老师所教的课程了。

改进计划的第二步，是让学生专注英语课堂。我发现，很多孩子学习不好都是因为上课不够专心，让他们能够专注于课堂，这就需要老师"耍点小手段"了。而我的"小手段"则是适时地用学习到的内容开个"小玩笑"。例如，here's your change中的change。我就告诉他们"change"这个单词就是汉语拼音中"嫦娥"的拼音，"child"变为复数就是在该单词后面加上一个"ren"，诸如此类。通过这样的方法，学生们发现这个老师还是蛮有趣、蛮幽默的，因而他们在课堂学习中，总会期盼着老师什么时候能够说个"小笑话"，能够将无聊的单词变成有趣的玩笑。渐渐地，他们开始专注课堂，上课认真听讲也成了一种习惯。当然，我和孩子们之间也有一个规定：玩笑就是一笑而过，玩笑的目的是让他们能够专心于课堂。我刚开始"耍点小手段"的时候，孩子们常常会因为一个"小玩笑"笑个半天，可是在慢慢地熟悉之后，他们也都能很快地再次回归到学习的状态。

改进计划的第三步，是让学生规范英语作业。刚开始接手三班时，学生的作业也是令我头疼的一个问题，格式混乱，字迹潦草，我一再苦口婆心地劝导学生，但收效甚微。我想，我得有所改变，我得做个"钉子"，对于那些做得不好的同学，在适当的时候"钉"着他们,一个个告诉他们书写的方法和格式。一次不行就两次,两次不行就三次……总之,我得让他们知道"钉子"的厉害,让他们体会到老师对于这件事情的坚决态度。久而久之,学生的作业情况总算有所起色。

我发现,缺少自信是困扰三班孩子英语学习的一个最大问题。为了帮助他们在失去信心的地方找回信心,我不断地给予孩子们各种鼓励。我会告诉孩子们,我又发现了他们身上的哪些优点,在最近一段时间里他们又有哪些新的进步,在考试过程中成绩又有了哪些提高……渐渐地,很多孩子找回了对英语学习的自信心。

经过两年的努力,三班孩子的英语成绩有了很大的起色。在大大小小的考试中,孩子们很少再出现不及格的状况,班级里优秀的学生也越来越多,最为重要的是他们喜欢上了这门学科。我认为,这也许比我教会他们多少知识还要重要。毕竟,兴趣才能支撑着他们走过接下来很多年的英语学习生涯。一次家长会后,好几个家长都单独找到我,向我表达他们由衷的谢意,一个家长更是紧紧地握着我的手久久不放。那一刻,我感受到了一种幸福。

努力成为学生成长的领路人

我相信,每个孩子都能开出属于自己的花,只是开花时间不同,花期长短不同。所以,我始终抱着一种静待花开的阳光心态,因人、因时、因事制宜,努力成为学生成长的领路人。

有一年,我新接手一个班级后,很快就发现了一个不好的现象:课代表每次上交作业的时候,总会提到一小部分同学还没有完成老师布置的作业。针对这种情况,我采取说教的方式提醒,试图使这一部分同学能够积极主动按时完成作业,但是收效甚微。我开始反思为什么自己的教育方法不能奏效,终于找到了问题的"症结":之所以这些孩子不能在固定的时间里完成作业,一是缺乏学习自觉性,没有主动学习的意识;二是学习习惯较差,养成了拖拉作业的坏毛病;三是自控能力比较差,玩过了头就忘记了还有作业要完成这回事儿,甚至连作业的具体内容也不记得了。于是,体验性德育在我的班级中第一次被真正地运用。

第一步,实施环境熏陶体验法。经过观察我发现,有些孩子不能按时完成作业并不是因为不会做,而是因为喜欢拖拉作业,特别是在看到班级其他已经做完作业的学生可以进行自由活动的情况下,变得无心完成作业。我决定"双管齐下":一方面加强班级文化建设,通过教室环境布置提醒拖拉作业的学生改掉不良的学习习惯;另一方面,让班级那些学习好的学生在完成课堂作业后也不在教室里进行自由活动,以免让那些贪玩的孩子分心。

  第二步,实施主题活动体验法。我除了在日常的班会和晨会中,经常提醒孩子们按时完成作业外,还开展了有针对性的主题队会活动,评选出班级中作业做得又快又好的小标兵,通过"雏鹰争章"的形式进行宣扬表彰,以形成你追我赶的良好学风,催促那些平时拖拉作业的孩子努力表现自己,争取获得雏鹰奖章。

  第三步,实施岗位角色体验法。我特意安排班级中拖拉作业情况严重的学生担任小组长,让他们负责平时检查小组成员的家庭作业,并和他们讲清楚小组长的职责以及在收作业的过程中自己应该做到什么。另外,我还尝试着让学生进行"换位思考",让他们在班会上汇报:"如果你是一名老师,看见那些不做作业的同学,你会怎么想?"通过让学生站在教师的立场去考虑问题,促进了学生的自我教育,取得了事半功倍的效果。

  我的班主任工作得到了家长和学校领导的肯定,我也因此多次被学校评为"优秀班主任""优秀党员""德业双馨教师""先进个人"。

努力走在教科研的前列

  学海无涯,教无止境。我始终坚信:只有不断充电,才能维持教学的青春和活力。2008年12月以来,我主要参加了现代教育技术和英语学科培训,先后通过了全国中小学教师教育技术水平考试,取得了江苏省小学学科教师网络培训、江苏省专业技术人员信息化素质培训、太仓市教育局组织的英语培训班等合格证书。2013年,我参加了由太仓市教育局组织的小学英语高级研修班学习,2015年,我又参加了太仓市"未来教室应用"种子教师培训班培训。2018年5月,我被评为太仓市小学英语学科教改带头人,同年6月又被评为太仓市"十佳最美青年教师"。

  我还积极参加了学校承担的江苏省重点资助课题"精彩童年——学校文化品格建构研究",作为课题组核心成员参加了课题研究的工作,并顺利结题。作为课题组长,我带领组员开展了江苏省重点课题"精彩童年——微型课程开发的实践与研究"的各项工作,完成了"小学生不能错过的仪式"微课程建设,先后完成了"入队仪式""十岁成长仪式""毕业仪式"的学生使用手册的研制、活动过程的实施,并顺利通过了课题研究的中期汇报。目前,我们团队还在继续开发"仪式类案例",力争扩大"小学生不能错过的仪式"的数量,提高每个仪式案例的质量,让仪式教育真正走进学生。我本人正在参与《"精彩童年"微型课程开发的实践与研究》这本专著的撰写,初稿已经通过了南京师范大学相关专家的审核。

近年来，我先后有 6 篇论文在省市级以上获奖，论文《以人为本，以生定教——生本教育在小学英语教学中的运用》发表在《新教育》杂志 2014 年第 2 期上。

【从教感言】

教育是一项事业，事业的意义在于追求；教育是一门艺术，艺术的生命在于创新。从教 10 年来，从来不敢忘记南京晓庄学院教育科学学院的领导和老师们对我的谆谆教导，不曾忘记母校里伟岸的陶像，更不会忘记自己的初衷——做一名能够走进学生内心的老师。"学高为师，身正为范"，我会继续严格要求自己，加强自身修养，为成为一名优秀的人民教师不断努力奋斗。

怀揣梦想　奉献青春

章爽爽

【校友名片】

章爽爽，2009 年毕业于南京晓庄学院小学教育专业（语文方向），现任南京市五老村小学语文老师、大队辅导员，中共党员。

工作以来，开设区级及以上公开课和讲座共 13 次，获区中小学班主任基本功大赛特等奖、市少先队活动课展示特等奖、省"红领巾寻访"活动一等奖等。32 篇论文获得省、市、区奖项，10 余篇文章发表于《白下教育》《七彩语文》《少先队活动》等杂志，指导学生发表作文 200 多篇。获"江苏省优秀少先队辅导员""南京市德育优秀青年教师""秦淮区先进教育工作者"等称号。

"成为一名老师"是我从小确立的职业梦想，"做一名好老师"是我梦寐以求的职业追求。2009 年大学毕业后，我进入南京市五老村小学，担任中高年级语文教学及班主任工作，2015 年我又兼任了学校大队辅导员一职。近 10 年来，我一直奋斗在教书育人第一线，先后获得"江苏省优秀少先队辅导员""南京市德育优秀青年教师""南京市优秀少先队辅导员""秦淮区优秀青年教师""秦淮区先进教育工作者""秦淮区优秀德育工作者""秦淮区十佳少先队辅导员""秦淮区教科研先进个人"等荣誉称号，所带班级被评为"南京市优秀中队"，所带大队被评为"秦淮区少先队工作标兵单位"。

用爱浸润，教书育人

作为一名班主任，我积极组建优秀的班集体，创设良好的班风与学风，关爱每一个学生,关注学生的全面发展,注重学生道德品行和心理素质的培养。作为一名主科教师,我积极调动学生的学习内驱力,培养他们良好的学习态度和习惯,注重学生核心素养的养成。我深知,教育是爱的职业,自己应该努力用爱感染每一位学生,为每一个孩子搭建健康、快乐的成长平台,让每一片绿叶都享受到爱的阳光。

王同学,内向胆小,在班级里很不起眼。记得2009年9月我刚接这个三(6)班的时候,由于每日忙于各种常规的建立,很少有时间特别关注到她。不久,我开始发现,她是一个十分害羞的女孩,特别需要加以格外的呵护。于是,在日常的教学和班主任工作中,我特别注意自己的沟通交流方式,与她说话、吩咐她做事的时候,我都是蹲下来柔声细语地说,生怕我的一个不小心会触动她敏感的心灵。

有一年感恩节,她怯生生地送给我一张自己做的贺卡,我打开一看,发现里面有一张婴儿照。她看我疑惑的样子,嗫嚅着说道:"老师,这是我小时候的照片,妈妈说这是我最珍贵的东西,我送给您作为礼物吧!"

听她这么说,我的心底里顿时涌起一股暖流。后来,我把她的故事写成一篇小文章,投给了《金陵晚报》,她也看到了这篇文章。当她拿着报纸给我看时,我看到了她眼睛里透着惊喜!

此后,王同学整个人都好像变了个样子:一直不自信的她,开始在课堂上频频举手;很少和同学们一起玩耍的她,也经常出现在班级的各种集体活动中;原来作文水平平平的她,也能时不时地写出佳词妙句来。最重要的是,她和我亲近了许多,每当大课间来临的时候,她都会蹦蹦跳跳地跑到我面前,拉着我说话,而且说的都是不愿意和别人讲的心里话。从她的转变中,我看到了希望,我要继续努力,继续温暖她的心。

有一天放学的时候,她偷偷地塞给我两个枇杷。枇杷是用保鲜袋包装得严严实实的,我拿在手里,还能感觉到一丝凉气。她说:"老师,妈妈说你最近一直咳嗽,所以让我给你带了两个枇杷。"我一愣,突然间不知道说什么了。"因为今天中午你不在教室吃饭,所以一直没有机会给你。""谢谢,谢谢!回去告诉你妈妈,谢谢她!"我连声对她说。

在教书育人的过程中,我特别关注那些亟须给予关照与帮助的学生:宋同学课间跌倒摔坏了牙齿,我陪着他去了三次医院,还时常关心他在学校的就餐情况;周同学在毕业前夕沉迷网络游戏,我上门劝说,和他父母一次次沟通,向他推荐书籍,带他参加实践活动;刘同学因父母闹矛盾而成绩下降,我了解情况后安抚她,并找她父母谈心;余同学脾气暴躁,情绪容易失控,我分析原因,寻找对策,和他约法三章……我用自己爱的奉献赢得了学生的尊敬和家长的信任,我的班级团结、上进,在学习、活动、常规等各项评比中名列前茅。

用德修身，为人师表

无论是班主任，还是大队辅导员，都是学校德育的中坚力量。我深知，"德为师之本"。作为一名德育工作者，更应该以德修身，为人师表，率先垂范。

自从2015年兼任学校少先队大队辅导员后，我肩头的担子更重了：编订《小太阳在校生活宝典》，召开班主任会议，组织班主任德育观摩；每周做好常规评比，有针对性地解决问题；做好每周的升旗仪式、文明礼仪岗的训练，试点并实施班级小岗位责任制……这看似简单的工作，都需要我进行缜密的思考与有效的实施。

少先队是学校德育的重要阵地。为此，我在校内精心策划组织了一系列德育活动："八礼四仪"系列活动，倡导学生做一个讲文明、懂礼仪的好少年；"文明交通"系列活动，希望小手拉大手，共创安全城；"小能手在行动"系列活动，打造最干净城区，为美丽南京出一份力；"争做党的好孩子""核心价值观原创诗歌朗诵""我们的世界杯"，以及每一个"六一"儿童节的背后，都有我辛勤的付出。

得知已经毕业的小Z同学患重病无钱医治时，我和学校爱心社的老师们自发组织捐款，并联系媒体发动更多的好心人帮助这个坚强、乐观又身遭不幸的孩子。冬天送去被褥，夏天帮助装空调，小Z同学家不到十平方米的房子里，因为爱心社老师们送温暖，终于有了笑声。我的行为也在无形之中影响到自己班上的学生，很多孩子自愿捐出自己的压岁钱或羽绒服、鞋帽等物品，还有些孩子请求爸爸妈妈带着自己去看望小Z大姐姐。他们带去的不仅仅是物质的资助，更是一份温暖与希望。

在校外，我带领学生拍摄微电影，组织学生积极参加雏鹰假日小队、道德实践等活动。我组织学生向藏区孩子捐书捐物，和白马小学手拉手，在玄武湖畔爱心义卖。我参加了守护藏羚羊的公益活动，成为"生命之水"课堂的讲师；我参加了区残联的志愿服务，和听障儿童结对子。我希望通过自身的示范为学生做出表率，通过德育活动孕育文化精神，用文化和精神来培养出身心健全的学生。

用心提升，爱岗敬业

我经常利用业余时间，积极参加各种业务培训。在省少先队骨干辅导员培训班，市班主任高研班，区品德骨干教师研修班、远程网络培训班、经典诵读教育骨干教师培训班等都能看到我的身影。

印象最深的是2017年参加南京市班主任高级研修班，这是一次高强度、高要求的培训。每个月两天的集中培训,需要我协调好校内的课务及管理工作,有时甚至牺牲了周末时间。当时,我的孩子还小,校内工作也比较繁重,参加这次培训于我而言,困难是比较大的。但是,我没有向领导表示过任何困难,因为我知道这样的学习机会来之不易。暑期的集中培训及竞赛活动,更是让自己学到了十分宝贵的班主任专业化成长的理论、经验和技巧。

在我们五老村小学,每一位老师都有一个博客,用来记录平时教育教学中的收获。一开始,我只是把它当成一个任务来完成,后来渐渐地喜欢上了这种叙事研究的方式。白天只要有空堂或者傍晚下班后,我就会习惯性地回顾一下当天的一幕幕,并把它及时记录下来,或用三言两语白描,或用浓墨重彩彩绘,回头再看看,上面都是一个个有意义、有意思的暖心故事。三年时间,我的博文数量位居学校的第三名,超过了许多资深教师。有一段时间,《金陵晚报》开辟了一个"校园故事"栏目,我的小故事也经常在上面发表。更重要的是,我在博客中记录的许多故事成了我撰写论文的重要素材。

作为学校德育工作小组的成员,我还兼任过学校小记者团指导老师、校报编辑、校刊学生版编辑等职务,参与了《综合实践》《我们的电影课》等校本课程教材的撰写,《我们的电影课》由江苏教育出版社正式出版。其间,我指导多名学生在《金陵晚报》《南京晨报》《江南时报》《兴趣语文》《七彩语文》等报刊累计发表习作200篇左右;我本人也在《金陵晚报》《七彩语文》《少先队活动》等报刊发表文章42篇;我所带的小记者团获得南京广播电视集团和南京乐学小记者团颁发的"用稿先进单位"荣誉称号。

自参加工作以来,我累计开设区级以上公开课8节,省、市级讲座5次,论文在省、市、区三级获奖32次,有3个课题获得市级立项。

"做一名好老师"是我的"教师梦"。我会继续在追梦的路上奋力前行,努力做一个让学生满意、家长放心、社会欢迎的好老师。

【从教感言】

走上教师岗位快十年了,每天似乎都在重复着前一天的忙碌。然而,这份职业带给我的不仅仅是辛苦的付出,而是一种独特的幸福感——学生的成长、家长的肯定、自身的发展……让我觉得生活的每一天都特有意义。在晓庄的四年学习时光,陶先生的教育理念与无私奉献深深影响着我,我想,我会在我的岗位上,兢兢业业一辈子!

把师爱写进孩子们童年的诗行

丁元林

【校友名片】

丁元林,2009年6月毕业于南京晓庄学院小学教育专业(语文方向),现任南京市琅琊路小学语文教师、级部主任助理,中共党员。

曾获华东六省一市赛课一等奖,南京市小学语文阅读教学大赛一等奖;数十篇文章在省市级论文、案例比赛中获奖,在省级以上刊物发表十余篇教学论文;曾获鼓楼区优秀班主任、鼓楼区优秀中队辅导员、鼓楼区教科研先进个人、鼓楼区优秀青年教师、南京市第九届优秀青年教师、鼓楼区小学语文学科带头人等称号。

2009年9月,满怀着信心与希望的我如愿以偿地走上了神圣的三尺讲台。面对着那一张张天真无邪的笑脸,我常常在心里暗示自己:一定要努力做一名学生喜欢的好老师,从美丽的琅小园出发,漫步幸福的教育人生之路!

教育童话是师生相遇、相处、相知的和谐境界,它的产生离不开与孩子们的零距离相处。儿童天生就是诗人,他们的每一天都应该是诗意快乐的,每一天学习生活的点点滴滴都可以写就快乐的诗行,而这些快乐的诗行恰是我们的教育童话不可或缺的组成部分。教师理应成为陪伴孩子书写童年诗行的大朋友,理应把师爱写进孩子们童年的诗行。

让学习习惯不好的孩子行为得到矫正

小思是我带的第一届学生中一个比较特殊的孩子。从小失去父爱的他家境一般,母亲忙着挣钱养家,又疏于管教,导致他的行为习惯很不好。例如,和同学发生争执时,他常常向同学吐口水,因此大家都躲着他,没有人愿意跟他一起玩。可是他也有自己的长处,很喜欢观察大自然的一草一虫,有时还会把这些"特殊的宝贝"装进自己的口袋,两个口袋都被他塞得鼓鼓的。

有一段时间,我发现小思在做数学题时,喜欢在课桌上打草稿,作业字迹极其潦草,正确率又不高。于是,我就在课间拿了厚厚的一叠纸递到他手中。"给你做稿纸吧,以后别在桌上乱涂乱画了。认认真真打草稿,才能确保作业有比较高的正确率,这个小小的细节也很重要哦!"小思接过草稿纸,什么话也没有说,却像平时收集他的那些"宝贝"一样,小心翼翼地放进书包里。

令我没有想到的是,第二天早上,小思早早地来到学校,特地过来对我说:"丁老师,这是昨天你给我的那些稿纸的钱,请你收下!"我顿时愣住了:一个平时连尺子坏了都舍不得重买一把的孩子,今天竟然如此"大方"!可正是这种"大方"如磁铁般吸引了我,我已经真切地感受到善良与自尊对这颗幼小心灵的召唤。"把钱拿回去吧!稿纸是老师送给你的,希望你认认真真地用好每一张,让它们各尽其能吧。"听我说完这番话后,他很不情愿地攥紧那些零钱,放进了自己那装满"宝贝"的口袋!

此后,小思就像换了一个人似的,再也不随便在课桌上打草稿了,稿纸上的字迹也不潦草凌乱了,一道道算式列得工工整整,作业的正确率也慢慢地提高了。看到小思的变化,我心里真有说不出的高兴。

让被同伴疏远的孩子回归班集体

2017年我接新班的时候,遇到了一个叫小玉的男生。在大部分同学的心目中,这个男孩很特殊,总觉得别人是在笑话他,特别喜欢动手打人。刚开始跟他接触,我心里还有点不相信,经过一段时间观察,我渐渐相信了同学们对他的评价。有时候看到他动手打人,我真的很气愤,也为那些挨打的孩子打抱不平!我找他谈话,问他为什么动手打人,他的理由很简单——别人笑话我。其实他是在给自己找借口。因为这些,孩子们都不愿意跟他成为同桌,班级同学之间的矛盾也因为他随时都有可能被激化起来!

记得卢梭曾经说过,在人的心灵中根本没有什么生来就有的邪恶,任何邪恶,我们都能说出它是怎样和从什么地方进入人心的。由此我想到了小玉,他还是个孩子,一个11岁的孩子,虽然拳脚发达,但是心智简单幼稚,需要老师引导。于是,我想方设法一步步走进小玉的内心,每天两个大课间,我都会把他请进我的办公室,和他聊生活、聊家庭,这才知道他的内心有多么孤独!原来小玉的妈妈生了二宝后,就再没时间管他了,更不要说耐心地疏导他;小玉的爸爸工作很忙,经常出差,如果他在学校犯了错,遭到其他同学家长的投诉,爸爸回家后就是一顿拳打脚踢,行为粗暴至极!由于缺少了应有的尊重与理解,缺少了父母的关心和爱护,小玉在与同学发生矛盾时内心充满了报复心理,不自觉地动起了手脚。"这是一个恶性循环,必须有效遏制!"我暗暗地下了决心。

"一般地说,你不急于达到什么目的,反而可以很有把握和十分迅速地达到那个目的。"卢梭的话给了我启示:既然小玉动手动脚的毛病是由缺失家庭之爱与内心孤独引发的,那我何不"挺身而出",给他更多的关爱呢?每节课间的聊天,使小玉渐渐地相信了我,可是他的"同桌"问题又该如何解决呢?适逢班级中队委改选,我突然想到了个好主意:实行班委轮流制,每个班委与小玉同桌一周。班委们都乐意地接受了我推出的"轮流制",小玉也第一次尝到了有不同同桌的乐趣。同桌间的友好交往与彼此温暖,使得小玉渐渐改掉了动手动脚的毛病。

第二学期,为了让小玉进一步融入班集体,我经常有意识地安排一些事情由他负责通知,在同学们面前不断地刷他的"存在感",既增强了他的责任心,又让其他同学看到了他的处事能力、组织能力。有一次,班级竞选小队长,小玉竟然以30票的优势胜出,这让我感到十分惊喜。更为惊喜的是,班里开始有同学主动申请与小玉同桌了。管好了自己拳脚的小玉,终于回归到本该属于他的班集体,真让人感到欣慰。

让有个性特长的孩子得到协调发展

小丽是一个非常懂礼貌的女孩,活泼开朗的性格让她脸上始终绽放着笑容,只要不谈学习,她什么事都做得很积极,也很快乐。四年级下学期的时候,她凭着自己的天赋和努力,加入了学校的合唱队,并成为合唱队的主力队员。在合唱的舞台上,小丽找到了一种无人可及的自信,可在学习的时空中,她却找不到一点自信。因为不论语、数、外哪门学科,她从二年级开始就不同程度地掉队了——上课想认真听课,可是因为知识"脱节",经常听不懂;考试想认真答卷,可是有些题目不会,只好乱填一气;有时不想写作业,便把作业本故意丢掉或是藏起来,还借口说怎么找都没找到作业本。

有一天,我和她促膝长谈,她说:"老师,其实我也想让自己学习好,可是,无论我怎么补习，有些内容就是学不会，我也很苦恼！同学们那样看我、笑我，我心里很难过。只有在合唱的舞台上，我能很骄傲、很自信地唱歌，他们才会以羡慕的眼光看我，所以今生今世我离不开合唱！就算六年级其他队员退役了，我还会坚持下去，因为合唱是我生活的意义！"面对这个很有个性但学业落后的小姑娘，我与其他学科的老师进行了认真沟通，我们商定：在确保她能掌握基本知识和基本技能的前提下，让她有一定的时间去练习唱歌。为此，我还主动把活动展示和演出的机会直接交给她。

唱歌的自信让小丽体验到被人尊重和赞赏的快乐，她也慢慢地变得勇敢起来，开始向学习上的简单问题发起挑战，渐渐地，对每天的基础读写她都尽可能地保证全对，遇到难度稍大一些的阅读理解题，她也学会了请教老师和同学，而不再像以前那样直接放弃了。

我是一个普普通通的班主任，小思、小玉和小丽，只是我在班主任工作中遇到的特殊孩子中三个不同类型的代表。在与他们打交道的过程中，我能感受到他们渴望一种特殊的爱，这种特殊的爱来自特殊的教育方式与理解，来自特殊的教育热情与激情，更来自特殊的坚持与爱心。

我坚信，爱能创造教育童话，爱也应融进孩子们花样童年的诗行！我不是诗人，但我愿为我的孩子们歌唱——

还记得吗？
在你生日的那一天，
全班所有人为你唱响那支动听的生日歌。
在你身体不舒服、趴在桌上的那一瞬间，
传到你身边的一张字条、一杯热水、一颗糖果，
来自教室的各个角落。

还记得吗？
甲流突然袭来的那一周，
我们不能在同一屋檐下学习与生活，
但这并不能阻断我们对知识的渴求。
那一个个亲切问候的电话，
那一封封辅导答疑的邮件，
恰似我们面对着面、手牵着手。

还记得吗？
那动听的琅琅书声，
是你我在知识的海洋中翩翩起舞的旋律；
那秀丽的方块汉字，
是你我在国粹的宝库中漫游散步的足迹。

忘不了你们那一次次声情并茂的演讲，
忘不了你们那一篇篇情真意切的佳作，
忘不了你们那一张张天真无邪的笑脸，
陪伴你们在阳光下茁壮成长
是我最大的心愿！

【从教感言】

　　在教育教学生活中，事无大小，爱无边界，需要每一个教师从小事着手，关照每一个鲜活的生命！行知先生"爱满天下"的情怀，教师院"博雅·童心·母爱·敬业"的院训，一直在激励、鞭策着我，适其天性，启其睿智，把师爱写进孩子们童年的诗行！

氛围,让优秀成为一种习惯

涂宏昱

【校友名片】

涂宏昱,2009年6月毕业于南京晓庄学院小学教育专业(语文方向),现任南京市鼓楼区芳草园小学语文教师、年级学科组长、学校综合实践学科组长,中共党员。

工作以来,曾荣获省"师陶杯"论文二等奖,五篇论文分获区论文、案例评比一、二等奖,区级课题两次立项并成功结题,被评为鼓楼区"德育学科带头人"。

人的成长离不开环境,诚如荀子所云:"蓬生麻中,不扶自直;白沙在涅,与之俱黑。"从读师范到当教师,我很庆幸,在自己平凡却不平庸的人生路上,一直得益于良好的成长环境:南京晓庄学院厚重的文化底蕴,为我的成长植入了"学做真人""教人求真"的优良基因;南京市芳草园小学向上的校园氛围,为我的成长提供了初显身手、绽放活力的优良平台。

我勤学,我实干:晓庄的氛围使然

2005年9月,我乘着迎新的大巴车来到南京晓庄学院,成为小学教育专业一名师范生。面对即将开始的大学生活,我还谈不上有任何规划,可谓我心茫然。

军训与入学教育通常是各大学的开学第一课。其间,我开始接触到晓庄的创始人陶行知先生和学校的历史,也初步感受到那联结历史和现实的深沉而厚重的行知精神,这是南京晓庄学院的精魂所在,更是滋育我成长的精神食粮。为了帮助新生尽快地适应、更好地融入大学生活,除了军训教官、辅导员老师外,院里还给我们每个新生班配了一名学姐担任辅导员助理,负责协助老师策划和组织班级活动,并在生活上给我们提供指导和帮助。由于刚刚从苏北农村来到繁华的大城市,我一时还未能很好地适应这个全新的环境,在行为上也常常显得难以很好地融入新的集体,学姐发现了我的异样,三番两次找我谈心,她的真诚与耐心打动了我,使我很快调整了心态,投入到紧张的大学学习生活。现在想来,由学姐担任辅导员助理,真是一种挺好的"传帮带"方式。

军训结束后,自然地进入了大学的课程学习。至今依稀清楚地记得,治学严谨的严开宏老师,十分巧妙地把"教育科学研究方法"这门理论色彩很浓的课程讲得妙趣横生,在轻松愉悦的氛围中把我引入教科研的大门;儒雅敦厚的陈爱民老师,把他执教的"艺术理论"课程上得宛如宋元山水一般美,其书法和篆刻的造诣着实令人叹服,在他的影响下,我开始苦练起师范生的基本功——"三笔字";博闻广识的王文岭老师,用一个个诙谐幽默的历史故事为我们阐释了古汉语的精妙,为我们打开了阅读古代经典的知识之门;学贯中西的时国炎老师,带领我们徜徉在中国近现代文学的长廊,让我们接触到鲁迅、巴金、老舍、朱自清、冰心、叶圣陶等大师的名著,他结合外国作家作品来分析现代中国作家的独特视角,带给我们一种全新的治学方法,也由此萌发了我对中外文学作品的阅读兴趣;经验丰富的王本余老师,通过一个个鲜活、生动的案例探讨,揭示了"小学班级管理"的原理与方法,让我从中感悟做好班主任工作的策略与技巧,并从中发现做一名小学老师其实也是一件挺有意义的事……正是因为在晓庄有许许多多优秀老师的示范和引领,我才能在毕业后如愿加入人民教师的行列。从他们身上,我学到了作为一名教育人应有的品质,切身体会到"捧着一颗心来,不带半根草去"的育人情怀,明白了如何将"千教万教,教人求真"落实到具体行动中去。

不得不说,晓庄在师范生从教能力的培养方面真是很有一套。从大一下学期就开始安排各种见习,大二开始小实习,大三时有为期三周的顶岗实习,大四还有毕业实习与就业实习,真正是"早接触,不断线"。记得大四那年上半学期接近尾声时,曹慧英院长就不停地催促我们主动联系实习学校。她说:"期末正是学校比较忙的时候,你们过去帮着改改作业,分分试卷,做些力所能及的工作。"果然,实习学校很欢迎我们的帮忙,我们在付出辛劳的同时,也加深了对学校工作的熟悉。实习期间,曹院长还不定期专程到实习学校对我们进行专业指导。从备课到上课,从作业批改到及时订正反馈,甚至还细微到如何与学生建立良好的沟通渠道,她都不厌其烦地反复指导。"不要怕辛苦,每天早点到、晚点离开,除了完成实习任务外,也要在办公室内务方面多干点。""遇到不懂的地方多向师傅请教,也要多向同一办公室的其他老师学习。"曹院长一次次的叮嘱,看似都是一些实习生活中细枝末节的小事,但我知道,她不仅是在教我们做事,也是在教我们做人。为期四个月的实习期满,临分别时,琅琊路小学五年级组的老师对我说:"宏昱,你实习结束了,明天我们可要开始不适应了,因为这几个月我们好日子过惯了,已经忘记自己还要烧水、打扫卫生了。"虽说这只是一句玩笑话,但却是对我勤恳、实干的充分肯定。

我进取,我创新:芳草园的氛围使然

2009年8月,我正式来到南京市芳草园小学(当时的琅小分校)任教。这所创办于1998年的年轻学校,教师的平均年龄只有32岁,但她同时又是一所底蕴深厚的学校,她与琅琊路小学的文化传统一脉相承,拥有优秀的教师团队和优良的教风学风。

在芳小,新教师一入职,就被要求制定职业发展规划,学校还设立了读书俱乐部、骨干教师交流互动平台、特级名师工作室、芳草讲坛等多个平台,来助推教师的专业发展。学校精心打造的读书俱乐部,倡导集体阅读、共同交流:每月推出一部名著,每周老师都可以在线交流阅读心得,每月举行一场线下读书报告会。从意境纯美的《小王子》,到深入浅出的《幸福的哲学》,从《给教师的一百条建议》《致青年教师》等教育类精品读物,到成尚荣教授的《大夏书系·成尚荣教育文丛》,全校老师同读一本书,共话一课题,观念在阅读中得到更新,思想在碰撞中得到净化,情怀在交流中得以提升。

置身芳小这样一个健康向上的群体之中,受身边同事勤耕乐学的正能量辐射,我也开始潜心研究并不断改进自己的语文教学。我坚持以生为本的教学理念,积极尝试把语文新课标的精神与芳小"让学"与"导学"的教学理念有机结合,既主动地出手"导",又大胆地放手"让",努力实现语文课堂"让"与"导"的平衡。例如,在教《黄鹤楼送别》一课时,我对导入阶段的设计思路是将学生作为体验的主体,让学生在自己的回忆和感受中走进课文、走近作者。我让同学们先回忆自己和朋友聊天的愉快场景,感受难忘的欢乐时光,再让同学们体验生活中的分别情形,感受离别时刻的不舍。这样,就完成了从生活到古诗、从自我体验到诗人情怀的衔接,顺其自然地引出将要学习的课文。之所以能以这样的方式导入新课,是因为我发明了一件"让学"(即让学生自主学)小法宝——"预习单"。在我设计的预习单中,有对生字词掌握情况的检测,也有对作者生平了解的记录;有对课文内容的质疑,还有对学习伙伴的考核等。有的同学在预习时已经发现了课文的奥秘并进行了初步的交流,有的同学则发现了疑问并提出思考的方向……小小的预习单串联了同学们的课前学习与课堂学习,使得课堂中的学习更有效率,更具自主性,更有针对性。教学有法,但教无定法:我从文本入手,引导学生发现《一本男孩子必读的书》作者表达阅读感受的方法,为同学们揭示了读后感写作"叙—引—议—联"的妙招;我以"情节图"作为贯穿《爱之链》一课的教学方法,指导学生在绘制情节图的过程中,把握故事脉络、体会文章内涵,令课堂最终传递出"每个人都生活在阳光下,生活在有爱的世界里"的大爱主题;我以由"扶"到"放"为《恐龙》一课的教学策略,以讲授雷龙的特点为范例,先总结学习方法,读句子、说样子——找特点、谈感受——想办法、做展示,再让学生小组合作,自学其余几种恐龙的特点,放手让学生进行自主探究;我以"藏"字作为古诗《池上》一课的教学线索,将事、画、人、情串联起来,让学生联系自己的实际生活,感受作者对儿童的喜爱之情。

在品德课教学中,我十分重视知识德育与生活德育的紧密结合,带着孩子们从生活中来、到生活中去,将知识转化为有力量的行动。例如,在上《从一滴水说起》一课时,我首先唤起学生已有的生活经验,让他们真切地感受到水的重要性,再通过文字解说和实验展示的方式让他们了解地球淡水资源匮乏的现状。随后,我将孩子的目光从地球拉回到中国、南京,让他们认识到水资源匮乏在中国也是一个突出的问题,并和他们一起讨论如何在日常生活中节约用水、杜绝浪费、保护珍贵的水资源。"在家里洗脸的时候,不要直接开着水龙头,可以把水接到脸盆里面再洗脸""课间休息的时候,可以设置节水员,提醒同学们及时关上水龙头"……一个个金点子像泉水般涌现出来,孩子们在不知不觉间增强了自觉节水的意识。

在班主任工作中,我坚持用欣赏的眼光来寻找每一个孩子身上的闪光点,努力让每一个孩子都成为自主管理的"能豆豆",让每一个"能豆豆"都可以在班级中绽放属于自己的光彩。早自习领读员、红领巾监督员、电脑管理员、护花使者……我想法设法让孩子们"当家作主",让他们在知责任、明责任、负责任中提升自我管理能力。在此过程中,我发现很多孩子都有自我表达的强烈愿望,于是我又在班级开设课前三分钟"小先生讲坛"。演讲内容广泛、形式多样,包括自我介绍、才艺展示、诗歌朗诵、好书推荐、与学习内容相结合的知识拓展等。乐于表达的学生由此得到了小小的满足,不善言辞的同学也因此得到了锻炼。一部分动手能力强的学生,还开始用自己制作的PPT配合演讲……各种小知识不经意间入耳入脑,大大丰富了孩子们的课外积累。

工作九年来,我在教科研的路上孜孜以求,一篇研究"互联网+"在语文教学中应用的案例即将在《江苏教育》发表,一篇论文获得省"师陶杯"二等奖,两篇论文获得区一等奖,多篇论文、案例获得市区二、三等奖,区级课题两次立项并成功结题,还被评为区"德育学科带头人"。我深深地知道,这些成绩的取得离不开自身的用心付出,也离不开这一路上优秀氛围的熏染和激励,离不开前辈与同伴的引导和帮助。

一个好氛围,春风化雨滋养人;一种好习惯,如影随形陪伴人。我庆幸,氛围让优秀成为一种习惯。

【从教感言】

"教育就是一棵树摇动一棵树,一朵云推动一朵云,一个灵魂唤醒另一个灵魂。"初读这句话时,我感动不已。如今,站在工作十年的路口,我深知是晓庄精神给予我前进的动力。秉持这种精神,从教以来我一直尊重学生,为学生的发展服务,努力用自己的绵薄之力去推动,去唤醒。未来教育的路上,我将捧着一颗真诚的心继续前行!

我的班主任之路：从"小吴"到"老吴"

吴琼靖

【校友名片】

吴琼靖，2009年6月毕业于南京晓庄学院小学教育专业（语文方向），现任江苏省苏州工业园区星汇学校小学语文教师，同时担任语文教研组长、年级部主任、校工会委员、党务见习书记等职，中共党员。

工作以来，曾获得苏州工业园区教学能手、教科研新秀等荣誉称号，获得江苏省第一届少先队辅导员风采大赛一等奖，苏州市中小学教师专业素养比赛一等奖，苏州工业园区青年教师语文优质课评比一等奖。

九年前，我加入了苏州工业园区星汇学校这个大家庭。那时的我真真是"小吴"，"小"不仅仅是因为年轻，更因为稚嫩：我会为如何开好第一次家长会，与家长进行有效沟通而犯愁，也会为如何让一群中年家长信任我这个长着一张天然娃娃脸的新教师而焦虑。如今的我已然是"老吴"："老"显然不是指生命学意义上的年龄刻度，而是指随着经验的积累、思考的深入在工作上表现出来的自信从容与成熟老到。从"小吴"到"老吴"，这就是我的班主任之路。

见习期的"小吴"：被动等待，初尝苦涩

那是一个紧张而忙碌的下午。我正坐在办公桌前批改作业，突然一个学生家长怒气冲冲地找到我，厉声质问道："我女儿小张的作业你为什么要求重写？"我心里暗想："这是哪位同学的家长，怎么连招呼都不打？"面对如此没有礼貌的家长，我

直言:"那是因为小张书写质量不过关。"

——"哪里不过关?我看写得挺好的!"张爸爸振振有词地为女儿辩护。

——"我这样做,是为了她能把字写得更好!"我也理直气壮地陈述己见。

——"我觉得你这样做就是在针对我家的孩子……"

……

一番争辩之后,问题虽然得到了解决,但彼此沟通的过程着实很不愉快。

那时的我还只是一个课任教师,并没有担任班主任工作,不情愿也不习惯主动与家长沟通,更不知道要借助家庭的力量搞好家校共育,往往是在实在没有办法的情况下才无可奈何地想到给家长打个电话。由于总是"孤军奋战",搞得自己身心俱疲,教育效果也不佳。轮到家长会上班主任要我发言,我也不知道说什么、从何说起,只好模仿身边的前辈教师,借鉴他们的发言思路。由于我在家校沟通上常常处在被动等待的位置,因此,失败的苦涩也常常包围着我。痛定思痛,我决心改变自己。

转正后的"小吴":搭建平台,注重沟通

工作的第二年开始,我做了班主任。汲取工作第一年的教训,我从接班伊始就十分重视家校沟通。我自费订阅了《班主任之友》《班主任》等专业期刊,反复阅读了《班主任兵法》《给年轻班主任的建议》《今天,可以这样做班主任》等专业书籍,经常向身边的班主任师父、前辈请教家校沟通的经验与技巧,有针对性地采用家访、家长会、家长开放日、电话、家校路路通、短信、QQ等多种方式与家长沟通。在不断实践的过程中,我逐渐摸索出了一条适合自己且行之有效的家校沟通方式——"随笔本"。教师和学生共写每天发生在学校的点滴,并邀请家长传阅、留言,定期挑选精彩内容张贴在班级墙壁上。"随笔本"为家校共育搭建了一座无声的沟通平台,连结着每位学生、家长与我的心。

在"随笔本"中,我着墨最多的往往不是品学兼优的好孩子,而是行为习惯不太好、暂时处于落后状态的学生,小许就是其中的一位。在"随笔本"上,我为他写下的文字最多。例如,在《没吃的午饭》中,我写道:"好在,小许你这双'微肿的眼睛'里,还写着'善良',写着'向上',只是需要更温暖的情怀,拥抱你,慢慢成长。"在《他的转变》中,我又写道:"他用自己的双手,娴熟地将一张张不整齐的椅子变得那样有规律,那么美。"透过这些文字,孩子们从中发现了小许的优点,小许也由此获得了小伙伴的鼓励,他的行为也在悄然改变。家长会上,我把"随笔本"上白纸黑字写

就的班级故事和家长们分享,我和家长的距离也在不断地拉近。听到关于小许的故事,他奶奶感动地流下了眼泪。

从开始的"随笔本",到后来的《见字如面·每周一信》,再到班刊《墨竹林》,凝聚真情的文字把师生及家长的心串在了一起。实践证明,这种家校沟通方式是有效的,因为它传递的是尊重,也是理解;是共识,更是互动。

在过去的九年里,我带过三届毕业班,面临过三届不同的家长。第一届的"梦飞扬"班,是我带的时间最长的一个班,从二年级到六年级,我当了一年副班主任,四年班主任。梦飞扬2班是我带的第一届小学毕业班,最后一次家长会的情形,至今还时常浮现在我的眼前。

在那次家长会上,我从"随笔本"中精选出一个个鲜活的案例、一段段精彩的对话与家长们分享。从这些案例和对话中,家长们看到了一个个熟悉的可爱身影。"我想说的就是这些。这也许是你们从前乃至以后开过的最浪漫的一次家长会吧。谢谢大家!"我不舍地说道。

没想到,我的话音刚落,教室里竟响起了热烈的掌声。家长会结束之际,小许爸爸起身高喊:"我提议,我们大家与吴老师一起合个影吧!"找地方、选角度、摆造型……梦飞扬2班的家长全家福就这样诞生了。

成长中的"小吴":立足合作,强化引领

随着工作的历练以及自身的成长,我在家校沟通、协同育人方面不断探索出新的策略。例如,新学期的第一次集体家长会,我都会给每位家长写一封长信,在信中表达我的家校合作、共商共育理念;学期中不定期召开分层家长会,我们抛弃了语数外老师"一言堂"的单向沟通方式,而是提供一个话题,让每位家长都发表自己的想法,从而使家长都成为家校共育的资源;单独与家长约谈,我有意识地减少了取悦、迎合的寒暄,尽量有针对性地提供专业的指导;根据平时工作中的观察,我把需要进行家校沟通的问题做了细致的分类,如特殊心理类、人际交往类、学习指导类、学生干部类、师生关系类、学生情感类、学生兴趣类、突发事件类等,并针对不同类别的问题总结提炼出相应的指导策略。

2017年9月,我新接手了一个六年级毕业班。我发现班里有个叫小樊的同学,上课无精打采,整日萎靡不振,作业质量堪忧。"是不是因为晚上玩手机玩得太凶以致睡眠不足造成了这样的状况?"为了探明原因,我给小樊妈妈发了一条短信,请她到学校来沟通一下。

"吴老师,我正想找您聊这件事情呢。"刚一见面,小樊妈妈就不停地向我"告状":"他一回到家就开始玩手机游戏,沉溺其中不能自拔。叫他停下来吧,他还跟我凶。我狠下心来把他的手机没收了,他就软抵抗,作业也不做。双休日里,只要不给他手机或iPad,他整个人就萎靡不振。"小樊妈妈叹了口气,接着说:"唉,我能怎么办呢?真是管不了他了,也不想再管了。"气愤、无奈的眼泪在她的眼眶里打转。

"这一次,我是碰上一块'硬骨头'了。"我知道,啃这块"硬骨头"的人,绝对不应该只是我们教师,还应该有小樊妈妈。我们应努力形成家校合力,共同扭转小樊的现状。在这合力中,小樊妈妈不仅不能放弃孩子,还应该承担起更重要的主体责任,而教师则要对家庭教育起到有力的指导作用。为此,我开始启动对小樊的家校合作、协同育人"六步走"计划。

第一步,邀请语数外老师一同和小樊妈妈沟通,鼓励她不要放弃家庭教育的责任。

第二步,诚恳地给小樊妈妈提出家庭教育方面的四条建议:(1)给玩手机增加"附加条件",玩手机每半个小时就要练一张钢笔字;(2)给手机"安家落户",在小樊学习的时候,把手机放在他拿不到的地方;(3)和小樊共同"约定"玩手机的规则,比如按时完成作业奖励玩手机20分钟,到时间必须放下手机休息;(4)给小樊选择手机替代品,如定期邀请好朋友一起外出运动、亲子共同阅读书籍等。

第三步,单独和小樊沟通,肯定他有男子气概的优点,将来要扛起一个家庭的责任,当下应该多为妈妈分忧,不要惹妈妈生气,妈妈和老师们都会持续关注他的状态。

第四步,召开"指尖上的旋律"主题班会,引导所有同学正确看待手机的利与弊,理解老师以及学校的良苦用心,营造良好的班级氛围。

第五步,组织小伙伴传帮带活动,课间安排同学辅导小樊学习,午间休息安排同学和小樊一起玩耍,转移他对玩手机的注意力。

第六步,为小樊建立打卡制,追踪他克服玩手机成瘾的状况,定期公开表扬他的进步。

这样的过程坚持不到一个学期,小樊在学习上就有了显著的进步,精神状态也好了很多。毕业时,小樊妈妈特地发来一条消息,表达对学校老师的感谢。

多年的"摸爬滚打",让我悟出了一个道理:作为促进学生发展的重要平台与手段,家校沟通不能只停留在浅表性的信息交换上,必须走向协同育人的深度合作。在家校合作中,家长更需要来自学校老师的专业化指导和引领。作为班主任,我已经并将继续走在家校沟通的专业化道路之上。

记得我带的第一届毕业班学生毕业时,一位姥姥曾经对我说:"一个老师好不好,真不真心,其实孩子们是知道的。"如今,我想对姥姥的话做一点补充:"其实,不仅孩子是知道的,家长也是知道的。"

【从教感言】

从母校毕业,我正开启着教师生涯的第十个年头。在教育教学中,要始终坚持儿童的视角,走进儿童的世界,和孩子们一起学习、成长。进了晓庄门,便是晓庄人。镌刻在母校楼宇墙壁上的校训"教学做合一",依旧浓墨重彩。"捧着一颗心来,不带半根草去",将永远是我为人、为师的座右铭!

坚守的幸福
——记浙江省慈溪市周巷镇杭州湾小学胡乃群老师

许加瑶

【校友名片】

胡乃群，2009年毕业于南京晓庄学院小学教育专业（英语方向），现任浙江省慈溪市周巷镇杭州湾小学英语一级教师、教研组长，中共党员。

曾获慈溪市青年教师教学基本功操练比武一等奖、慈溪市小学青年教师基本功技能竞赛三等奖、慈溪市青年教师教学基本功操练比武二等奖、慈溪市小学英语优质课评比二等奖、慈溪市小学英语教坛新秀评比二等奖；撰写的论文多次在慈溪市论文评比中获奖；先后获"周巷镇十佳师德楷模""慈溪市优秀教师"等称号。

2009年本科毕业时，胡乃群曾经可以有很多选择：作为江苏省优秀大学毕业生，她可以留在南京市最好的小学；作为进入华东师范大学研究生复试的考生，她可以背上书包走向心仪的985高校，再续自己的求学梦……可是，出于对家乡基础教育的关切，最终她选择了回到慈溪，并服从分配离开了地处宗汉街道的家，到偏远的周巷镇杭州湾小学去任教。毕业几年后，她的同学中有的出国留学了，有的下海经商了，有的"跳槽"到外资公司了，而她却依旧坚守在一所农村小学，用自己辛勤的耕耘，让乡村里的"泥娃娃"们感受外语的美好，体会别样的幸福。

幸福之付出

入职前，胡乃群对小学教师工作的看法简单又单纯，认为小学老师是比较轻松的，没有特别大的升学压力，只需要认真准备好自己要上的课，批改好学生的作业就可以了。入职后，她才发现，当好小学教师绝对不是一份轻松的工作：作为学科教师，不仅要专业素质过硬，还要博古通今，涉猎广泛，能够把更多的资讯、更多的知识带给孩子们。教师也不单单是知识的传播者，还是思想的启迪者，文化的传承人，学生心理的呵护者，生活的辅导员，矛盾的调解人，家校沟通的桥梁……

2011年，镇里举行"小八仙"评比，学校把辅导小舞蹈家的任务交给了胡乃群。对于舞蹈并不精通的她，凭着年轻人的冲劲，扛起了这份良心活。她搜罗了近百个少儿舞蹈视频，反复观摩研究，萃取其中精华，而后重新编排。没有现成的合适舞曲，她就自学音乐剪辑技术，硬是靠自己的双手在电脑上拼接出比较理想的舞曲。为了完善整个节目，在完成舞蹈动作的编排后，她又亲自试跳，来测试动作的连贯性与美观度。当夜深人静、别人早已进入梦乡后，她还在思考着如何优化动作，如何变幻队形，以便第二天更好地辅导学生。

也就在那段时间，她突然发现自己怀孕了。看着已经排练了一半、尚未完成比赛任务的节目，她默默地选择了保守自己身体的"秘密"。为了更好地完成对小舞蹈家的辅导工作，她把所有的课余时间甚至是周末都贡献了出来。功夫不负有心人。她创编、辅导的舞蹈节目非常出彩，在镇里的"小八仙"评比中获得了第一名。

临近比赛的那几天，由于孕期反应太强烈，胡乃群实在无法陪伴学生去参加比赛，指导老师临场换成了别人，很多同事都为她感到遗憾。她却淡淡地说："能够默默地站在学生的身后为他们付出，看到他们取得成功，这就是一种幸福。"

幸福之传承

胡乃群在周巷镇杭州湾小学奋斗了近十年。她坦言，能在乡村教育这条路上坚定不移地走下去，很大程度上是因为有一群亦师亦友的前辈与她同行。

刚工作时，学校领导给胡乃群安排了一位"师傅"。师傅是半路转行从事小学英语教学的，用他的话说，他们那时并没有"正儿八经"地系统学过英语，只是经过一段时间的集训就顶班上岗了。胡乃群认为，师傅虽然不是英语"科班出身"，但转行教英语后特别勤于边干边学,加之拥有长期积累的小学教学的丰富经验,对自己"入门"小学英语教学帮助很大。"每一次赛课,师傅都要提前陪我细磨好几轮呢。""正是因为有了师傅的指导和朋友们的帮助,才使我在小学英语教师这条路上走得越来越稳。"胡乃群由衷地说。

在胡乃群看来,英语不仅是一门语言,也是一个工具。从事小学英语教学,就是为每一个刚刚起步的孩子打开通往更为广阔世界的大门,让他们通过语言学习去更好地了解其他国家的文化,这是更富底蕴的爱。英语教师不仅是文化的传承者,更应该是文化的传播者。于是,对于每一节英语课的教学,胡乃群总要精心备课,通过背景知识的讲解、大量的图片展示以及相关音乐、视频文件的播放来吸引学生的注意力。在课堂教学中,她充分尊重学生已有的生活经验,最大限度地引导学生进入英语学习,让他们对课文话题多提出自己的看法和见解。她的课堂总是气氛特别活跃,每一节课都让孩子们意犹未尽。课余时间,她常常为孩子们讲原版英文故事,组织他们看原版英文电影,唱英语歌,排英语课本剧……一步步引领孩子爱上英语学习。

刚开始的时候,孩子们由于基础差,上课不愿意举手,不愿意发言,这可苦恼了胡乃群。"英语是一门语言课程,没有多读、多说的口语交流,怎么能提高学习水平?"看到课间孩子们团团伙伙地聚在一起、开心地做着角色扮演游戏时,她突然有了个好主意——何不将表演融入课堂教学中呢? 于是,她带着孩子们从单个对话开始训练分角色朗读,慢慢地,孩子们已经能融合情感和道具完整地表演英语舞台短剧了。她指导孩子们排演的《白雪公主》,在2018年学校文艺汇演中获得了一等奖的好成绩。

幸福之欣赏

胡乃群认为,教育不是机器,不需要制造出相同的零部件和产品。每一个孩子身上都有自己的个性和闪光点,只要是合理的个性化发展,都应该给予肯定和鼓励。教师只有带着欣赏的眼光去打量孩子,才能更好地对其"长善"与"救失"。

胡乃群工作的第三年,浙江省宁波市少体校的老师来学校选拔运动员,看中了她班里一个瘦瘦高高、皮肤黝黑的男孩子小C。小C学习成绩不错,是班上的英语课代表,体育也很好,各个项目都擅长。要不要让自己的孩子进少体校呢? 小C的父母比较纠结:凭借孩子现有的学习成绩,小C一路初中、高中、大学读下去,会有一个比较平顺的人生;但是如果进了少体校,人生轨迹将会跟大多数孩子不一样。究竟该如何选择？迷茫中的家长前来征询胡乃群的意见。她并没有直接给出建议，而是先跟少体校的老师进行了一番详谈。少体校的老师对胡乃群说，凭他的观察，这个孩子身体素质很好，且极具运动天赋，由于生长在海边，可以说把对大海的熟悉与热爱都融入了生命，非常适合水上运动的训练。综合考虑小C的身体素质、适应能力、刻苦程度以及未来的发展后，胡乃群建议家长给孩子选一条适合小C发展的人生道路。最终，小C选择了去少体校学习。2018年教师节，小C回母校看望老师时，已经手握亚运会帆船比赛冠军的金牌了。

班上有个叫小T的男生，上课时总是想着法子捣乱，老师和家长不喜欢他，他就故意和他们作对。胡乃群心里很清楚，小T之所以这么做，无非是想引起大家对他更多一点关注。她发现小T虽然学习成绩不太好，可是英文书写很漂亮。于是，她就当着全班同学的面公开表扬小T。课堂上，只要一有机会，她就让小T回答问题，而且让他造的句子也和他喜欢的运动项目有关。慢慢地，小T变了，至少英语课上不会乱来了。于是，她又开心地告诉其他老师小T进步了，希望其他老师也都能帮助小T进步。

在教学和班级管理中，胡乃群还组织了很多有意思的活动："六一"节的文娱会演和摄影秀，万圣节的找彩蛋、制作南瓜灯，英语短剧表演……这些活动对她和她的孩子来说，不仅仅是教和学的过程，更是一起成长的过程，她很享受这种彼此信任、彼此欣赏、一起领略静待花开的幸福。

幸福之回报

胡乃群工作的学校地处慈溪市大西北，是一所偏远的农村学校，她立志做一个和学生一同成长、一同进步的学习型教师。当孩子们在学习上遇到困难时，她总会耐心地和他们谈心，帮他们分析问题的根源在哪，找准病根，对症下药；当孩子们在生活上遇到麻烦时，她总会认真地倾听他们的陈述，如果是可以解决的，她会尽量帮助解决，如果是暂时无法解决的，她会及时与家长沟通，寻求家长的配合。她认为，当老师最难的就是始终不抛弃、不放弃任何一位学生，即使是所谓的"学困生"。转化他们是一件最具挑战性的工作，而自己付出的所有努力能在他们身上有所体现，则是一种幸福。

谈及自己教过的学生，胡乃群说，自己曾遇到过很多令人感动的事情。农村学校的"泥娃娃"，学习之余多半也会干些农活，有的学生就会把自己种的蔬菜、瓜果带到学校跟她分享。虽然是一些产自田间普通的农作物，但胡乃群的内心却充满了感动:"这种被孩子们关心、记挂的感觉真好。"她觉得学校是个很单纯的地方,孩子们也都很可爱,虽然他们年纪小,但他们会记住老师们对自己的好,懂得感恩,即使毕了业,也还会时不时地回到学校看望老师,这就是教师的职业幸福。

在胡乃群看来,选择了教师这个职业就是选择了平淡,但是平淡中可以创造出教育的惊喜;选择了教师这个职业就是选择了清贫,但是茁壮成长的孩子就是她的财富。她在偏远的乡村小学里"安营扎寨",用全身心的投入和奉献创造出一个个属于她的教育故事,获得了满满的幸福。

【采写心得】

胡乃群老师扎根于杭州湾这所农村小学近十年,她怀揣着简单的梦想,默默地在这所农村小学里耕耘,用自己全身心的爱去浇灌家乡这片土地上的"泥娃娃"们,完美地诠释了"捧着一颗心来,不带半根草去"的行知精神。在与她的谈话中,我感受到了她的伟大与坚持。她的奉献精神让我敬佩,让我感动。

眼中有远方　手上有力量
——记南京晓庄学院实验小学卢雪箫老师

黄　静

【校友名片】

卢雪箫，2009年6月毕业于南京晓庄学院小学教育专业（英语方向），现任南京晓庄学院实验小学英语教师、教科室主任。

曾获全国首届友善用脑课堂展评活动二等奖，江宁区教学竞赛一、二、三等奖；获南京市论文评比二等奖；获江宁区优秀教育工作者、江宁区学科带头人、江宁区教学先进个人等荣誉称号。

相约多次，我终于见到了心目中传奇一样存在的卢雪箫老师。今年刚满31岁的卢老师，剪着一头短发，显得相当干练。得知我们的来意之后，她莞尔一笑，初见时那份沉稳、练达、大气的神态消退了，变得有些腼腆起来，完全不像一个工作了近10年的"老"教师。卢老师告诉我，2018年是她工作的第10个年头，9月她刚从工作了整整9年的龙都小学调入南京晓庄学院实验小学，仍然任教小学英语，仍然担任学校教科室主任……随着话题的展开，交谈的深入，我不由地深深叹服她给我带来的震撼——眼中有远方，手上有力量。

业精于勤：入职五年即斩获"学科带头人"称号

2009年8月，卢雪箫来到南京市江宁区龙都小学任教。初为人师，虽然充满了激情，但也充斥着稚嫩。为了尽快缩短自己和有经验的老师之间的差距，她不断地寻找自己身上的不足,虚心地向前辈老师求教。当班主任时,她坚持每天写教育日记,详细地记录班上每一个孩子的发展情况;学校开展教研活动时,她把自己在教学上的困惑"和盘托出",向大家汲取解惑之道。渐渐地,同事们都知道学校里新来了一位能干的小卢老师。工作刚满五年,她就获得了江宁区"学科带头人"的称号。

学校里分发下来的任务,卢老师总是第一个完成。因为她能耐得住性子,一直追求把自己的课上到近乎完美的境地,终于让她在三尺讲台上绽放出自己的光彩。

2014年,为了准备去北京赛课,卢老师硬是把那节课整整磨了14遍。她说,磨课就像是匠人亲手制造、打磨、抛光一把利剑,钢材经过反复捶打,逐渐显露出剑的形状,再经历无数次的磨炼,最终呈现出一把寒光四射、锋利无比的好剑。为了磨出一堂好课,卢老师首先在自己班试上,上完一遍又找别的班来上,自己所在的年级都上遍了,就大着胆子和别的学校老师商量,借用他们的班级来上课,她的请求也曾遭到别人拒绝,好在还有非常友好的老师给她提供了磨课的机会。卢老师说,她所在的教研团队非常给力,每试上一遍,大家都要帮着找出教学中的不足之处,有时甚至讨论到晚上。正式赛课之前,卢老师又提前两次去接触学生,了解学情,尽最大的可能把这节课上好。2014的4月,她的公开课 Cooking with Mocky 获得了国家级二等奖。

边教边研:学科教研实绩使她"脱颖而出"

回忆起在南京晓庄学院的学习经历,卢雪箫说,她不仅把行知先生的"教人求真""学做真人"的精神深深地印刻在自己的心田,也从各科教师施行的专业教育中获知小学教育工作的精髓。特别是小教英语专业分组合作的教学模式,使她能够在走上工作岗位后对英语学科教学有所精专。

"兴趣是最好的老师"。卢雪箫说,大学学习期间,她对"教育统计与测量"这门课程特别感兴趣,不仅在课堂上专注于聆听、领会、笔记,而且在课后常常带着思考去再学习,力求学有所思并学有所用。老师布置的每一次课堂观察作业,她都精细地设计表格,力求把需要观察的每一个细节都记录到。在反反复复的实践中,她总算把这门课的要义给"吃透"了。

进入工作岗位后,卢老师熟练运用教育测量技术的专长使她在教师团队中脱颖而出。为了能让更多的老师得到启发和帮助,她应邀多次在区里、市里开讲座,分享自己的经验与心得。在一次题为"课堂观察——走向专业的听评课"的市级讲座上,好几个新教师听完讲座后,立刻围着卢老师索要联系方式。他们认为,卢老师的讲座帮自己打开了思路,回校后也开始进行课堂观察实验。他们还非常开心地告诉卢老师,自己是怎么把每一课都当成课堂调研来做的,一张课堂观察表足足分为20多个维度,每一个维度下又分出多个观察点……收到新教师们纷纷"报喜"的成绩单,卢老师也深深地为自己感到自豪,感恩母校对自己的培育,感慨知识的传递对教师素养的提高。

勇于担当:29岁就挑起了学校教科室主任的重担

2016年,卢老师凭借自己的努力和实力,走上了学校教科室主任的岗位。她说,起初也很有压力,但想到总要有人来为学校承担这份责任,为学校的发展奉献自我,于是就勇敢地挑起了这副担子。学校下派给教科室的各项任务,在她的精心组织下都得以顺利完成。

面对每天繁忙的事务,卢老师自有一套管理方法。每次开会前,她都会预先做好策划方案,认认真真地备会,审阅每一个与会者的发言稿,不符合要求的稿子她还会帮忙修改。每次活动结束后,她都会把相关文件和活动照片整理归类,留档备查。

"一花不成春,独木难成林。"卢老师深知这个道理,她希望通过自己的努力,带动青年教师提高素养,形成良好的教风,打造独特的龙小校园文化。于是,她发起组织了学校的青年教师发展班。由于学校之前并没有这方面的经验,卢老师只能从头做起,将杂乱无章的想法慢慢地理出头绪,制作出管理计划。在去外校学习交流时,卢老师也不忘向前辈们讨教青年教师发展班怎么办才能更好。一来二去,卢老师在培养新教师方面积累了不少经验。她定期组织青年教师发展班开展活动,包括以"善待学生"为主题的沙龙研讨,教师暑期读书分享,每月双周研修,粉笔字练习等,每次活动结束后,她都会制作出一个图文并茂的美篇来展示活动过程的精彩瞬间。卢老师在教科室主任岗位上出色的工作,得到了学校领导的夸赞。

心态阳光:始终保持生命的活力

卢老师的工作十分辛苦,但她从不抱怨学校工作事务太多,而是努力调节好自己的心态,默默地把手头的工作按照轻重缓急一件一件地有序完成。在卢老师的微信朋友圈里,常常能看到她下班后没有按时回家、在学校坚持工作的状态,有时她还俏皮地自我解嘲:"回家这么晚,又得被老妈骂了。"有一段时间,为了准备学校的师德宣讲活动,她经常加班工作到晚上12点之后。9点半时,她抽空把下课的女儿接回家,又匆匆忙忙地赶到学校,和同事一起修改PPT。第二天一早,她又准时出现在校园里。

同事们都说,卢老师总是那么豁达乐观,就像是个"开心果",有她在,办公室里整个氛围都变得活跃了。在和学生相处的时候,卢老师也是精神抖擞的,即使前一天晚上熬了夜,她也绝不把一丝一毫的疲惫感带到课堂上。她说,要把自己最好的状态展现给学生,所以一走进课堂就满血复活了,哪怕回到办公室后累得一下子就趴在桌上睡着了。

在工作中,卢老师属于那种特别"潮"的青年人。她很乐于接受新事物,网络上推出了什么新软件,她都会下载来试用,要是哪天听小学生说了一个新鲜的词语,她也会去问问是什么意思。孩子们都觉得卢老师很亲切,很愿意和她聊天,所以她也知道很多孩子的"小秘密"。有一次,班上一个叫小玥的孩子因为和小伙伴闹别扭了很难受,下课后偷偷地来找卢老师聊天,卢老师劝她说,"经历过不高兴,才能更珍惜高兴的时光呀,所以不要伤心,你主动去和好朋友聊聊,话说开了,就没事儿啦!"虽然每天都有很多孩子为了这事那事来办公室找她,但她一点都不嫌烦。

在生活中,卢老师也是一个有心人,她会细心地记录自己和家人、女儿之间的点点滴滴。暑假的时候,她和女儿制定了一个共同学习、相互监督的计划,女儿读书学习,卢老师做自己的工作。等到晚上计划列表完成得差不多的时候,母女二人都享受到一种满得像要溢出来似的成就感。

诗和远方:激励着她永不停息追求的脚步

卢老师一直坚持在教育一线工作,但她没有把眼光仅仅局限于当前的教学,而是不断探索新的教育理念,并设法在实际教学中加以实践,以更准确地评判其是否适合自己的学生。2011年以来,她的教学研究涉及"提高小学高年级学生的英语口语水平""英语教学中语感的培养""小学英语教学中竞猜游戏的有效运用""小学英语'半翻转'课堂教学探索与实践""基于学生发展的农村小学'量才'教育校本课程的开发研究""基于'量才'教育的'龙都娃娃鼓'校本特色活动的开发与实施"等多个侧面,并取得了比较突出的成绩。在2012年江宁区小学英语优质课评比中卢老师获得一等奖,在2014年小班化课堂教学比赛中获得区二等奖,2016年其小学英语戏剧教学获得了三等奖等。

在卢老师看来,教育不是"工业化生产",应该坚持因材施教。于是,她在班上实行了分层作业模式,适当地为一些学习跟不上的孩子降低了作业难度,并随时注意观察那些孩子的作业状态。一段时间过后,当她发现那些孩子写作业的意愿增强了,完成作业的速度也加快了,便又渐渐地为他们提升了作业的难度。课后,她把这些孩子组织起来,成立了一个提高小组,让学习最吃力的孩子阳阳当组长,以此鼓励他更加努力地学习。期末考试的时候,阳阳的成绩有了一个很大的提升,成为送给卢老师最好的礼物。

"叮铃铃……"

上课的铃声响起来了,卢老师不得不和我们道别。她几乎是在站起身来的同时就从说学生、说教师团队、说自己成长故事的情境中跳转出来,快捷而又充满自信地回到教学工作岗位。

【采写心得】

教育工作者唯情怀不可失,卢老师载着"博雅·童心·母爱·敬业"的院训,给学生之所需,解学生之所困,给纯真的心灵留下最美好的记忆!

爱，让平凡变得美丽

薛 慧

【校友名片】

薛慧，2009年6月毕业于南京晓庄学院小学教育专业（英语方向），现任南京市江宁区实验小学英语教师，中共党员。

曾获第八届"全国中小学信息技术创新与实践活动"网络教研赛项特等奖，南京市"职初教师考核"一等奖，江宁区说课、上课比赛一等奖；先后获得江宁区教学先进个人、江宁区小学英语学科带头人等称号。

空中的朵朵白云，在蓝天的倾情簇拥下，显得如此轻盈美丽，如果少了蓝天的陪衬，白云便少了生机；林中的棵棵小树，在大地的深深滋润下，显得如此挺拔向上，如果少了大地的托举，小树便少了气力。蓝天、大地的品格启示我们，在教育教学工作中，在陪伴孩子成长的日子里，要努力做一名心中有爱的老师，让一切的平凡都不简单，让一切的平凡都变得美丽。

爱课堂：让美好开始发生

2009年9月，我走上江宁实小的讲台，正式开始了我的教学生涯。作为一名新老师，课堂对我来说无比神圣，我对课堂教学充满敬畏——"爱它就要让它变美好"。因此，研究如何上课，成为我最爱做的事情；上好课堂的每一分钟，成为我最想做的事情；每个学生都爱上我的课，成为我最开心的事情。从上第一节课开始，我就自觉地要求自己：备课，要备到课上所说的每一句话，备课本和书上常常都是写得密密麻麻;备学生,要了解学生的已知和未知,找到将二者联结起来的相关知识点;备自己,要及时总结每节课的得与失,并将这些收获运用到下一节课中。我自知作为新教师,自己身上还有很多不足,就不停地跟在老教师后面听课、学习,并主动邀请一些老教师来听自己的课。就这样,在一次次的研讨和反思中,我快速成长起来。很快,我就代表学校参加了江宁区小学英语说课比赛,并一举获得一等奖。这是我成功的第一步,是对我的肯定,也给了我继续前行的极大动力。

在前行的路上,我要寻求一个突破口,充分发挥教坛新人的创新活力。于是,我开始潜心研究新的教学模式和新兴的教学技术。听说学校新进了电子白板设备,我兴奋极了,第一时间买来相关书籍和光盘,一步一步地学起来。只要一有空闲,我就去研究白板,碰到弄不明白的地方就追着信息老师问,一直问到他们看见我就想"逃跑"。我成了江宁区第一批掌握电子白板技术的教师,并在区电子白板教学竞赛中获得一等奖。这次成功的尝试,让我感受到"我学习,我快乐"不是一句空洞的口号,而是一种实实在在的情感体验。我的学生也因为我在课堂上使用了电子白板,体验了更真实的教学而变得更快乐。

对于现代教育技术与学科教学的融合,我的探索兴趣一发而不可收,又继续参与了教育资源平台、网络教研等新模式的培训,在培训过程中和更多的教师交流分享、互通有无,内心的那种满足感就像是海绵在吸水,是那么的酣畅和饱满。2010年,我和学校另外两名教师组成团队参加了南京市网络教研团队竞赛,这是一项学科和信息技术相整合的赛事,需要在教学设计、教学评价、课件制作及网络资源运用等多方面付出努力。我们三个人齐头并进并各自发挥所长,一举夺得了南京市第一名的好成绩,进而代表南京市参加了第八届"全国中小学信息技术创新与实践活动"决赛,获得网络教研团队赛事的一等奖和南京市第一个"NOC教育信息化发明创新奖"。美好就这样在课堂上发生了。

爱研究:让美好持续绽放

说到网络教研团队竞赛,这是一项非常复杂的比赛,无论是教学设计、教学评价还是教学问题答辩环节,都需要大量的教育教学理论支撑。于是,在一个月的备赛过程中,我阅读了大量的教育教学论文,仅论文期刊就一百多本,还有没法计数的电子论文。刚开始的时候,总感觉有点看不下去,一拿起书我就感到烦躁,甚至头疼。为了提高阅读效率,我开始逼迫自己做笔记,将相关的内容整理在一起,一边整理一边思考,渐渐地,我发现这也是一件挺有意思的事:一个个理论不再枯燥,而是变得鲜活起来;一个个问题不再繁杂,而是变得明朗起来;然后,一点点想法就不断地从脑海中浮现出来。这些零星的想法于我而言,就像是一颗颗宝石无比珍贵,我用不同颜色的笔记在旁边,本子被我越写越满,心里也是满满的。晚上,我在灯光下苦读,不知不觉中,抬头已是深夜。备赛的过程让我收获了很多很多,最重要的是让我习得了研究问题的意识和方法。

对于教育发展与改革而言,教科研是一种生产力,但它也实实在在是一线教师的"短板"所在。面对在日常教学中遇到的形形色色的困惑,我不再止于等待或询问,甚至是逃避,而是潜心研究,启发于前人之鉴,在点点实践中梳理,于是我的教学变得更高效,成长也来得更直接。我将自己的研究成果写成一篇篇教学论文,并积极参加各级各类论文竞赛,每一年的市、区论文或案例评比我都有获奖,在《江苏教育》《教育观察》等期刊中也有文章发表。教师一定是要活到老,学到老,教到老,研究到老。这是我的一种期盼,更是一种信念。

爱团队:让美好充满力量

无论是生活还是工作,很多事情都只能靠自己去面对。但还有更多的事情,一个人是完成不了或完成不好的,这就需要有集体的力量。江宁实验小学的英语教学团队是一支非常出色的队伍,他们的影响力已经波及全市甚至全省,他们称自己是"鹰之队",因为他们都是鹰一样的个体,却要成为雁一样的群体。

每每说到"鹰之队",我总是很激动,像是有说不完的话。记得有一次团队活动是帮一个即将参加赛课的老师磨课,听完课后,作为新老师的我本没打算发言,可组长要求人人都要发言,我就临时准备了一大段赞美的话,心想人家准备这一节课多不容易啊。哪知团队20多名成员在评课时没有一个"唱赞歌",都是很直接地点出课的不足之处,可谓针针见血。轮到我发言时,我憋得脸通红,原先准备的溢美之词一句也说不出口,很是尴尬。组长告诉我,这就是"鹰之队"的常态与模式,真实、高效是我们最大的特点。虽然严格无比,却也魅力无穷,在这个团队中,只要努力跟上,就会收获多多。

了解了团队的风格,跟上了团队的节奏,很快我就爱上了这个团队,丝毫不亚于爱自己。在团队工作中,无论是为自己还是为别人,我都尽心尽力,因为每一次参与都是一次成长。我和我的团队一起登上了各种各样的领奖台;我们被邀请去很多地方授课、讲座;我们研发的课堂观察的科学模式,在多个学校进行示范;我们合作编写的《小学英语新课标新教材新课堂案例式解读》,已成为南京市小学英语新教师培训的必修内容,几乎人手一本。

一个人,无论取得怎样的成绩,都不要沾沾自喜,因为总有比你更优秀的人存在;一个人,孤独地前行总敌不过众人的携手并进。这是"鹰之队"带给我最深的感触,正如"鹰之队"队训所说:"No one could be perfect, but together we can be!"

爱孩子:让美好散发芬芳

不知不觉中,我已经工作 9 年了。一拨又一拨的学生从我身边走过,来了又去,去了又来,而我也从一名刚刚跨进校门的新教师逐渐变得成熟。我对教育的理解、对生活的感悟在不停地改变,但唯一不变的是我对孩子们的爱。孩子们困惑了,我会想方设法帮助他们解惑;孩子们进步了,我比孩子们还高兴;孩子们的每一丝细微变化,都牵动着我的喜怒哀乐。因为一直从事毕业班教学工作,为了能给孩子们缓解毕业与升学压力,我还积极参加了心理辅导教师培训,成了孩子们的知心大姐姐。很多孩子毕业后还常常找我聊天,他们喜欢我与他们之间的这份信任和默契。

在工作中,我也曾遇到智力或身体先天异常的孩子,我总是耐心地陪伴他们,帮助他们慢慢地树立信心,找到自我,再一点点地融入班级群体,体验快乐的学习生活。两年前,突然得知一名我曾经教过的学生在高考前被查出患了骨癌,我心痛无比,焦急万分:这个孩子本来就十分内向,从小又失去了妈妈的疼爱,如今再遭此不幸,家境贫寒的他怎么办? 能不能坚强地面对疾病? 于是,我一方面尽自己的最大努力为他筹集善款,另一方面又尽量抽空多去看望他,陪伴他,鼓励他。虽然他因病失去了一条腿,但在大家的帮助下,也慢慢地走出了困境。

这一点一滴的付出,也成了我的一笔精神财富。我常常把我和学生之间发生的故事记录下来,写成了一篇篇日记,闲暇时拿出来翻翻,常常翻到热泪盈眶。等我老了,再来读读这些回忆,该是一件多么美好的事情呀。赠人玫瑰,手留余香,我已经深深体会到了这一点。

【从教感言】

韩愈说:"师者,所以传道授业解惑也。"一名教师,如果只知道"授业""解惑"而不"传道",那就不能说这位老师是称职的,充其量他只是一个"经师""句读之师",而非"人师"。教师信念的根基就是"爱",是对学生的爱,对教育事业的爱,以及对自己的爱。我只是太多平凡的一线教师中的一员。我想,正是由于众多充满爱的一线教师,才使得教育工作由平凡变得如此美丽。

做一个幸福的教书人

程 维

【校友名片】

程维,2009年6月毕业于南京晓庄学院小学教育专业(英语方向),现任南京市江宁区岔路学校英语教师、教研组长,中共党员。

多次开设区校级公开课;所写教育教学论文有14篇获省、市、区奖项,3个区级个人课题被立项并顺利结题;多次获得学校"优秀班主任""先进个人""优秀党员"等荣誉称号,先后荣获"江宁区第一届教坛新秀""江宁区教育系统先进个人""江宁区第三届教学骨干""江宁区优秀教育工作者"等荣誉称号。

有人说,做教师是最苦最累的;也有人说,现如今教师是"高危行业",工资待遇也很低。可是在我看来,教师工作拥有其他职业无法享受的一份幸福,这份幸福更多的是来自孩子。是孩子们那一张张灿烂的笑脸、一颗颗纯真的童心,让教师感受到这世界的无限美好与温暖。

学会"装糊涂",做一名幸福的班主任

陶行知先生曾说,我们应该承认儿童的人权。我们解除儿童痛苦、增进儿童福利,首先要尊重儿童的人权。教师在教育学生的过程中,应充分考虑到学生的权益以及学生的心理接受能力,要尊重并保护学生的个人隐私。虽说学生年龄尚小,但他们和成年人一样也有自尊,也有自己的独立人格,也有受人尊重的需要。我认为,面对学生的隐私,我们不妨装一装"糊涂"。"装糊涂"的好处,我深有体会!

记得那一年,我带五年级一个班的班主任,班上一个同学偷偷地告诉我,小顾在班级QQ上主动跟小叶"表白"了。接着,女同学的妈妈也很困扰地把电话打到我这里。刚开始听到这个消息时,我确实很震惊,但随即便想到:"一个刚上五年级的孩子,能'爱'到哪里去呢?"显然,我是以成人的思考方式去定义这件事了。于是,我将自己的想法和这位女同学的家长做了沟通,她也同意了我的看法,决定先"放任不管"。第二天,我把小顾叫到办公室,首先批评他存在的作业不认真问题,接着顺势说了句:"听说班级最近在流传一个事情,好像涉及你啊。"小顾一下子就明白了我要说的是什么,他红着脸辩解道:"那个……我是开玩笑的。"我故作惊讶地说:"是吗?我还觉得小叶很优秀呢。成绩又好,又会唱歌,还爱帮助别人,我们班好多人都挺喜欢她的,难道你不喜欢她?"他迟疑了一下,又点点头,然后下了很大的决心对我说:"老师,我的确在QQ上说了。但,我们当时说的是一句台词。我没有考虑那么多,也不知道小叶的妈妈站在她后面,否则我就不说了。"我看到他后悔的模样,接着告诉他:"你想多了,人家妈妈也没把这事当真。"他明显不信地抬头看着我,我当即给了他一个坚定的眼神,接着又随意和他聊天:"其实吧,作为一个正常人,我们都有欣赏美的能力,老师也有啊。这是一件再正常不过的事情了。你说是不是?"他很懂事地点点头说:"老师,我知道了。以后我再也不这样乱说了。"我赞赏地摸摸他的头说:"现在是小学阶段,有更重要的事情在等着我们,是不是?"他立马接上了我的话:"是学习!"我们之间的对话就此结束。"表白"这个事情,因为小叶家长的"不追究"和我的"糊涂不管",再加上小顾平时的坦坦荡荡,很快就在班上归于平静,我也从中体会到"装糊涂"的幸福。

　　都说面向太阳的人总是看到阳光,而背向太阳的人总是看到阴影。生活中的辩证法启示我们,有时真的不妨换个角度看问题。我时常在想,做教育与煲汤是不是有某些相似之处?大抵都需要文火慢慢地熬,千万不能操之过急。只要我们拥有一双智慧的眼睛去时刻关注学生,有时做个"难得糊涂"的班主任,于事而言,可能比刻意追求"水落石出"的实际效果要好;于己而言,可能会多一些幸福,少一些烦恼。

呵护"插嘴"行为,做一名幸福的英语教师

　　从教以来,我一直企盼自己的学生能够被英语的魅力所折服,在课堂上体验到英语的美,在自主探究活动中体验到成功的喜悦。然而,理想与现实是有距离的:孩子们在课堂上是那么爱说、好动,时常在没举手的情况下,大声或小声地插上两句嘴。刚工作没多久发生在课堂上的一件事情,改变了我的教学观念。

三(7)班是全校有名的"闹"班,记得刚接手这个班时,学生真的让我头疼不已。好在经过两个星期的"整治",上课纪律好了很多,大部分学生都能做到举手发言。那天,我照常疾步走进教室,照例互致问候,然后微笑着对学生说:"Let's say hello to some friends."我一如往常,拿出事先制作好的人物卡片,当学习到 Mr Green 时,我一边领读,一边解释说"格林先生"。这时候传来一个声音:"老师,green 不是绿色吗?我以前在剑桥英语学过,怎么会翻译成格林先生呢?你解释得不对。"我抬头一看,是班级中成绩数一数二但同时也锋芒毕露的男生小枭。教室里顿时热闹起来:有的转身回望;有的指指点点,大有幸灾乐祸的意思;有些平常上课心不在焉的"捣蛋鬼",碰到这样的事情,也显得兴奋异常;有的甚至半坐半站,嘴里还不时地喊:"老师,你解释不正确,我也学过"……我的内心顿时有种莫名的愤怒,本来要完成的人物学习,被这明显带着质问语气的"发难"给彻底打乱了。

"这怎么得了?三年级就开始目无尊长,今天非得灭灭他的锐气!"我不由自主地板下了脸,走到小枭的身边:"green 这个单词,它本身是有绿色的意思,但此处大写,它就变成了一个姓,翻译成格林。英语中有很多这样的单词。比如 white 白色,大写后就变成姓氏'怀特',又比如黑色 black,大写后就变成姓氏'布莱克'……你只知其一,不知其二,看来你是剑桥英语没有学好。"看到小枭像是瘪了气的皮球,我心中暗暗窃喜:锐气被我灭了一半,便继续说道:"对你刚才的表现,老师相当不满意:第一,未经同意,你随意发言,没有纪律性可言;第二,学生发言能歪头斜脑,坐在自己的位置上吗?"被我这么一说,小枭竟像一只彻底斗败的公鸡趴在课桌上。这时,后悔之意突然涌上我的心头:"他只是一个三年级的孩子,我何苦一定要占据上风、咄咄逼人呢?"原本最为平常的一节英语课,就这样在我暴躁式的批评教育中无奈地结束了。

后来在我的课上也曾有过类似的情形发生,但由于我采用了"高压"处理的方式,使得学生不再敢随意插嘴,甚至有时候讲到兴奋处,学生表露出想说点什么的面容,我无意间瞥了一眼,他们便会觉得老师是在提醒自己不能随意讲话,赶紧捂住了自己的嘴。于是我开始反思,是否真该这样封杀学生的"插嘴"行为?是一律封杀,还是因势利导?这个问题开始困扰着我。直到我和小枭这个倔强的小男生再次"交锋",才算找到了问题的答案。

那是三年级下学期,在学习 Unit 8 I'm hungry 第一课时的新授课上,我运用精致的课件,加上精心准备的食物引出新授单词,并且结合游戏进行操练,课堂学习氛围非常之好。看到自己精心设计的教学环节成功地把学生吸引住了,我的嘴角禁不住微微上扬,溢出了一丝微笑。突然,小枭的声音极不和谐地在课堂上响起:"老师,我想知道,油条、大饼和包子该怎么说?"仍然是侧着头,稳稳地坐在他的座位上,全班四十多双眼睛一下子齐刷刷地转向这个曾经在我眼里是故意刁难老师的男孩子。我完全没有料到会出现这样的场面,刹那间,我的面部表情肌僵硬了,我感到自己这回是真的被他打败了——这些几乎天天早上都在吃的食物,我竟然不知道该怎么用英语表示。"是摆出老师的威严,就此打住他?还是由此生成,转入新学习?"感谢那一刹那的清醒,让我把预设的教学任务暂且搁置一边。我笑了笑说:"小枭,你今天提的这个问题可是相当有水准哦,老师也没学到过这几个单词,那就让我们一起动手在电脑上查一查吧(因为在多媒体教室上课,可以随时上网查阅资料)。听说你的电脑水平很棒,咱们全班一起出谋划策,你来操作好吗?"只见他眼睛一亮,迅速来到讲台前,同学们也开始展开了热烈的讨论。有的说可以到校园网的英语板块找,有的说应该去东方热线,那里什么都有。一时间众说纷纭,小枭也不知道该听谁的意见,挠挠头皮,向我投来求助的目光。我笑了笑,为他们介绍了搜索引擎(www.google.com)以及具体的搜索方法。小枭喜出望外,熟练地操作电脑并找到了所需的资料。然后我带着孩子们讨论起了这个"节外生枝"的话题,每一个孩子都表现得很积极,他们讲出了许多令我惊喜的句子,小枭也从中体会到了成功的喜悦。

由此我想到,"插嘴"是课堂上经常发生的一种现象,这种行为常常是学生思维灵活、反应敏捷而情不自禁的一种表现,背后蕴藏着学生批判性分析的嫩芽,如果在教学过程中教师能对学生的"插嘴"行为加以正确引导,让他们在课堂上得到人格的尊重和情感的释放,则可将其视为一种"生成",转化为一种课程资源,使师生在课堂教学中处于一种和谐的交互活动状态,从而促进学生更加积极、主动地投入到学习活动中。

在我看来,做一个幸福的教书人其实很简单,这就是让学生在自己管理的班集体中拥有快乐生活的轻松感,让学生在自己执教的课堂上拥有快乐学习的获得感。

【从教感言】

初读"捧着一颗心来,不带半根草去"这句名言,便深深地为陶行知先生的无私奉献精神所震撼!不知不觉间,我已经在学陶、师陶的路上走过了近10年的历程。从懵懂到清醒,从青涩到成熟,一路留下了深深浅浅的脚印,然而最大的那串脚印我称之为"幸福"。今后我还将在这条路上继续前行,我仍然会是一名"幸福"的小学教师!

信念，伴我前行

王佳良

【校友名片】

王佳良，2009年6月毕业于南京晓庄学院小学教育专业（数学方向），现任江苏省太仓市人民法院助理审判员。

曾荣获2011—2015年太仓市法治宣传教育先进个人，多次获太仓市人民法院"先进工作者"称号，并多次在市级报刊、《消费者周刊》等媒体报刊上发表文章。

依稀记得9年前那场泣歌泪下的毕业典礼后，大家不得不接受"分手"命运的情景。有的同学选择了继续求学深造，有的同学选择了回家子承父业，大部分同学和我一样，走上了早已选定的教师工作岗位。7年前，我从家乡的小学转业进入当地的人民法院，在一个全新的领域里重新开始了我的职业生涯。虽然我的社会角色和工作岗位都发生了变化，但始终不变的是，理想和信念一直伴随着我前行。无论之前是从事教育工作，还是现在从事法律工作，我都在属于自己的舞台上绽放青春的风采。

当教师：把爱传递给每一个孩子是我的信念

2005年9月，满载着荷实的行李与未来的憧憬，我走进南京晓庄学院的校园。在此，我有幸结识了曹慧英书记、王本余老师等众多名师，在各位老师的指引、教育、支持、鼓励下，我坚定了自己毕业后当一名好教师的信念，并为此铆足了劲。四年本科学习期间，我除却吃饭、睡觉与上课，就是沉浸在图书馆的书海中。江苏省计算机一级证书，国家计算机一级和二级证书，中级程序员和操作员证书，大学英语四级和六级证书，江苏省首届文科生自然科学知识竞赛学校一等奖，专业学习奖学金二等奖……是对我刻苦学习的肯定。

2009年9月，我顺利地进入家乡太仓的洪泾小学，担任三年级数学教学工作，同时兼做班主任。出于教师的责任感，我带班的第一件事就是摸清班级学生情况。通过与前任班主任、任课老师以及班干部的交流，我对班里的情况大体做到了"心中有数"，工作起来自然也就更加注意"有的放矢"。

小毛同学是班里师生公认的"学困生"：上课不认真听讲，喜欢做小动作，和同学交头接耳，也不认真做作业；下课顽皮打架，不被同学接纳。对于老师的教导，小毛常常是左耳朵进、右耳朵出，家长也管不住他，对他无可奈何。我很想帮助小毛回归正轨，然而要让这样的孩子从内心深处愿意接纳一个新来的老师，向你敞开心扉、吐露真言，真不是一件易事。怎么办？我想到了情感拉近距离、行动"打成一片"这个办法。课间是孩子们自由活动的时间，我一改课堂上严肃有余的姿态，以邻家大哥的模样出现在孩子们中间，和他们说话、聊天、做游戏，和他们一起吃午饭，和他们一起分享喜怒哀乐……不知不觉中，像小毛这样的孩子也悄悄地发生了一些变化，上课愿意听讲了，作业也认真按时认真完成了，学习成绩也随之有了显著提升。看到孩子可喜的进步，小毛的父亲亲自赶到学校向我表示感谢，还顺手拿出了一个红包给我，被我婉言谢绝了。

小高同学是个性格内向、沉默寡言的小女孩，不知是因为前任老师的离开，抑或是我的长相貌似不那么和善，课堂上很少见到她有踊跃发言之举。我也曾在课间观察过她，发现她总是一副心事重重的样子，一个人躲在一边倒腾些小东西，很少与同学玩耍、交流，几次课业测试的成绩也是不尽如人意。我曾几次尝试与之沟通，但小高始终低头不语。当我向她提出要找她父母来学校谈谈时，小高闪烁其词的表现让我觅到了某种别样的味道。后来经过侧面了解，我才得知她的父母感情不好。为了让小高融入班集体，在接下来组织的班会和节日活动中，我都隆重邀请小高同学上来表演，和同学们一起参与到活动中来，当然这是建立在事先进行良好沟通的前提之下。刚开始被我点到名的时候，小高似乎显得有些局促不安，但在我提前安排好的同学们的"怂恿"下，她涨红了小脸，最终还是鼓足勇气走上台来。小高表演过后，我带头为她的勇气鼓掌，同学们也给了她热烈的掌声。此后，小高慢慢地变了，脸上的笑容多了，学习成绩也进步了，我的心里甚是欣慰。

在洪泾小学工作期间，我深深地体会到，孩子们虽然年龄小，可他们的眼睛是雪亮的，他们的内心是敏感的，教师对孩子付出了多少爱心和耐心，就会得到多少回报。

2011年，我离开了教师岗位。离别总是伤感的，我选择了悄悄地离别。提前写好的给学生的告别信，我交给邻班的班主任代读给班里学生，因为我怕到时承受不了师生分别的场面，无法面对童心纯真的孩子们，无法面对自己那时的"残忍"。也许多年之后，我会后悔当年的这个抉择，但我不会后悔自己在教师岗位上为孩子们所做的一切。

当法官：还公平正义于每一个公民是我的信念

同年，我顺利地考入了江苏省太仓市人民法院，从此走上了审判工作岗位。由于自己是"半路出家"，相较于科班出身的同事来说，确实存在一定的"先天不足"。不过，凭借着大学期间形成的良好的学习习惯和学习能力，我最终也追赶上了"大部队"。我的工作得到了所在单位领导的认可，多次荣获太仓市人民法院先进工作者称号，还获评2011—2015年太仓市法治宣传教育先进个人。

因为我是在基层法院工作，从事的又是民事审判，接触的大多是与老百姓工作、生活息息相关的案件，诸如欠债还钱的合同类纠纷，交通事故造成人身损害引发的赔偿类纠纷，涉及房屋建造的宅基地纠纷等。我深知，作为一名从事审判工作的法律人，头上顶着国徽，肩上扛负重任，必须依法审判所接手的每一个案件，还公民以公平正义，还社会以安定和谐。秉持着这样一种职业信念与责任担当，我年复一年、日复一日地坚守在民事审判、信访接待、法治宣传第一线，勤勤恳恳地工作着。

记得有一天上午，天气阴沉沉的，直压得人喘不过气来；办公桌上成堆的案卷，又似乎要将人窒息。就在我被手头的工作忙得焦头烂额时，随着一阵急促的脚步声，几个行色匆匆的人找到了我，要我为他们主持公道，说是这个案子急得不得了。我顿时心里一阵"咯噔"，心想：貌似自己还没有出名到老百姓指名道姓要我办案的地步吧？但很快我就恢复了冷静。我仔仔细细地听取了双方的陈述和意见，又原原本本地向他们告知了相关法律条文，陈述了利害关系。也许是被我苦口婆心的调解感动了，临近中午时分，双方在协议上签字后便立刻履行协议内容，到附近的银行及时结清了款项。当时将近中午1点，就在我穿着被汗水浸湿的衬衫、拖着饥肠辘辘的身子准备去吃饭时，几个原告拉住了我："我们要了一年多都没要到欠款，你一个上午就给解决了，真厉害。看你为我们忙前忙后的，饭也没吃上，估计你们单位食堂的饭也冷了，我们一起去外面吃顿饭吧？""这怎么能行呢！这是我应该做的呀!"我婉言谢绝后便匆匆离开了。下午上班后不久,那几个原告又跑来了,我还以为是案件处理上又出了什么新的状况,心里多少有点儿忐忑。直到他们把手里攥着的一面鲜红的锦旗笑盈盈地送到我的面前,我先前悬起的心才又放了下来,一种被理解与信任的激动涌上心头。我谢绝了他们赠送的锦旗。我知道,这是老百姓对自己工作的肯定,这就足够了。

回顾自己在法院工作的七年,我知道,作为一个法律人,自己对工作是称职的;作为一个父亲,自己对孩子是负责的;但作为一个孙子,自己只能把对奶奶的歉意与思念永远留在心底。案子多,人手少,时间紧,任务重,是法院工作的常态。因为有重要的案件急需处理、暂时实在无法离开岗位的情况,也常有发生。奶奶病危之际,我因为工作忙抽不开身,等处理完工作再回去看望时,奶奶已经处于深度昏迷状态,任自己怎么呼喊,也未得到一丝回应,直到她老人家去世,我也没能再和她说上一句话。都说"男儿有泪不轻弹",可是这次我没能做到,泪水禁不住夺眶而出,深深的遗憾也一直留在心中。

信念是有力量的,它能驱动人不断奋力前行。"让老百姓在每个案件中感受到公平正义",已经成为我内心深处的执念。我将认真做好眼前的每一件事情,热心善待身边的每一位当事人,为维护社会公平正义尽自己的绵薄之力。

【工作感言】

作为一名意志坚定的法院人,作为一名继承陶行知理念的晓庄人,在今后的工作中,我会始终坚持自身信念,"捧着一颗心来,不带半根草去",将先生的奉献精神继续发扬光大,脚踏实地,实事求是,拿出实干的精神多为老百姓谋福祉,维护老百姓的合法权益。先生的智慧教导着我,先生的精神鼓舞着我,我会在新的事业中延续先生的"血脉",让它成为我心中的明月,照亮我追求公平正义的法治之梦。

做学生成长的"合伙人"

严 悦

【校友名片】

严悦，2010年6月毕业于南京晓庄学院小学教育专业（语文方向），现任南京市琅琊路小学语文教师、综合实践活动教研组长，中共党员。

曾获区、市优质课一等奖，区、市班主任、学科基本功特等奖，江苏省、长三角中小学班主任基本功一等奖。获2018年度琅琊路小学教育集团十大创新教师，集团突出贡献奖。多篇学科、德育论文发表获奖，开设省市德育讲座三十余次。先后获得南京市五一劳动奖章，南京市

鼓楼区德育工作带头人，江苏省第五期"333工程"高层次人才第三批次培养对象，南京市五一创新能手，南京市技术能手，南京市青年岗位能手等称号。

从走上教师工作岗位的第一天起，我就当上了班主任。八年的工作实践，使我深深地体会到，儿童不是缩小版的成人，童年教育的独有价值也不在于为成年做准备，而在于让儿童发现自己，认识自己，生发向上生长的内生动力。每一个儿童都是一个独特的生命体。如何让花有花的芳香、树有树的伟岸、草有草的柔美，不仅需要孩子通过自身的努力去达成，也需要班主任以"学生成长合伙人"的身份去助长。八年来，我不断努力学习先进的教育理论，不断积极更新自己的班主任工作理念，走上了班主任专业化发展的道路。

"合伙人"的前提条件:教育情怀与职业素养

在我看来,班主任要成为"学生成长的合伙人",至少应具备教育情怀和职业素养这两个前提。无论是在职前还是在职后,都需要不断为此创造条件。

我的教育情怀与职业素养孕育于我的大学。记得在"班级管理"课上,王本余老师带着我们围绕班集体建设与管理中的各种案例,梳理分析,寻求答案,围绕着如何进行班会设计,设立框架。通过学习,我认识到,要成为一名合格的班级管理者,就必须努力学习科学理论,如此才能在今后的工作中手握"镇班法宝"。在校学习期间,我一边努力学习教育教学理论,一边积极寻找锻炼自己实践能力的"舞台":大二时,我加入了分团委组织部;大三时,我迅速成长为教科院分团委副书记;我是院系的金牌主持,大大小小的活动都有我前后奔波的身影;我也是青年志愿者协会的志愿者,义务家教、校际交流等活动我都走在前面;我还是提前进入专业角色的标兵,江宁实小有我长达两年的实习经历。2010年,我以校说课大赛一等奖第一名、优秀毕业生、优秀毕业论文获奖者的优异成绩顺利毕业。

踏入琅小工作的第一年,我有幸师从著名语文特级教师余玉茹。余老师满满的教育情怀、崇高的职业态度、精湛的教学艺术,无不对我起到"言传身教"的示范作用。从一句句开场导入,到一个个汉字笔画,再到一处处点评理答,余老师都会不厌其烦地帮我细细雕琢,对我反复指导,这样的"学徒生活"整整坚持了两年,我的教学基本功也由此变得更扎实了。其间,学校遇到了前前后后有三四位女老师回家养胎生子的突发状况,校领导把临时接班的任务交给了我,每一次我都能做到迅速而又从容地接班,让孩子们尽快适应我的教学,进入良性学习状态。为此,我还得了个有意思的外号——"万金油"。

记得刚开始和孩子们打交道时,面对性格迥异的学生,我也常常陷于方法上"捉襟见肘",甚至"黔驴技穷"的困境。我曾因无力指导特殊孩子倍感迷茫,也曾因无效的家校沟通而痛心哭泣。是琅小班主任团队的名师们在一次次"德育沙龙"中为我指点迷津。他们为我推荐了一本本关于班主任专业理论与技巧的书,使我获益匪浅,促使我迈出成长为一名专业班主任的第一步。

"合伙人"的重要任务:面向全体、建设集体

班集体建设与管理是班主任的重要职责,也就顺理成章地成了"学生成长合伙

人"的重要任务。在我的班上,我坚信:每一个孩子都很重要,每一个孩子都应该被看见,每一个孩子都可以为集体做出贡献。我追求:让每一个孩子在集体中享有安全感与归属感,激发自我效能感,充分体验成就感,增强集体荣誉感。

我致力于在班级营造一种基于爱的感召的情感氛围。走进我们班的教室,每一面墙壁都散发着高品位的文化气息,每一寸空间都充溢着浓烈的读书求学氛围。我们把班级命名为"琅琅精灵中队"。墙上张贴的"我们的公约",是班队会课上师生一起针对班级的现有问题制定的,上面有每一个蓝精灵的签名;"星光璀璨"是每一个有风采的小精灵的展示天地,每一周变换一个主题;"书画飘香"是孩子们根据不同的节气绘制的书画作品、手工作品;"爱的叮咛"是各位课任老师对孩子们的深情寄语。最有意义的是,每一位蓝精灵都是班级文化的讲解员,他们对亲手布置的每一个角落都无比熟悉、无比喜爱。那设计精美、色彩亮丽、富有个性的环境布置,那健康高雅的班级活动,都在为孩子们营造一种愉悦身心的情感氛围,让他们在班集体中享有安全感和归属感。

每周两次的学生晨会和每周二的班会,我都放手让孩子们走上班级的"小主人讲坛",让他们在这里畅谈生活中的新发现、学习中的小发现、小公民的研究成果、班级管理中的建议等,让他们在班集体的生活中大声地发出自己的声音,以激发他们做班级的小主人、做生活的小主人之自我效能感。

班级的"蓝精灵月报"是孩子们展示自我、张扬个性的乐园。在这里,他们的言论自由得到了充分的尊重和认可。班级的"琅琅精灵公众号",特别开辟出个人学习成果专栏,用以展示那些不善言辞、不爱表达的粘液质或抑郁质气质的孩子所做的看图写话、美术作品、周记等,使他们从中体验到自身的成就感。

以集体形式参加的"月月赛"迎面接力项目,是孩子们最开心的一项活动。赛前,我都要组织他们齐心协力地进行训练,通过反复磨合,提升、优化交接棒的技巧。终于在最后的比赛中脱颖而出,获得了好的名次。孩子们为此欢呼雀跃,集体荣誉感与自豪感油然而生,班集体的凝聚力就在这样的活动中得到了强化。

"合伙人"的分内之责:关注个体、呵护心灵

作为班主任,不仅要重视班集体建设,还要关注班级中的每一位个体。为此,我采用了"谈心预约单"和"我们约会卡"两个柔性管理的妙招,而且习惯性地关注班级的两头。

每学期开学初,我都会给每一位孩子发一张"谈心预约卡"。预约单上设计了

"学生姓名""预约时间""预约地点""谈心缘由""谈心评价"等几个栏目。当学生需要找老师谈心的时候,就可以从班级的预约单管理员手中领取一张预约单,填写好后以自己的方式交给我,我再根据实际情况给学生回复预约谈心的时间和地点,这样就保证了谈心的私密性。在"谈心缘由"部分,我让学生提前写清楚"发生了什么事情""自己的困难是什么""哪些问题自己可以解决""哪些方面希望得到老师的帮助"。这样,既使学生对谈心的内容有一个较为清晰的认识,也让老师对学生需要帮助解决的问题有一个提前准备,可以大大提高师生谈心的有效性。"谈心评价"部分,则是学生在谈心结束、问题得到解决后填写的,这是对谈心效果的一种追踪,也可使学生再次体悟谈心对自己的作用。

记得有一次,班里一位各方面表现都很出色的孩子给我提交了一张谈心预约单。上面写道:"老师,我最近觉得太累了。妈妈给我报的班太多了,我觉得时间根本不够用。"联想到这个孩子最近上课精神不佳、有所懈怠的状况,我断定他确实是遇到了自身无法解决的困难,想得到老师的帮助。于是,我很真诚地与他谈了一次,这无疑是对他内心压力的一种释放。接着,我又和孩子的妈妈取得联系,经过有效沟通,妈妈精简了孩子校外的部分课程,满满的活力又回到了这个孩子的身上。

对于学生每一次填写完的谈心预约单,我都会妥善留存,这既是对学生成长过程性资料的收集,也可为今后做好班主任工作提供借鉴。

"我们约会卡"不仅可以和我及其他任课老师预约谈心,还可以和任何一位老师相约一次午餐、一次午后的散步,甚至是一场生活中近距离的接触。这场学生和老师之间的"约会",给了老师们一个走进孩子内心世界的机会,同时也拉近了教师与不同类型孩子之间的心理距离,班级有很多动人的故事,就发生在这种心灵与心灵的遇见之后。

"合伙人"的进阶之梯:研习理论、淬炼技能

2014年,我被通知临阵补位参加南京市综合实践活动优质课评比,没想到仅用一个晚上的时间准备就匆忙参赛的我,居然一举拿下了市优质课一等奖第一名、市学科基本功一等奖。这让我切身体会到"功在平时"的重要意义。其后,我又经历了数十次的省赛磨课,作为大赛最年轻的教师,以"身体的小秘密"一课获得二等奖。

也许,机会总是眷顾有准备的人。2017年,我有幸与班主任基本功大赛结缘。

在获得鼓楼区班主任基本功大赛特等奖第一名后,晋升南京市中小学班主任高研班。专家教授的精彩讲座,让德育工作凸显真理的力量,闪烁智慧的光芒;一线名师的教育案例,既叩问班主任的核心素养,又启发关注教育的细节,更折射出人性光芒;以赛促训的新机制,让每一个有冲劲的年轻人都跃跃欲试,我一路"过关斩将",先后获得了南京市、江苏省、长三角地区中小学班主任基本功大赛一等奖第一名。四次班主任基本功大赛,让我深深地感悟到,班主任的专业素养不是与生俱来的,而是在长期的教育实践中修炼出来的。没有高屋建瓴的理论引领,没有模拟情境中的反复练习,就无法跨越思维的高度,无法挖掘实践的深度。

伴随着学习的深入,我将习得的专业技能不断施展于班主任工作之中,因此常常收到事半功倍之效。这又促使我不断追寻更前沿的学术引领,在专业化成长的道路上朝更深处漫溯。就在这时,我遇到了"随园夜话"——一个由南京师范大学教科院专家主持的高端德育沙龙。我和一群有着同样信仰与情怀的德育工作者们利用业余时间"围炉夜话",共同探讨如何把班主任这项有意义的工作做得更有意思、更有成效。一次次的头脑风暴,不仅使我在班主任专业化理论与实践的学习上有了新的收获,而且促使我在班主任专业发展的道路上实现新的跨越。

班主任工作十分辛苦,但苦中有乐——付出之乐,获得之乐,助人之乐,创造之乐……我愿意向孩子借力,向家长借力,当好家校沟通的桥梁;我愿意做学生生命中的重要他人,做学生成长的"合伙人",把心融入其中,把情感和智慧融入其中,诚如苏霍姆林斯基所说的"把整个心灵献给孩子"。

【从教感言】

作为一名年轻的教育工作者,我时常庆幸自己选择了一个挚爱并可获得乐趣的职业。感恩晓庄,让我找寻到职业发展的路径;感激琅小,让我行走在专业化成长的快速道;感谢随园,启迪我不断冥想反思、叩问自己。一路走来,繁花盛开,寻梦是美好,守梦是艰辛,探究更是无止境……矢志不渝的,是我那颗永远都想做"班主任"的心。

我的学生，我的爱

杨 浩

【校友名片】

杨浩，2010年6月毕业于南京晓庄学院小学教育专业（语文方向），现任江苏省南京市琅琊路小学语文教师，中共党员。

曾获江苏省"杏坛杯"青年教师课堂教学展评一等奖，南京市优质课评比一等奖，鼓楼区小学语文基本功竞赛一等奖，江苏省"师陶杯"论文评比一等奖，江苏省"教海探航"论文评比二等奖；在省级以上刊物发表十余篇教学论文；先后获南京市五一创新能手、青年岗位能手等称号。

教育本是一份爱的事业。陶行知先生倡导"爱满天下"，他的博爱情怀影响了一代又一代教育工作者。在陶行知先生的生平事迹中，我们看到了充满爱意的真教育，看到了公正无私的真教育，看到了智慧创新的真教育。从他那里，我读懂了如何做一个有爱的老师，如何把对教育事业的爱投射到教育服务的对象身上。爱学生是不需要任何理由的，我的学生，我的爱！

爱生，时刻关注他们的成长

作为一名男教师，也许没有女教师的温柔与细腻，但在关注孩子健康成长方面同样可以有所作为。在班主任工作中，我想到了为孩子们写成长日记的办法，利用晚上休息时间，一个人留在办公室，像"过电影"一样在脑海中"回放"每个孩子当天的表现，把一些有趣的故事和难忘的场景记录下来。从2010年到2013年，全班

54个孩子,我坚持每人每天写一点,现在回想起来,真不敢相信自己是怎么坚持下来的。

成长日记是我了解学生思想、学习、生活、情感的一个窗口,也是我和学生及其家长进行交流的一个平台。借助日记,我发现了一些好人好事,也发现了一些不良现象,在对学生进行教育管理时,减少了盲目性,增强了针对性。我会定期把日记里面所写的内容发给家长,或者私下里读给孩子听,拿给孩子看,敞开心扉,真诚沟通。"不为失败找借口,要为成功找方法""意懒心惰难成事,意坚志恒方有为""成功的起点是坚信,成功的终点是坚持""努力,一切皆有可能""一个人有了想飞的冲动,就决不会满足于在地上爬""天行健,君子当自强不息"。这些带有指导性和激励性的文字,都是我根据学生当时的思想情况所做的针对性引导。

对待学生,我毫不吝惜自己的爱心。在学习上,看到学生取得了好成绩,我会笑着鼓励他们:"好样的,继续努力!"看到学生考试成绩不理想,我也会真诚地安慰他们:"别灰心,争取下次考好点。"看到有学生学习上"掉队"了,我牺牲休息时间为他们义务补课。在生活上,发现学生在学校里衣服被划破了,我就给他们补;学生的衣服弄湿了,我就用电吹风给他们吹干;有的学生饿肚子了,我就给他们买吃的;有的学生衣服穿少挨冻了,我就拿来自己的衣服给他们穿。

爱生,引导他们畅游书的海洋

我很赞赏孔夫子与其弟子"浴乎沂,风乎舞雩,咏而归"的美妙风景,亦很期待林语堂先生笔下"学校如同一片森林,学生应犹如猴子一般在其间自由跳跃,任意摘吃各种营养丰富的坚果"的情境出现。都说书是孩子成长过程中不可或缺的营养品,作为语文教师兼班主任,我能为孩子们做点什么呢?

每接手一个新的班级,我都会为孩子们购买图书,引导他们有计划、有目的地读书,并适当控制读书进度。我的体会是,要想和孩子们一起把书读好,这书得"好玩"才行;要想和孩子们一起把书读好,这书又得你先读给他听才行;要想和孩子们一起把书读好,这书还得你声情并茂地演绎给他瞧才行。

在班里,我每周还安排了一节课外阅读课,带领孩子们共读一本书,在尊重孩子们阅读习惯和审美偏好的基础上,我再针对带有普遍性的问题加以指导。

语文课上,我和孩子们一起学习童话《小木偶的故事》,他们学得可认真了。课文学完后,看到他们意犹未尽的样子,我趁热打铁:"你们还想听有关这个小木偶的故事吗?""想——"孩子们大声地回答我。于是,我又把教学参考书上的一篇《我不是一段普通的木头》绘声绘色地给他们读了起来……

我们一起读《安徒生童话》《格林童话》。在听到小美人鱼化作泡沫时,多愁善感的女孩子们抹开了眼泪;得知拇指姑娘获得幸福时,大家快乐得鼓起掌来;看到愚蠢的国王光着身子时,整间教室爆发出哄堂大笑;当锡兵的心熔化时,我们也跟着心碎;眼见恶毒的后母欺负灰姑娘时,人人内心充满了愤怒……

元旦放假3天,我布置孩子们读《爱的教育》这本书,并用一节课的时间,让他们写一篇读后感。令我意想不到的是,孩子们不但用3天时间看完了这本书,而且对书中主人公的名字、文章中的细节等方面都记得一清二楚。他们所写的读后感是那么真切、感人,爱的精神已经渗透到了他们的心灵深处,这让我十分欣慰。

在引导孩子们读书的过程中,我还自己编辑了班级专属的小红书——《"字"精灵》,书中汇集了孩子们写的文章,用于班级内部交流。每一册书里都有写人、记事、校园生活、家庭生活、节日纪实等固定的板块,前前后后一共出了六本。之所以将小红书命名为《"字"精灵》,就是提醒孩子们在写文章时要注意遣词造句,使文章更有表现力。

爱生,为他们生命的重要节点创造"难忘"

工作8年来,我一共带过4个毕业班,陪伴孩子们过了4个10周岁集体生日。生日会上,"小寿星"们合唱、诗朗诵、舞蹈、游戏、互换心愿卡……那一张张绽放的笑脸,那一幕幕感人的情景,至今仍历历在目。最让我难以忘怀的是2015年我带的这一届学生10周岁的集体生日。

10周岁,是孩子们生命中的一个重要节点。怎么样才能让孩子们过一个有意义的集体生日呢?我想到了把他们带到农村去,和农村学校的孩子们一起上课、一起读书、一起游戏、一起午餐……渐渐地,N多个"一起"的想法在我的脑海中形成了一条清晰的活动流程。

说干就干!马上联系农村学校。在大家的帮助下,我们很快就联系到了六合区乌石希望小学。

在我的精心策划与组织下,孩子们10周岁的集体生日活动进行得非常顺利。我们给乌石希望小学的孩子们送去了书、书包、文具,我本人也给那里的孩子送去了一节优质语文课。我们的活动赢得了当地领导的好评。其实,我策划这次活动并不是要赢得什么荣誉,我只是想让我的孩子们知道,爱是没有边界的,还有很多小伙伴需要我们的关心和帮助。作为一名教育者,抓住10周岁集体生日这个契机,把这种大爱思想根植于孩子们纯洁的心灵,真的是很有意义。

爱生,带领他们领略多彩的世界

为了丰富学生的课余生活,增强综合实践课程的实效,我决定在班里开展"走出去""请进来"活动,带领孩子们领略这个多彩的世界。

我带着孩子们来到中国电信科技馆,让孩子们了解通信技术的发展历史;我带着孩子们来到南师大随园校区,让孩子们感受大学生活的气息;我带着孩子们来到科举博物馆,让孩子们感受科举文化对中国社会的影响。我把学生家长请进教室,做关于理财和环保的讲座;我把生物学专家请进教室,带孩子们走进昆虫世界;我把十四所研究雷达技术的高级工程师请进教室,为同学们介绍蝙蝠与雷达之间的仿生关系,讲述雷达在军事领域的作用以及在日常生活中的运用。

无论是"走出去"还是"请进来",我都要在事前做好精心准备,包括选择活动主题,制定详细的活动方案,设计活动路线,制作研学地图等。这项活动的开展,既为班级的综合实践课注入了活力,也为学生的心灵播下了科学的种子,受到了孩子们的一致欢迎。

爱生,把爱与责任的种子播撒到他们的心田上

从2010年参加工作的第一年起,我就积极投身公益事业,组织班里的孩子们为贫困地区儿童捐款捐物,为敬老院的老人送去温暖。我们的善举得到了学校和社会的认可,2015年,我带的班级被江苏省慈善总会正式授予省慈善义工团队称号。那是一个金色的秋日,全班54名同学无一例外地成为省慈善义工团队中的一员,五十四颗纯真的爱心留存在琅小的光荣史册中。

从此,孩子们更加自觉地用自己稚嫩的肩膀挑起了一个小小义工的职责,用自己稚嫩的双脚一步一个脚印地在义工道路上行走。2016年新年前夕,孩子们用自己的零花钱和压岁钱购买了生活用品,顶着寒风,冒着大雪,给颐和路社区的孤寡老人送去了慰问。他们的善举,引起了新闻媒体的关注,优漫卡通电视台对此进行了报道。

苏霍姆林斯基说:"没有爱就没有教育。"教师的爱是滴滴甘露,即使枯萎的心灵也能苏醒;教师的爱是融融春风,即使冰冻了的感情也会消融。在爱的教育征程

中,我将一如既往地用爱去点亮学生的心灯,照亮他们的前程,成就他们的美好人生。

【从教感言】

工作八年,变化的是班级里的学生,不变的则是自己刚刚走上讲台的那份赤诚与理想。感恩大学期间,恩师的谆谆教诲给了我走上讲台的信心和不断前行的动力。我的心从未离开我的大学,为晓庄这部永不完稿的诗集续写爱的诗篇,是我义不容辞的责任。

我是你的"花婆婆"

刘书含

【校友名片】

刘书含,2011年6月毕业于南京晓庄学院小学教育专业(语文方向),现任南京市金陵中学实验小学语文教师,中共党员。

曾获建邺区优质课比赛一等奖,获建邺区教坛新秀、建邺区教学能手教师、建邺区优秀班主任、建邺区二星级班主任等多项荣誉称号;参与省级"十三五"规划课题研究,区级课题结题两项;参与《名师教学设计》编写;多篇论文在《小学教育通讯》省级刊物发表;曾获得江苏省"教海探航"二等奖,市级区级论文获奖若干。

感谢当年那一次郑重的选择,让我这颗生命的种子落入南京晓庄学院这片沃土。

那里环境宜人。春有迎春、樱花、玉兰、海棠等花次第开放、争奇斗艳,秋有栾树、银杏、红枫、合欢等树叶色斑斓、随风摇曳。一切美景皆可化作可诵可写的美文美诗,于是《咱们班级故事多》《徜徉在情与趣里》等九篇文章从我的笔下"跑"进《十级台阶》《小学语文通讯》等期刊。一切美景皆可催生可圈可点的美图美画,因此记不清曾经多少次,我做着同一个梦,梦见自己是台湾作家方素珍笔下的"花婆婆",轻轻地牵着孩子们的手,一路走,一路撒下花香点点……

那里恩师亲切。彭小虎老师开讲的儿童概论,让我们认识了如何尊重、顺应并发展儿童的天性;王本余老师阐述的大教育观,让我们看清了教育的发展方向;严开宏老师传授的教育研究方法,让我们拿到了走进教科研领域的入门钥匙;王宗海老师的小语专业课,让我们习得了很实用的教学技能;冯军老师的现代汉语课,让我们领略了汉语的魅力及使用的规范;孙华庚老师的手工制作课,让我们变得心灵手巧、多才多艺;许红敏、唐秀美老师对我们思想、学习、生活的关心,让我们领悟到今后应如何去做一个班主任……

是晓庄为我播下了从事小学语文教学的种子。如今,这颗种子已经萌芽、长大,最终让我在识字和阅读教学中小有所成。

始能拼音识字,可小乐

我对自己性格的描述是思维跳跃比较快,有点"神经质"。我总喜欢开玩笑地说:"我就是一个大疯子,我的学生们就是一群小疯子。"在小学低年级拼音课堂上,我会和学生做大量的互动。

"小朋友们,还记得怎么给拼音宝宝戴上声调帽子吗?"

"我来!我来!"所有的孩子都举着小手,一脸期盼地看着我。

"有 a 在,给 a 戴;a 不在,o、e 戴;要是 i、u 一起来,谁在后面给谁戴!"

"恭喜你,你为你们小组赢得一顶胜利的小帽子。"

有的时候,大家在一起"玩"兴奋了,孩子们也会不听老师指挥。遇到这种情况,我不是采取极力提高嗓门试图压过他们的方法来应对,相反,我会故意把自己的声音压得很低、很低,这样,孩子们反而会自觉地安静下来听我到底说了些什么。

有的时候,我会用假装宣布游戏开始的方式来吸引孩子的注意力。"大家准备好!"当我的"指令"发出后孩子们迫不及待地等待着下一个游戏开始时,我却不紧不慢地说:"下一个要学的拼音字母是……"

为了帮助孩子读准字母,我时常会别出心裁地编一些有情景的小儿歌给学生听。"穿新衣,要爱惜,牙齿对齐 i,i,i;白鹅白鹅会唱歌,e,e,e。"总之,"不按套路出牌"的我,总能给孩子们带来意想不到的新鲜感受。

到识字阶段,我发现在彭小虎老师指导下习得的寻根识字法对孩子的学习很有帮助,就尝试着用这种方法教孩子们识字。音形义统一是汉字区别于其他拼音文字最显著的特点。低年段的汉字教学是先学象形、指事等独体字,这些字都是古代劳动人民根据生活经验创造出来的,教材的编排顺序是先出示与字对应的事物的图画,再呈现汉字演变过程中出现的古体字,最后是要求学生掌握的现代汉字。因此,我先通过出示图片向孩子们展示字形的变化过程,再引导他们仔细观察图片来了解字义,以帮助他们在头脑中建立起事物与汉字字形、字义之间的联系。在识字教学过程中,从带读、带认、带写到导读、导认、导写,我的角色不是一成不变的。

例如,我会启发孩子们:"说一说你观察到了什么?""比一比,这两幅图片之间有什么区别?"引导孩子从"想说"到"能说"到"说好"。这种由具体到抽象的教学方法,正符合儿童思维形象性的特点,也体现了新课标一直强调的"以生为本"的教学理念。

在我的引导下,孩子们不仅认识了一定数量的汉字,还掌握了一定的识字方法,在识字基础上的初步阅读能力也开始形成。

初能望文生义,可小成

从开始能磕磕绊绊地读拼音读物,到直接流利地阅读文字作品,孩子们渐渐地爱上了阅读。于是,我们一起尽情地遨游于语言文字的浩海,聆听生命拔节的声音,享受着属于我们共同的幸福时光。

春晓时分,我们一起读舒婷的诗:"桑椹、钓鱼竿弯弯绷住河面,云儿缠住风筝的尾巴。"读着读着,孩子们的眼睛亮了,笑窝深了,眼前仿佛展现了一片姹紫嫣红的花海,一个千姿百态的春天……

夏日黄昏,我们一起背诵泰戈尔的《新月集》。我们时而化作金色花,和妈妈捉迷藏;时而化作纸船,纸船里载满梦的篮子……

金秋时节,我们手牵手走进五彩斑斓的学校后花园,摘石榴、摇枇杷、捡落叶、放风筝……我微笑地看着孩子们在草坪上,或躺着,或趴着,或打滚,或小狗爬……于是,我开始旁若无人地大声读童话,渐渐地,一个、两个、三个五个的,向我靠近、凑拢,静静地听得入了神。

每天午读时间,教室里都呈现出这样一幅情景——音乐钟声响起后,每个人的课桌上都只留下一本课外书,开始进入不被打扰的"读书时间"。几个星期实施下来,我发现,只要午读时间一到,大多数孩子都会主动去取用一本书来阅读;少数几个孩子经提醒后,也会安静地加入阅读行列。甚至到了下课时间,也还有一群"小书虫"们,在教室里贪婪地啃食着一本又一本的好书,完全无视教室外头的游戏喧嚣声。

孩子们静心阅读时专注的神情,是我看过的最美姿态;那晨风中飘来的清脆甜美的经典诵读声,是我听过的最美声音。

继能表情达意，有一得

怎么样才能让阅读更好地成为孩子们精神发育的最佳营养品呢？我在苦苦地探索着。我认为，读得多、读得快并不等同于学生综合素养的提升，而读得懂、读得深才是问题的关键。因此，我不太主张用读一本书就布置孩子们写一篇阅读心得的方式来推进课外阅读，我更倾向于让孩子们进行自由阅读，给他们的阅读留下深度思考的空间。

在班上，我会不定期地举办好书推荐会，让孩子们用文字介绍自己所推荐的好书的内容及优点，轮流上台和大家分享。我也会请孩子们在联络簿上，以自问自答的方式，对自己推荐的好书内容加以评论并做深入探讨。对于全班共读的书目，我会采用班级读书会的形式，透过提问单来引导学生思考，在众人的讨论中，让阅读达到深入理解的层次。在我看来，理解的最高层次便是心有所悟，笔有所写。通过课外阅读，我们班的孩子认知能力和表达能力都有了明显的提高，他们先后在《金陵晚报》《扬子晚报》《乐学报》《七彩语文》等报刊发表了30多篇作品。

在2014年学校艺术节上，以诵唱结合方式表演的《弟子规》最有韵味，它是我班学生睿智的选择，让我惊喜；半命题作文《让我最……》，孩子们大多将我选作自己要感谢的人，且写出来的话语真诚动人，让我欣慰；班级间开展的主题辩论赛，起初由我指定辩题，后来改让孩子们自主命题，他们选择的辩题从肤浅的"动手对不对？"到有深度的"传统文化"，让我惊讶！

2016年，我教的第一批可爱的孩子们都走进了中学。每次读到他们情真意切的来信，我都感动得热泪盈眶，原来，他们从来都不曾忘记过我。一个孩子在信中写道："老师，还记得吗？那一次下雪，我在学校的小池塘里滑了一跤，摔湿了鞋子，钩坏了裤子。您当时还帮我把衣服拿到办公室的空调出风口去吹。其实，那是我自己故意摔倒的，因为我不喜欢穿这条裤子，可妈妈偏让我穿……那天回到家以后，我还写了一首跟您有关的打油诗呢，只是当时没好意思给您看。现在，我读给您听听：'蓬头稚子脚下空，失心跌入小池中。无奈尊师来相助，垂头低思始末中。'"哦，我想起来了！为了滑入池塘一事，当时我还安慰了他好半天呢，真是个"调皮鬼"。看着来信中这好笑却又很写实的"小诗"，我的心中好一阵激动：倘若没有四季里的读诗疯闹、午读时的静读，怕也没有后来这些有趣的小诗，也没有这群热爱学习语文的小天使。

如今，我又接手一群可爱的孩子，我一如过往，像个"大疯子"似的带领着一群

"小疯子"拼音、识字、阅读。我想,就让我来做你们的"花婆婆"吧——提一盏温暖的小橘灯,轻轻地走进孩子的心,陪着孩子们一起慢慢成长,我们一起在诗意中徜徉。

【从教感言】

> 我之所以能在小学教育这条路上坚定走下去,最最重要的原因在于:我在南京晓庄学院里遇到了许多德高望重的恩师,是他们让我深刻地理解了"德高为师,身正为范"的含义。我想,"捧着一颗心来,不带半根草去"将是我这一生永远践行的诺言。

路,在脚下延伸

梅 玉

【校友名片】

梅玉,2011年6月毕业于南京晓庄学院小学教育专业(英语方向),现任江苏省盐城市步凤小学语文教师。

任教以来,多次执教市、区级教研课和公开课;2015年获"一师一优课、一课一名师"区级优课,2017年获市级优质课大赛一等奖,同年被评为"盐城市语文教坛新秀"。多次获评市、区级"优秀班主任"称号,2016年所在班级获市少工委授予"英雄中队"的荣誉称号。多篇教学论文发表在省、市级教育杂志,并多次在"蓝天杯"教学设计、"师陶杯"教育科研论文比赛中获奖。

我叫梅玉,同事们都爱亲切地唤我一声"鱼儿",夸我如鱼儿般洒脱自如,如鱼儿般银鳞雀跃,然而我却要感谢我的孩子们,正是如清泉般澄澈甘饴的他们,才让我能够如鱼得水,自由自在地穿梭游弋。我的孩子们喜欢我、信任我,我自信我是孩子们的"重要他人"。和孩子们相处的点点滴滴,成就了我作为一名普通的小学班主任老师的幸福,让我引以为豪。

在艰苦的环境中开启我的教师生涯

2011年,我以优异的成绩考取盐城市亭湖区翻身小学教师一职。当我满怀希望来到学校报到时,万万没有想到,眼前竟是这般景象:简陋的校舍,破旧的桌椅,落后的教学设备,还有四处追赶的懒散的学生……"这里的环境与我想象中的校园差别也太大了吧?这就是我教师生涯的起点?"一种莫名的失落感顿时涌上我的心头。面对理想与现实的巨大落差,我只能选择泰然处之。于是,我赶紧收拾起内心的忐忑与不安,积极投身到扑面而来的教育教学工作中。

翻身小学是一所村办小学,教师资源非常紧缺。初出茅庐的我刚走上讲台,就要同时挑起三科教学的担子:主教三年级语文,还要兼教英语和数学。由于我在大学的主修方向是英语,对于语文和数学的教学十分生疏,这就促使我不得不在平时花费更多的时间和精力去钻研教材,也会常常为一节课的教学设计忙碌到深夜。虽然班里仅仅只有26名孩子,但我依然希望将自己的所学所得竭尽全力地传递给他们,让他们也能够与城里的孩子一样,享受到全方位的教育。村小教学设施条件落后,我就带来自己的笔记本电脑,利用简易的投影设备,让孩子们体验多媒体课件带来的全新的知识学习体验,从中体会学习的乐趣;我还利用自己所学,课前准备了多彩多样的简笔画教具,引导学生在课上积极参与互动环节设计,沉浸在课堂学习的欢乐中;我还经常利用农村的自然环境条件,带领孩子们走进生活,走近农田,体验生活即教育。

班里有一个学生小叶,由于长辈的过度宠溺,导致其厌学情绪严重,不愿参与小组合作学习不说,有时还会破坏集体学习氛围。前任老师经常抱怨,都对其束手无策。通过一段时间的细致观察,我根据该生的特点采取了合理的教育措施:首选与其父母沟通,请他们督促孩子改变学习习惯;其次通过与孩子的多次谈心,发现其生活中的优点并及时表扬,建立其自信心;再者创设多姿多彩的小组合作学习活动,激发孩子的学习兴趣,并让其在学习知识的同时享受到学习的乐趣。经过整整一学年的不懈努力与坚持,小叶各方面都有了明显的进步,脸上也总是洋溢着幸福的笑容。我的辛勤付出,得到了学校领导、同事和学生家长的一致好评。

在对留守儿童的关爱中享受自己的职业幸福

在短短的六年班主任工作中,一个名叫嘉慧的孩子给我留下了深刻的印象。记得我刚接手三年级(4)班时,发现坐在靠窗后排位置的嘉慧总是很沉默,脸上表情冷漠,经常望着窗外发呆,与其他小朋友的交流甚少,很少与别的孩子一起玩耍。我欲尝试与她好好谈谈,借此了解她为何如此郁郁寡欢,然而,嘉慧却没有给我任何机会,在我面前总是深深地低着头,使劲地揉搓自己的小手,一声也不吭。"嘉慧老是这么下去怎么行呢?"于是,我与搭班的老师商量,把嘉慧找来,提出去她家做一次家访,与她的家长好好认识一下。可是,嘉慧极力抵制我们去家访,并且表现得特别紧张,这不禁让我们很疑惑。

为了解开疑团,我与同事下决心要随嘉慧前往她家一探究竟。放学铃响后,我们循着嘉慧回家的小路一直跟随着她。天色渐渐暗了下来,大概走了约半个小时,才来到一户小院前,只见嘉慧拿出钥匙,踮起脚尖,努力地开着门上的大锁。不一会儿,她进了屋内,许久都不见动静,只能看见远处的窗户里透出隐隐约约昏黄的光来,衬着这如水的夜色,又平添了几丝凉意。我们在远处又"蹲守"了一会,实在按捺不住了,便走向院内,走进屋里。推开屋门的一刹那,我们惊呆了:空空冷冷的屋子里,有还未吃完、已经变冷的方便面,有散落在桌角还未整理的作业本和钢笔,还有站在桌边像刚从梦中被惊醒的嘉慧。也许是被我们的突然造访惊吓到了,嘉慧竟低声呜咽起来。我赶忙上前轻轻搂着她,细声地向她询问情况,在她断断续续的哭泣声中,我终于知晓了原委。

原来嘉慧是一名留守儿童,父母都在杭州打工,只有过年的时候才能赶回家,平时是和爷爷奶奶生活在一起,这种现象在农村十分常见。可是,最近爷爷突发心脏病住进了医院,一直照顾她的奶奶不得不去医院照顾爷爷,每天家中只留下她一个小姑娘,无人疼爱,担惊受怕。听完了她的诉说,我又紧紧地抱了抱她,希望她能从我的臂弯中感受到家人般的温暖。

我告诉她,我不仅要做她学习知识的老师,更希望做她心灵保健的按摩师,我会永远像姐姐一样疼爱着她,呵护着她。说完,我和同事立刻打水给嘉慧擦了擦满是泪水的脸,又在她家的园子里摘了些蔬菜,简单做了些饭菜,我们陪着她在桌边坐下,边吃边和她拉家常、聊生活,她原本满噙泪水的脸上也隐隐露出了一丝笑意。那一晚,我们陪着嘉慧入睡,看到她睡得是那样的安心,我们一直悬着的心才放了下来

接下来的日子里,我和同事不断地给予嘉慧更多的关心与照顾。爷爷的病很快有了好转,爸爸妈妈也能经常打电话回来关心她的生活与学习了,嘉慧像变了个人似的,变得阳光、自信了。

我知道,农村小学还有许多像嘉慧一样远离父母、缺少关爱的留守儿童,乡村学校教师应为此不懈努力,帮助他们远离心灵上的孤独留守。

在不断的学习与实践中收获自己的专业成长

随着义务教育区域均衡化的资源整合,我从翻身小学来到步凤小学。无论岗位怎样变化,我始终坚持自己的教育信念,勇于在教育之路上力争做最好的自己。

从教七年来，我一直从事低年级语文教学，也一直把自己视为教育行业里的一名小学生。为此，我经常阅读教育理论著作，撰写教育教学随笔；积极观摩名师课堂，从中找出自身不足并虚心请教。对语文教学的执着与热情，使得我比别人付出了更多的时间与精力。有时候为了思考如何导入一节课，我会查阅大量的参考资料；为了参加各项教学比赛，我刻苦钻研教材，努力改进教法，反复磨课试讲。在课堂教学中，我能够有效解读文本，引导学生感悟语文的魅力，并尝试通过情境创设和小组合作等多种形式促进学生自主学习，努力培养学生的语文核心素养。

2017年，我有幸代表学校参加市级优质课大赛。面对这样一个难得的机会，我不敢有丝毫怠慢。在准备的过程中，我的教学设计一次又一次地被推翻，校内试上过程中，小问题又不断出现。随着比赛日期的临近，教学设计还没有完全理出头绪，我的内心愈发忐忑不安，情绪十分低落。就在此时，学校分管教学的领导主动找我谈心，让我放松心态，冷静思考。随即，我积极主动地向市语文教研员虚心请教，经过多次沟通，新的灵感油然而生，全新的教学设计了然于胸。紧接着，我又在校内进行了紧锣密鼓的试上，通过试上查找问题。在大家的关怀与帮助下，我终于在最后一刻递交了一份满意的答卷，取得了盐城市小学语文优质课大赛一等奖的好成绩。

从教路上，我曾有过"山重水复疑无路"的困惑，也曾有过"柳暗花明又一村"的欣喜。所幸有行知先生"千教万教教人求真，千学万学学做真人"的引领，让我和我的孩子们伴随着童真幸福地成长。我立志：在艰苦的环境中磨炼自己，在复杂的工作中丰富自己，在有益的研究中提升自己。

路，一直在我脚下延伸……

【从教感言】

　　七载教坛耕耘，让我深深顿悟：拥有，使我承担着责任；奉献，使我体验着喜悦；爱他，使我享受着幸福。善存于心，爱在于行！请允许我以荷尔德林的一首诗来表达我的心声：这是飞蛾对星星的追求，是暗夜对晨光的渴望，这是从我们冷色的星球向远方倾注的一片向往……这爱，静水深流，这情，润物无声。因为我们曾经的誓言，因为我们曾经的热血，因为那几十双含着热泪的眼睛，我不复有更高的要求！

微弱烛火点亮乡村教育之灯

赵英男

【校友名片】

赵英男,2011年6月毕业于南京晓庄学院小学教育专业(语文方向),现任江宁区谷里街道周村社区党委副书记。一直从事社区管理工作,负责社区党建、宣传、美丽乡村建设、旅游管理、社会组织服务、社区教育、网络媒体运营、社报编辑等工作,先后荣获谷里街道"先进个人""优秀党员""优秀党务工作者""社区教育优秀志愿者"等称号。

毕业那一年,原本打算走上三尺讲台当教师的我,在参加新教师招聘的同时,又参加了"江苏省选聘大学生村官"的招考。谁知惊喜和我不期而遇,我拿到了江宁区"选聘大学生村官"笔试第一名的好成绩,并顺利地成为谷里街道周村社区的一名村官。一晃7年过去了,虽然我未能如愿走上教书育人的教师岗位,但我时刻把陶行知先生"以教育救农村""以实验推广乡村教育"作为改造农村出发点的主张谨记于心,立志用自己微弱的烛火点亮乡村教育之灯,把青春和汗水奉献给周村社区这片希望的田野。

做美丽乡村建设中的教育者

2011年初秋,刚刚步入工作岗位,我就赶上了江宁区轰轰烈烈的美丽乡村建设大潮。我所服务的周村社区紧邻闻名遐迩的牛首山风景区,山水资源独特,人文底蕴深厚,世凹自然村更是被列为江宁区首批打造的"五朵金花"之一。从2011年10月开始启动建设,到2012年4月举行开村仪式,整整半年时间,我参与并见证了世凹自然村从一个落后、闭塞的小山村到山清水秀美丽乡村的华丽蜕变。也正是因为赶上了这样一个发展机遇,我被这片土地深深吸引,决心为生活在这片土地上的人们点亮乡村教育之灯。

美丽乡村建设初期,我身为社区主任助理,每天跟着村干部走村入户,向村民们宣传美丽乡村建设项目,向他们详细地讲解政府的方针政策和建设的规划蓝图,逐渐打消村民的顾虑。不到一个月的时间,我们就顺利地完成了全村58户居民的搬迁工作。建设项目全面铺开以后,为了更好地了解工程进度,我着手为各家各户建立档案,每天整理、汇总、上报工程进度情况。

与此同时,我的脑海里浮现出这样一个想法:何不用照片记录美丽乡村的建设历程、为村民们留下美丽乡愁呢?于是我向社区两委会建议,拍摄下村庄改造前的面貌和各家各户房屋的情况,以及改造过程的阶段性照片与改造完成后的终极影像。这样,既能为总结美丽乡村建设经验积累原始素材,又能为审视美丽乡村建设效果提供直观对比。社区两委会接受了我的建议之后,我主动承担起这项任务,无数次走访村庄,用一台小小的相机,拍摄了几千张珍贵的照片。三个月的工程建设期,我每天都要到村子里转上几圈,看看工程进度。村民们赞许地说:"别的姑娘都干干净净地坐在办公室里头,可咱们的小赵像个男孩子一样,每天灰头土脸地'泡'在工地上,又能搬东西、又能写材料,这样的大学生村官真不错!"

美丽乡村顺利开村后,我负责旅游管理工作。村里很多经营户原来都是种地的农民,文化水平不高,不大懂旅游经营。于是,我就主动担起为各家各户出谋划策的责任,从"包装"店名到设计菜谱,尽力帮助他们根据自家特点打造经营特色。在我的精心策划下,一个个独具特色的店招牌很快"出炉":有结合环境特点的"荷塘人家""桃源人家""归园田居",也有结合历史典故的"宋军寨""兵马营"。除此之外,我还定期召集各家的小老板互相交流,共同商讨经营发展之道,同时对接商务局、旅游局等相关部门,为经营户提供经营培训、厨艺培训、礼仪培训等,以期通过提高他们的服务技能来增强他们的致富能力。

周村社区美丽乡村建设的成功经验吸引了大批前来观摩学习的人,我便成了世凹桃源的"代言人"。面对全国各地前来学习和取经的领导和同事,我从村子的历史渊源,讲到改造建设情况,再讲到经营发展的前景,如数家珍一般。我意识到,自己并没有远离梦中的教育事业,我又真真地站在了讲台上。只不过我的讲台不是三尺的方寸之地,而是53.3公顷的美丽乡村世凹桃源;我的教材不是苏教版、人教版或部编本,而是植根于周村社区美丽乡村建设经验的世凹桃源版。为了能更全面、细致地向前来观摩学习的人介绍我们的美丽乡村,我还利用业余时间,找来与本土文化相关的各种资料认真学习,譬如牛首山的历史文化、佛教文化、岳飞抗金文化、郑和航海文化、地方民俗文化等。前来世凹桃源参观学习的领导、同行听了我的讲解后,都会竖起大拇指,夸赞从中受益匪浅。我知道,这褒奖是对我的激励。我成了美丽乡村建设中的教育者,我骄傲!

做基层党建工作中的创新者

刚刚接手社区党务工作时,我也曾有过无处下手的困惑。因为农村工作的复杂性远远超乎我的想象,和我在书本上受到的教育完全不是一回事。片刻犹豫之后,我暗下决心,迎难而上,在学习中实践,在实践中反思,在反思中成长。

我发现,周村社区的党员年龄跨度大,学历偏低,年轻党员外出务工,老年党员腿脚不好,从总体上看,党员参加组织活动的积极性不高。于是,我以分类管理作为突破口,创新党组织学习方法。针对外出务工的年轻党员,我组建了微信群,定期推送党建知识链接,使党性、党纪、党风教育一直处于"在线"状态;针对腿脚不好的老年党员,我不定期开展上门送学活动,给他们送去"两学一做"知识手册、党章读本、十九大报告等书籍,使党性、党纪、党风教育一直处于"在场"状态。每周六是社区的党员"固定学习日",我组织开展了多场学习活动,通过观看教育片、书记上党课、知识自测、交流讨论等多种形式,提高党员素质。我还主动承担了党课教员的任务,以一名青年党务工作者的身份,和党员同志分享新时代年轻人对党的忠诚。

在周村社区,我不仅完善了"有困难找党员"的服务体系,还积极对接包括高校社团在内的各类社会组织、社会团体,定期开展志愿服务活动,为居民提供各类公益服务。譬如,每月至少开展一次健康义诊、健康咨询或健康知识讲座,分片区为老年人上门送医,送上贴心的医疗保健服务;积极开展各类节庆活动,新春联欢会、端午同乐会、母亲节手工花制作、六一儿童手工制作……结合节庆活动的开展,以趣味学习的形式为居民提供教育服务。

2018年,我以学习十九大精神及庆祝建党97周年等活动为契机,组织党员集中观看了电影《厉害了,我的国》,开展了向党的97岁生日献礼、"讲句话儿给党听"以及"我与党旗合个影"等特色党建活动,取得了良好的反响。社区的一名老党员说:"入党这么多年,我还是头一次单独跟党旗合影,这个活动太有特色,太有意义了,这张照片我要好好保存。"

通过大家的不懈努力,周村社区的党组织凝聚力和战斗力不断提升,社区党总支因工作创新、业绩突出,被升格为社区党委,党组织的各项工作均走在谷里街道的前列。我所在的世凹桃源党支部还被评为"南京市先进基层党组织",我也被提升为党务副书记。我成了基层党建工作中的创新者,我自豪!

做社区教育工作中的服务者

农村教育工作,以前一直依靠学校和家庭来共同完成。在开展各类党群妇团工作时,我发现,这种单一的教育模式已经满足不了人民群众日益增长的文化知识需求,社区教育亟待开拓新的方式。经过前期观察、探讨和思考,根据社区的社会组织资源,我在原来志愿者活动的基础上,启动了"微课堂"项目。之所以称为"微课堂",就是为了区别于传统学校里面的正规课堂,在学习内容上并不局限于知识学习,手工制作、书法绘画、插花剪纸……凡是居民、青少年感兴趣的,皆可纳入课程;在学习地点上也不限定场地,教室里、村子里、居民家里……社区现有的场地及空间,皆可成为课堂。

考虑到周村社区文化底蕴较为深厚,本地诗词书画能人较多,为了弘扬传统文化,我牵头组建了周村社区桃源诗社,编辑诗集《桃源志》,共收录诗词作品160余篇,书画作品20余幅,推动了周村社区诗教工作的开展。此外,我还自学编辑,制作了社区简报《载水之周》,整合各条口信息,向居民展现社区工作风采,每季度印发一期。"载水之周"的"周"指周村社区,"周"谐音"舟",寓意取自《荀子·哀公》"民为水,君为舟,水能载舟亦能覆舟"。之所以用"载水之周"命名社区简报,就是意在时刻提醒自己:人民群众是创造历史的主人,也是我们服务的对象,全心全意为人民服务是我们的工作宗旨,让人民过上幸福生活就是我们的奋斗目标。

社区教育形式的不断创新,为圆我老师梦打造了另一个用武之地。连续2年开办的暑期夏令营,让我重新回到课堂,成为社区孩子们眼中、口中、心中的"赵老师"。我带着孩子们阅读、绘画、做手工,学习环保知识、家风故事、民俗文化,辅导孩子们写作业、帮助他们借阅图书,看着围绕在我身边的一张张纯真的笑脸,一项项完成的作业,我尝到了教师这个岗位带来的喜悦。家长们说:"村里有了赵老师,我们都不用让孩子出去参加课外辅导班了,赵老师什么都会!"我觉得,这是对我莫大的肯定,也是我继续为孩子们服务的动力。我成了社区教育工作的服务者,我荣耀!

担任大学生村官的7年,是我历练成长的7年。一路走来,酸甜苦辣:我难忘刚到村里时语言上的沟通不畅,难忘美丽乡村建设时的灰头土脸,难忘彻夜扫雪时冻红的双手,难忘慰问困难家庭时看到的感激的笑容,难忘社区课堂上传来的阵阵欢笑……然而,最令我难忘的还是社区居民的肯定、理解和支持,它将成为鞭策我继续前行的动力。

【工作感言】

作为一名新时代的大学生村官,作为一名晓庄人,我始终奉行陶行知先生"捧着一颗心来,不带半根草去"的奉献精神。我认为,践行晓庄"教学做合一"的校训,就要拿出实干精神,从实际出发,脚踏实地,实事求是,用勤劳的汗水浇灌梦想的果实。我将继续行走在乡村振兴的康庄大道上,用实干精神谱写新时代的华章。

我的教育生活：朴素而美好

王国东

【校友名片】

王国东，2011毕业于南京晓庄学院小学教育专业（数学方向），现任南京市建邺区南师附中新城小学数学教师。

工作以来，开设省、市、区级公开课、讲座十余次；获建邺区"新星杯""基本功竞赛"一等奖；曾获"建邺区优秀教育工作者""建邺区优秀青年教师"等称号；多篇教育教学论文发表于《文化学刊》《教育观察》等杂志。

2011年，我从南京晓庄学院教育科学学院毕业。毕业前刘娟娟老师与我畅谈职业生涯规划的谆谆话语，至今时常在耳畔回响。转眼间七年过去了，我已经从一个青涩、稚嫩的晓庄学子，变身为南师附中新城小学的青年骨干教师。追忆过往，行知先生的名言"捧着一颗心来，不带半根草去""千教万教，教人求真；千学万学，学做真人""活的人才教育不是灌输知识，而是将开发文化宝库的钥匙，尽我们知道的交给学生"一直激励着我恪尽教师职守，努力教书育人。我的教育生活，朴素而美好。

热爱教育，倾心关爱全体学生

作为一名青年教师，在学校的教育教学工作中，我总是乐于承担各种任务，并不折不扣地完成。我深知，热爱教育不仅仅要做到这些，更要全面关心每一个孩子的健康成长，尤其是那些学习基础薄弱、学习习惯不好的学困生。每次接手一个新的班级，遇到一些特殊的孩子，我都会尽力给予更多的关照。

林林是一位性格趋于沉静与内向的孩子,父母因感情问题分开了,他就一直和爷爷奶奶生活在一起。两位老人年事已高,除了在生活上能给予林林一定的照料之外,对于孩子的教育问题则是心有余而力不足。我 2016 年接手六(3)班之初,林林数学学科的检测成绩已在及格线徘徊,甚至出现不及格的情况,家庭作业的质量也是每况愈下。经过向班主任老师了解孩子的家庭状况之后,我主动联系到林林的母亲。实际上,对于林林耽于学习,他的妈妈也是早有耳闻,只不过因为已经组建了新的家庭,根本无暇顾及林林;林林的爸爸日常忙于工作,和孩子相处的时间很少,也缺少对林林的管教;随着年岁渐长,林林在许多事情上也不再受爷爷奶奶的管束,基本处于放任自流的状态,学习上自然也就松懈了下来。了解到林林的基本情况之后,我决定对这个特殊的孩子予以更多的关注。我知道,林林其实是一个聪慧的孩子,只不过缺少来自长辈的关爱。因此,我在关心林林学业成绩进退的同时,更关心他的身心健康。课间,我经常和他交流,排解他生活上的种种疑虑;下班后,我利用休息时间帮他补课,弥补他数学知识上的缺口,尽力让他缩小与其他同学之间的差距。一次次的谈话,一天天的补课,终究赢得了回报:期末,他的数学成绩在原有基础上获得了较大幅度的提升,其他学科的学习成绩也都有了一定的起色,人也比以往开朗了很多。第二学期,他还获评班级的"优秀少先队员"。对于我来说,看到自己的学生进步了,是非常欣慰的一件事情。

我耐心、细致的工作,得到了学生、家长、同事、领导的认可。近 5 年来,我年度考核 2 次被评定为优秀等级,2016 年还被评为"建邺区优秀教育工作者"。

坚守讲台,精心打造灵动课堂

2014 年,我有幸被建邺区特级教师王凌、张勇成纳入特级教师工作室,作为成员之一,我在吸收、借鉴"数学核心知识教学"教学主张的基础上,积极践行"以人为本"的教育理念,初步形成了"基于学情的二度教学设计"的教学主张,并进行了为期三年的教学研究。

所谓"二度设计",就是在课前充分预设的基础上,面对课堂教学中有别于预设的生成时,及时调整原先的教学目标、教学方法、教学内容、活动方案,在头脑中即刻进行并付诸实施的一种"无纸化"教学设计。它在关注教材的同时更多地关注学生,充分利用课堂动态生成的可贵资源,有理、有节、有效地调控课堂节奏,妥善应对突发情况。例如,在教学《运算律》单元"乘法分配律"后的练习课上,我原先准备以教材中相关练习为载体,通过各种变式练习巩固乘法分配律,并适当将"两个数的和"拓展到"几个数的和"与"几个数的差"。可实际教学时,课刚进行到一半,有一个爱提问题的学生就大胆质疑:"老师,有除法分配律吗?"面对学生的疑问,我先是一愣:这在教材上没有明确说明,但实际应用中会涉及,而且比较烦琐。是改变预设,还是避之不谈?瞬间思考之后,我迅速做出抉择,把问题推给学生:"'除法分配律'?是个不错的想法,让我们一起想一想,你心中的'除法分配律'是什么样的?"学生们的积极性空前高涨,各显神通,自主探索一番后,有的同学举例验证,有的同学模仿着"乘法分配律"这一范式述说心中的"除法分配律"……这节课上,我没有囿于课前"有形化"的教学设计,而是在面对学生的质疑后,大胆地改变预设,以满足他们探究的兴趣。虽然后面还有几个练习没来得及做,甚至连我预设中自以为比较得意地将"乘法分配律"中"两个数的和"拓展到"几个数的和"与"几个数的差"这一环节根本都没能展示,但我认为,顺应学生的生成,及时展开对除法分配律的探究,同样也能深化他们对乘法分配律的理解,比盲目做几道题的收获要大得多,教师又何乐而不为呢?

行知先生曾说过:"与其把学生当作天津鸭儿填入一些零碎知识,不如给他们几把钥匙,使他们可以自动地去开发文化金库和宇宙之宝藏。"因此,在课堂上,我坚持"让教学站在学生那边"的教育信条,让学生的灵性和智慧在课堂上流淌,使课堂教学演绎真实的精彩,并逐步彰显出朴实、扎实、灵动的教学风格。在我任教的班级里,学生数学学习兴趣浓厚,喜欢独立思考、自主探究,善于合作交流。近几年,我指导的王睿、许阳等10多名学生在南京市小学生"数学与生活"竞赛中荣获了一、二等奖,刘子沐、何牧等同学的数学小论文先后发表于《小学生数学报》《时代学习报》等期刊。

随着教学技艺的日趋成熟,公开教学的机会也接踵而至。近几年,我多次面向江苏省、南京市和建邺区执教示范课、观摩课,均得到了较高的评价。2014年4月,我精心设计的"用字母表示数"作为南京市教学研究室示范课获得与会专家和教师的一致好评。2015年10月,在"宁苏锡常"四城区的会课活动中,我作为南京市建邺区数学教师的唯一代表,展示了"用字母表示数"一课,获得了当届比赛的一等奖第一名,教学实录及反思全文发表在《小学数学教育》上。同年,在南京晓庄学院教师研修学院承办的国培活动中,我执教的"公因数与最大公因数"一课,充分凸显了学生学习的主体地位,受到了青海省与会专家和老师的一致赞扬。

此外,在各类教师学科竞赛中,我也取得了不俗的成绩,在建邺区数学青年教师的"新星杯"以及基本功竞赛当中,我都获得了一等奖。工作至今,我先后被评为"建邺区教坛新秀""建邺区优秀青年教师"。每当我的同事们称赞我们晓庄毕业的教师基本功之扎实,我总会回想起教科院给我们小学教育专业精心编制的课程,这无疑是我们晓庄学子最引以为傲的资本。

另辟蹊径,数学教师的美育之路

陶行知先生说:"想有好学的学生,须有好学的先生。"这个教育信条一直敦促我不断在学术上寻求进步。我经常利用周末和寒暑假时间自学教育教学知识,并于2013年参加了南京师范大学研究生招生考试,幸运地被录取为教育科学学院美育学专业的全日制定向硕士研究生。

现在回想起来,我作为一位青年数学教师能踏上审美教育之路,源头可回溯到陶行知先生那里。出于对审美教育的兴趣,早在晓庄求学期间,我就细读了陶行知先生的美育理论。先生认为,教育事业本身就是美的事业,教育"应该是健康、科学、艺术、劳动与民主组成之和谐的生活"。我认为,"真善美合一""知情意合一""教学做合一",对当下的美育理论和实践都具有重要的指导意义,特别是对那些致力于美育事业的众多教育工作者来讲,陶先生的美育思想更是犹如瑰宝。作为一位热衷于审美教育的数学教师,工作之余,我给我的学生们开设了丰富多彩的审美教育课程,令我意想不到的是,我的审美教育"副业"一直得到家长和学校领导的鼎力支持,学生的审美综合素养在为期三年的行动研究中获得了巨大的提升。在我和同学们一起徜徉于音乐、绘画的日子里,作为艺术、审美教育的研究者,我是非常幸福的。

熙熙的爸爸是一名设计师,艺术设计专业毕业,对审美、艺术抱有相当的热情。熙熙曾在我给他们开设的审美教育课上和同学们分享了她最喜欢的画家莫奈,那是她和爸爸两个人齐心合力的劳动成果——将我赠送的那个装有莫奈作品的明信片盒里整整30张明信片,一一著上作品名称、年代和收藏的博物馆。熙熙爸爸告诉我,虽然他是学艺术出身的,但女儿一直以来对艺术并不热衷。这样的尝试即使不一定能让女儿从此热爱艺术,但是作为父亲,能和女儿一起完成追星莫奈的过程,无疑是很有意义的。每次学校的审美艺术课程结束之后,只要有时间,熙熙爸爸都会和女儿一起阅读我给孩子们准备的绘画、音乐方面的图书,交流各自的看法。熙熙甚至打趣地跟我说:"王老师,我爸爸看这些书的时间比我还多呢。"当一个纯真的小姑娘告诉我,她和自己的爸爸每天都会聊一聊各自心目中的莫奈和梵高,我内心的感动与激动真是无以言表:"世界上还有什么比这更美好吗?艺术教育,就是爱的教育。"

功夫不负有心人。通过三年的审美艺术教育的研究,我完成了硕士论文《面向青少年的西方古典音乐教育研究》,该论文在盲审阶段便获得一位美育教授的高度评价:"能将行知美育精神运用于教学实践,具有重大的现实意义。"这样的评价对我而言,既是鼓舞,更是鞭策。2016年5月,我顺利地通过了南京师范大学美育学专业的硕士论文答辩,取得了美育学专业的硕士学位,我的学位论文也被提名为南京师范大学优秀硕士论文。

秉承着晓庄人的教育情怀,我学而不厌,诲人不倦,也取得了一些成绩;传承着伟人的行知精神,我仍将踏实地走在教书育人的道路上,继续过一种朴素而美好的教育生活。

【从教感言】

> 学高为师,身正为范。在晓庄校园行知先生高大的雕像之下,我们曾借此感慨先生的崇高人格。如今,我真切地体会到这八个大字所承载的巨大分量。愿自己保全这份初心,在教书育人之路上继续坚定地走下去。

相遇在教育的晴空下

李喆慧

【校友名片】

李喆慧,2011年6月毕业于南京晓庄学院小学教育专业(英语方向),现任南京市金陵中学河西分校小学部英语教师、英语备课组长,中共党员。

连续三年获校青年教师课堂教学评比一等奖,获校微课设计大赛一等奖,获金陵中学河西分校"教学质量奖";指导学生获建邺区小学英语短剧比赛一等奖,获建邺区小学英语"创新杯"比赛二等奖;曾获得建邺区第三届"教坛新秀"称号,被评为金陵中学优秀共产党员。

我有一个习惯,每当学年结束,都要把电脑里一学年的文件夹归类整理一番,以对过去的一年进行一个总结,为即将来临的新学年规划新的空间。看着一个个标注着年份的文件夹,猛然惊觉,自己走上教师岗位竟已七个年头了。对于自己的职业,我很庆幸,没有人们常说的"七年之痒",反而愈加热爱。回首七年,感触很多,其间我专业成长的每一个阶段,我与孩子们相处的每一件往事,至今依然历历在目。

无惧挑战:在"失利"后越战越勇

2011年6月,我从母校南京晓庄学院毕业,怀着满腔激情,踏进了南京市金陵中学河西分校小学部的大门,渴望将自己四年所学一一付诸实践。

第一年,我任教2个一年级班,1个四年级班。原本以为自己经验不足,会有各种措手不及，可当我走进教室，看到一张张稚嫩的小脸时，教师的使命感油然而生。很快，我就适应了学校的工作节奏：设计有趣的课堂游戏，制作丰富的教学道具……我在晓庄习得的各种教学技能得以施展，我也因此乐此不疲。

在工作的第三个月，我接受了执教后的第一个大挑战——接受区视导听课，那是我第一次真切地感受到来自教师考核的压力。视导通知是在听课前一天才接到的，最担心的教研员听课不偏不倚落在我的头上，课只有一个晚上的准备时间，颇有赶鸭子上架的味道。我选择了一节四年级英语课"On the farm"，不断地完善教学环节设计，熟悉教学流程，第一次熬夜备课到凌晨。第二天上午，我紧张至极却又假装镇定地走上了讲台。四十分钟时间似乎过得很快，本节课的教学任务也基本完成了。课后，我十分忐忑地去向教研员孙老师请教。孙老师态度十分和蔼，她首先肯定了我的教学基本功，接着一针见血地指出我对教学目标把握上存在的欠缺，还对我的教学设计进行了详细的分析指导。虽然那一次教学考核没有拿到"A"，但我认为自己是幸运的，工作初始便能得到专家的指点，无疑会助推我的专业发展。同时也让我更清醒地认识到，成功只会留给有准备的人。此后，我开始更加注重对平时课堂教学的反思，及时总结教学中的得与失，在培养孩子学习兴趣的同时，更关注课堂教学的实效性，而不再只顾"搭花架子"，一味追求课堂的"热闹"。

第一次不算成功的考核，激起了我不断改进教学的斗志。我暗下决心，每学期开设一节公开课，积极参加各类比赛，抓住一切提升自我的机会。点点滴滴的积累，让我更加了解自己，更加坚定自己的教育事业。我连续三年获得学校青年教师课堂教学评比一等奖，微课设计大赛一等奖，金陵中学河西分校"教学质量奖"。

勇挑重担：让集体力量绽放更多精彩

2013年8月，我步入工作的第三个年头。开学前夕，我接到了学校的通知，让我担任三年级英语备课组组长。"毕竟自己还是一名刚入职两年的新老师，突然要带领一个备课组，如何胜任？"我对自己充满了怀疑。教研组长很快发现了我的不安与慌张，她不断地鼓励我、指导我，逐渐帮助我走出自己给自己设下的"围栏"。

备课组工作的重中之重自然是教学。以前，我只管接领任务、认真执行就好，而现在我却要谋划整个年级的英语教学，把握着"指挥权"，压力之大可想而知。这就需要我凡事想在前、做在前，于是我提前钻研教材，提前拟定计划，提前分配工作，过去因为拖延而时常措手不及的我竟也慢慢地变得从容起来。

除了日常的教学工作外，学校还常年开展各种英语特色活动。复活节、感恩节、万圣节等西方节日,尤其是一年一度的英语节,每一次本年级英语活动的方案都要由我来确定,且从活动策划、海报设计,到教室布置、课件制作,每个环节都要考虑周全。在我的带领下,全组老师都能积极投入到每一次活动之中,大家主动承担任务,有利用课间、午休等时间指导孩子表演的,有负责 PPT 制作及调控的,有负责互动环节的,有负责维护秩序的……正是在大家的通力合作下,我们的每一次活动都取得了很好的反响,孩子们的学习热情也更加高涨。

我很感激我的团队,在一次次完成任务的过程中,大家齐心协力、共创佳绩,我们备课组也多次被评为优秀备课组。荣誉称号不仅强化了我的责任感,也让我体会到团队的凝聚力是前进路上不可或缺的保障。

变身"师父":教学相长不停步

2016 年 9 月,我在学校实施的"青蓝工程"中,被聘为刚入职的小陈老师的指导老师。其实从自己入职以来,我一直把自己当作一名学习者,把身边的每一位同事都当作自己学习的榜样,突然从"徒弟"变身为"师父",实在有点让我诚惶诚恐。

尽管心中有不少压力,但我还是努力尽到"师父"的职责。我对自己的教学提出了更高的要求,对每节课的教学设计更用心了。我坦诚邀请小陈老师随时到自己的课堂来听课,并尽量把最好的方面展示给她,做好示范。当然,我也不可能保证每节课都上得十分完美,于是,我也会热情地鼓励小陈老师对自己的课提出想法和建议,共同商讨如何优化课堂教学。与此同时,我也定期去听小陈老师的课,认真做好听课记录,及时向她反馈课堂中需要改进之处,为她提出解决问题的办法。在互相听课中,我们总能从对方身上学习到闪光点,并努力运用到自己的课堂教学之中,不断地反省和改进。

第二学期临近期末,小陈老师要上职初汇报课了,作为师父的我比她还紧张,我和她一起商量选课题,督促她尽快写初案,抽空去听她的课,陪她磨课。在和小陈老师磨课的过程中,我多次神思恍惚,记忆穿越回做徒弟时师父如何尽心尽力帮助自己的场景。我想,这大概就是一种传承吧。我始终坚信教学相长,正是"师父"这一角色,让我更加迫切地意识到提升自身业务能力的重要性,在毫无保留地施予他人的同时,我亦获得了自我发展与自我提升。

幸福花开：我与孩子们共成长

很多人对教师工作的第一印象是，当老师多好啊，天天和孩子在一起，快快乐乐的，心态年轻着呢。至少在读师范之前，我也是这么认为的。其实真的走上教师这个岗位后，才知道和孩子们在一起，酸甜苦辣各种滋味都会尝到。在我看来，教师是一个"糖分"很高的职业，"甜"是五味杂陈中最值得回味的，因为孩子们总会给自己带来太多的惊喜和感动，也更加坚定了自己当好教师的信念。

Cathy 是班里一名个子小小的女生，性格内向，不爱说话，基础薄弱，学习上稍稍有些吃力。由于严重缺乏自信，这个孩子甚至在课堂回答问题时都不敢抬头，生怕答错被同学笑话，这些都被我看在眼里。"怎么样才能帮助这个孩子找回自信呢？"我一边仔细观察，一边认真思考。我发现，Cathy 虽然在学习上稍显落后，但是在运动和绘画方面却显现出了极高的天赋。于是，我借口不会双摇跳绳，请 Cathy 教我双摇跳绳。看得出来，Cathy 对我的请求感到意外极了，不过她还是低着头应承了下来。那段时间，大家总是能看到教室外我俩跳绳的身影。我还时不时地请 Cathy 帮助自己绘制教具，并让全班孩子都知道，这精美的教具都出自 Cathy 的手。

一天英语课上，主题是"my friends"，我请孩子们描述了各自的朋友后，神秘地告诉大家："我的好朋友就在班级里"。我还给出了一些提示，说明了我朋友的爱好及擅长的事，当然，这些线索都是指向 Cathy 的。全班同学很轻松地猜到了答案，而 Cathy 也露出了动人的笑容。渐渐地，Cathy 主动找我的次数多了，她在班级的小伙伴也多起来了，她的笑容也越发灿烂了。感恩节那天，我收到了 Cathy 亲手制作的贺卡：Thank you, my dearest friend!

Cathy 是我的第一届学生，他们小学阶段的六年，正是我毕业后从教的第一个六年。孩子们习惯喊我的英文名 Phoebe，有时候学了新词，也喜欢稍加改造一下，如"lemon Phoebe sweets"；布置小组画关于万圣节的思维导图，小 Z 自己另画一个"my English teacher"，满是对我的赞美之词；小 W 参加英语竞赛获得了省赛一等奖，第一时间把喜讯分享给我；小 Y 性格内向、不善言谈，却在班会课上主动发言，说自己的理想是做一名像我一样的英语老师；班级因水痘爆发停课两周，每天都有孩子打电话或留言给我说想回来上英语课⋯⋯当 2011 届毕业的大学生遇到 2011 级入学的小学生，竟能擦出如此美丽的火花，真的是我始料未及的。每每想起有幸陪伴他们共同度过的小学时光，心中总会泛起阵阵涟漪。

陶行知先生曾经说过："教育是心心相印的活动,唯独从心里发出来,才能到达心灵的深处。"我始终认为,自己是孩子们的老师,孩子们也是自己的老师,他们教会了自己平等,教会了自己宽容,教会了自己陪伴……正是因为我们相遇在教育的晴空下,彼此心心相印,才成就了我们共同的成长。

【从教感言】

晓庄四年,我汲取着教育教学方面的知识;工作七年,我践行着母校的校训"教学做合一"。我从不畏惧挑战,我喜爱在挑战中不断完善自我,创造无限的可能。我愿意将自己的青春奋斗于自己喜欢的人与事上,用爱与我的孩子们共筑美好的童话城堡。

守望初心　追梦教育

朱锦涛

【校友名片】

朱锦涛，2012年6月毕业于南京晓庄学院学校小学教育专业（语文方向），现任江苏省南京市江宁区东山小学语文教师，校长办公室主任，中共党员。

曾获江苏省"杏坛杯"青年教师课堂教学展评一等奖，南京市优质课评比一等奖，江宁区课堂教学竞赛一等奖，江宁区小学语文基本功竞赛一等奖，江苏省"师陶杯"论文评比一等奖，江苏省"教海探航"论文评比二等奖，在省级以上刊物发表十余篇教学论文。先后获江宁区教坛新秀、江宁区教科研带头人、江宁区小学语文学科带头人等称号。

与教育结缘，应该是从2008年走进南京晓庄学院的那一天算起，转眼已是十年。十年来，我从一个懵懂稚嫩的青年，逐渐成长为一名区级骨干教师，始终忘不了的是，晓庄校园陶行知先生塑像的伟岸身影和那一句句被无数教师奉为圭臬的教育箴言。"千教万教教人求真"，这既是行知先生对后辈的谆谆教诲，也是我作为一名晓庄学子的教育初心。

立足课堂，锻铸技能

记得在校读书时，学校为我们开设了一系列专业课程，每学期都安排一次见习或实习活动，这让当时尚未踏上工作岗位的我对小学教育教学工作有了初步的认知和体验。每当看到三尺讲台上的老师们驾轻就熟的状态和妙语连珠的口才，我都羡慕不已,甚至天真地认为,接受过本科四年系统教育之后的自己也能像那些工作多年的教师们一样在讲台上"指点江山"。然而,事实无情地"毁灭"了我的天真,开学第一课"惨败"的情形至今深深印刻在我的脑海里——

刚踏上工作岗位,我被安排教五年级。为了在开学第一课上"一鸣惊人",我真的是"蛮拼的":精心设计教案,反复打磨推敲,把教学流程熟背于心……原以为"万事俱备,只欠东风",可当真正站到讲台上与学生对话交流时,我才发现自己错得离谱——学生们的回答,总是让我措手不及,预想中的精彩生成变成了尴尬的自说自演,事先预设好的教学环节变得杂乱无章,以至于黑板上该写的板书都抛诸脑后……

"首战失利"让我认识到,课堂教学是一个技术活,理论固然重要,但扎根课堂、在实践中提升更重要。技艺的磨炼如同儿时的蹒跚学步——跌倒了,爬起来,再跌倒,再爬起来……只有经历这样的过程,新手教师才能慢慢走向成熟。从失败中惊醒后的我不再止于"纸上谈兵",而是忙于实战练兵:为了找到上课的感觉,我在网络上搜集大量优质课视频和教学实录,看名师们是怎样设计教学、驾驭课堂的,看到精彩处就一遍又一遍地重播,细细琢磨;为了能把板书写好,我每天晚上走进教室,苦练粉笔字,常常要写满一整块黑板;为了能从容应对课堂生成,我独自一人在教室想象着课堂情境进行"预演",把自己的话录下来反复听,斟酌每一个字句,以便让学生在课堂上听清楚、听明白。

2013年初,南京市教研员到东山小学听课指导,我幸运地得到了一次公开课展示的机会。为了能够上好这节课,我在年级内的平行班多次试讲。每天在完成日常的备课、上课、批作业等任务后,我就继续思考公开课的教学设计,邀请同事前来听课指导,晚上再对教学设计进行修改和调整。一次又一次的磨课,不但没有消磨掉我的意志,反而让我更加坚信:只有磨课才能更加接近教学的真谛。在同事的帮助与支持下,我不断地钻研文本——由薄到厚,不断地淬炼课堂——由繁到简,最终上出了一节深得好评的优质课。

此后,我坚持把校内的每一次公开课、每一次竞赛都当作提升自我的平台。在一次又一次的历练中,我也收获了一步步的成长:2013年暑期,我和两位同事参加全国NOC团队教研竞赛荣获特等奖。在短短的六年工作时间里,我先后获得了江宁区"春华杯"赛课一等奖,江苏省"杏坛杯"青年教师课堂教学展评一等奖,南京市优质课评比一等奖。

扎根研究，幸福成长

2012年9月1日清晨，我作为一名新教师满怀着对未来的期冀步入东山小学的大门。路过操场时，我遇到了时任校长蔡小平。蔡校长勉励我："每年新分配进来的老师在区里的招聘考试中都是名列前茅的，但学校里还有许多非常优秀的老师，值得青年教师学习。你要好好努力啊！"校长的这句话我一直记在心里。我深知：蔡校长所说的"努力"，就是要让自己成长为一名优秀的教师，不负师长的期望，不负家长的信任，也不负自己对这份职业的期许。

一次偶然的机会，我从同事的口中得知，南京市小语界有一个属于自己的虚拟网络园地——大家语文网，许多优秀的老师都坚持在上面写自己的教学博客，记录自己的教育生活。为了能够更好地开阔自己的眼界，结识更多的优秀教师同行，我便开始尝试走进"大家语文"这个南京小语人的大家园。

闲下来的时候，我经常浏览"大家语文"上的博客，渐渐地也开始尝试写自己的博文。有时候写的是阅读一篇文章的所思所想，有时候写的是与学生之间发生的小故事，有时候写的是上完一节课之后的反思……总之，有话则长，无话则短。

我清楚地记得，我的教学随笔第一次在"大家语文"上被设置成精华日志的情形。促使我写成这篇随笔的原因是，我对如何教清代诗人王士禛的题画诗《题秋江独钓图》思路的转换。备课时，面对这首很有意思的诗，我的想法突然有些"不安分"起来：既然是练习，是不是可以教得更开放、更自由些？想到这些，我便把手头的教学参考用书放在一边，重新开始设计自己的教学思路。课堂上，在我的开放性话题的引领下，学生们自主大胆地找依据，谈观点。一节课少了教师的讲解，却多了学生的思考，少了预设的束缚，却多了生成的精彩。我利用课余和晚上的时间认真研读《语文课程标准》，及时地把设计初稿和实际教学情况进行了比较和反思，写下了这篇教学随笔并发表在"大家语文"博客网上。没想到，一个"无名小卒"的拙作在博客圈中收获了许多同行的肯定。有了这样的良好开端，我对在教育教学中坚持反思实践、撰写随笔更有信心了。每到夜深人静的时候，我就在灯下琢磨语文课堂，在字里行间思索教育生活，把思考和心绪诉诸笔端，在文字的河流里独享心灵的充实与幸福。

从把一节课上完，到把一节课上好，再到让学生们在一节课上学好，我在实践反思中收获了教学的智慧，也生发出更高的追求。越来越多的问题出现在了我的脑海里——一节好课的标准怎样落实？小组合作的课堂模式怎样操作才能行之有效？语文的"真味"究竟在哪里？于是，在那一个个幽草虫鸣、雪落无声的夜里，我翻开了《宁静的革命》，翻开了《教学机智》，翻开了《让语文安静》……那些充满灵性与智慧的书为我的语文教学打开了一扇通往远方的门。阅读让我从困惑中寻得了出路，也让我体味到且行且思的快乐与幸福。在实践中积极思考，把思考落实到实践，我的学科研究素养也随之得到了较大的提升，先后获得了江苏省"师陶杯"论文评比一等奖，"教海探航"论文评比二等奖，多篇论文在省级核心刊物上发表。我也先后被评为"江宁区教坛新秀""江宁区教科研带头人""江宁区语文学科带头人"。

呵护天性，陪伴成长

在我看来，教育是一项"播种"的事业，它不仅仅播种知识，还要播种灵魂；每一个孩子都是一颗独特的种子，应当让他们在适合自己的土壤中自由地呼吸，自然地生长，获得鲜活的生命力量。

在我所教的班级里，有一个名叫飞扬的特殊男孩，他虽长相清秀，却有一点智力障碍。这个"奇怪男孩"，正是需要我给予更多关爱的学生。飞扬常常沉默不言，偶尔也会在课堂上闹出点动静，逗得全班同学哄堂大笑。很多老师谈到飞扬时都会无奈地摇摇头，而我却总是尽量给他最大的鼓励和更多的等待。阅读课上，我愿意多花费一点时间，让飞扬获得站上讲台、表达阅读感受的机会，哪怕他只能兴奋而又局促地说上两句话；布置作业时，我也会特意找到飞扬，给他"私人订制"合适的作业，以便帮助他树立学习的信心。在我的引导和帮助下，飞扬变得不再沉默，在学习上也越来越主动，尽管他的表现仍不尽如人意，但他再也不是同学和老师眼中的"奇怪男孩"了。

像飞扬这样的孩子，我遇到过不止一个，他们在我的心目中，都是独特的生命个体，都值得我倾心去关爱。我愿意花更多的精力去关注那些平时不爱说话的孩子，花更多的时间去等待那些平时思考较慢、表达不畅的孩子，力争让每一个学生都能通过自己的努力获得进步与成长。

2017年，我偶然间在网络上看到了一个名为"萤火之乐"的助学成长营活动，旨在关注留守儿童，在暑期里给予他们力所能及的指导和帮助。看着照片上孩子们天真质朴的眼神，我心动了，原来在江宁这样的经济强区，仍然有一部分孩子因为家庭条件或父母工作的原因留守在家，无人陪伴、无人教导。于是，我决定放弃暑期里的出游计划，为留守儿童的成长尽一份绵薄之力。由于"萤火之乐"助学活动是一个自发自筹的项目，从课程设计到课余活动，再到后勤保障，所有的事务都得靠自己去协调、安排,其间的困难可想而知,但我始终保持最佳状态,以最大的热情投入到工作中。"萤火之乐"成长营的各项工作得到了家长们的认可,同时也得到了社会的广泛关注,我在志愿活动中撰写的教育随笔也发表在《江宁教育》上,我们的草根教育行动得到了教育行政部门的认可与赞许。

作为晓庄"陶子",我把陶行知先生的人生格言"捧着一颗心来,不带半根草去"作为自己的座右铭,努力在平凡的岗位上用爱与责任浇筑自己的教育梦。我坚信,终有一天,梦想的种子会开出最美的花。

【从教感言】

工作六年来,收获很多,感触很多,最想说:是晓庄、是陶行知先生给了我前行的勇气和动力,感恩母校。我会用后面的十年、二十年……来实现自己最初的梦想——做一名优秀的人民教师。

教科研,让幸福相随

刘小伟

【校友名片】

刘小伟,2012年6月毕业于南京晓庄学院小学教育专业(语文方向),现任南京市陶行知小学语文教师、教科室主任助理、校《陶子》学生杂志主编,中共党员。

执教市区级公开课、开展讲座交流10余次,开设校际公开课20余节;承担市、区级个人课题2项,参与省、市级课题2项;30余篇论文获评区级以上一等奖,在省级以上刊物发表教学论文3篇;曾获江苏省"教海探航"论文一等奖,江苏省"教海探航"年度新人奖;曾获建邺区"教坛新秀",建邺区优秀教育工作者等称号。

2012年8月,我的小学教师生涯从南京市陶行知小学启航。8月30日的清晨,我作为班主任兼语文教师走进一(1)班教室,看到几十双纯净的眼睛好奇地看着我,不禁在内心产生了一种莫名的紧张。与此同时,我又满怀期待,期待着和他们一起度过美好的每一天。为了帮助这些聪慧、可爱的小天使们快速健康地成长,我一边尽心尽力地做好班主任和教学工作,一边乐此不疲地沉醉在教科研中,先后获得建邺区"教坛新秀"、建邺区优秀教育工作者、江苏省"教海探航"年度新人等多项荣誉称号。"教科研,让幸福相随",是我从教六年来最深刻的体会。

用日志记录幸福

作为班主任,我坚持把教室里每天发生的各种故事记录下来,尝试用班级日志和家长、学生进行交流，没想到此举在家长群里引起了很大的反响。每天阅读我的日志，也已成为我们班学生及家长的一种习惯。在班级日志里，我会结合孩子的具体情况，谈一些我对教育的理解和建议。日子久了，我便和家长们建立起良好的互动关系，我们共同关注孩子的成长，一起朝着一个方向努力。

2014年寒假，是我和孩子共同度过的第二个寒假，新的学期在不知不觉中到来。报到那天，我刚走进教室，孟唐、陈传奇等小朋友就激动地对我说："哇，刘老师来了，刘老师新年好。"孟唐用特有的语速说："刘——老——师，寒假我都想死你了。""我也很想你们啊"，内心顿时被一股暖流包围着。

这天夜里下了一场大雪。第二天上午第二节是语文课时间，我索性把课堂搬到操场上的雪地里，带着孩子们一起打雪仗。看到孩子们玩得尽兴了，衣服上也都落满了雪，于是我就带着他们回到办公室，发现大部分孩子的鞋子全湿了，几个孩子的头发也湿了。我赶紧找出吹风机给他们吹吹。吹干了头发，再吹干袜子。可是鞋子太厚了，短时间又吹不干，外面还在下着大雪，家长们都在上班，怎么办？"既不能让孩子们冻着，又不能麻烦家长们在大雪天赶来送鞋子。"于是，我决定在下课后去超市给他们买棉鞋和袜子。因为从没买过孩子的棉鞋，码数看错了，买回来的大部分都穿不上，我又急急忙忙返回超市去调换。整整折腾了两个来回，终于赶在中午写字课前把鞋都买了回来。写字课上，我给孩子们上课，教信息技术的王老师则帮着挨个给孩子脱袜换鞋。看到孩子们都换上舒适的鞋袜，我长长地舒了一口气，此前担心孩子着凉的心终于放了下来。"老师，你对我们真好。"许嘉艺小朋友由衷地说。

以上所述，就是当天被我写进班级日志的一个故事。每一篇日志的背后，都是满满的幸福。

用童诗唤醒童年

我个人很喜欢诗。刚参加工作那会，我已经有了坚持6年业余创作诗歌的历史，有了个人诗集《笙箫默默伴别离》。一次识字课上孩子们带给我的意外惊喜，让我萌生了"用童诗唤醒童年"的研究兴趣。

那是在上"识字4"这一课的时候，孩子们看了蚂蚁、蝴蝶、螳螂、蟋蟀等图片。"谁能把螳螂的模样描述出来，你看它举着大钳子，在干什么呢？"当我把问题抛给学生后，很快课堂上举起了一只只小手。"老师，我能把它编成一首儿童诗。"白雪婧自告奋勇地说。我立马欣然同意，"好，你试试看。"白雪婧站在座位上，一连说出好几个句子,还真是有点诗歌的味道。接下来,我又让其他举手的孩子陆续跟着编起来。结果,在一节课上,孩子们融合生字词和图片,竟然口头创编了 16 首小诗。这真是让我喜出望外。

"既然孩子们这么喜欢诗,自己也很喜欢创作诗,何不在这上面多做些研究,来培养孩子对生活的感知力和表达力呢?"孩子的心灵是诗性的。童诗教育能够顺应孩子心灵的自然发展,让孩子回归童心、快乐和自由。用童诗唤醒童年,可以提高孩子们对生活的觉知力,让孩子们享受诗性生活,用诗性智慧帮助自己成长,实现自我超越。于是,我决定以教材为基础,进行低年段儿童诗的课程建构与实施探索。我从自然、生活、品德、身心四个方面,开发了"春天是位小姐姐""冬天的歌谣""夏夜里的童年""秋天里的故事""爱是最美的语言""说那过去的故事""成长的变化"七个童诗专题,形成了自己的童诗课程资源和教学策略。我的小学低年段童诗课程的建构与实施,化解了为让学生学诗而纯粹教诗的局面,真正地发挥出童诗的教育功能。孩子们不仅能发现和欣赏童年的美,更能创造童年的美,他们三年时间内创作的童诗累计达到 15 000 字左右。这样的结果是我在尝试之前完全没有想到的。

用研究增强职业幸福感

在我看来,无论是用日志记录幸福,还是用童诗唤醒童年,其实都是一种研究。初为人师的我在这两方面所做的努力,并不是一时兴起,而是得益于本科阶段所受的系统学术训练。在此,我要特别感谢引领我走上研究之路的三位导师。

王宗海老师是我当年的毕业论文导师。在王老师的指导下,我选择了"小学语文阅读教学中新手教师与熟手教师课堂理答比较"作为毕业论文的研究选题。王老师手把手地教我如何确定主题,如何按照顺序开展研究,如何表述研究成果撰写论文。在王老师的指导帮助下,我一边查阅各种资料,在此基础上形成文献综述,一边前往很多小学去做课堂观察,做数据分析,访谈相关教师。我的毕业论文,整整写了一百多页。在撰写毕业论文的过程中,我悟出了很多写作之道。这为我走上工作后做研究、写论文,奠定了良好的基础。

我所在的陶行知小学,在彭小虎校长的引领下,开展了国家课程校本化的探索与研究。彭校渊博的学识,独特的见解,常常给我带来茅塞顿开般的启迪。他居高临下透视问题、自上而下分析问题的思维品质,无形中给了我很大的影响,让我学会了开展研究的逻辑思维方式。在彭校的影响下,我开始关注当下课堂教学存在的问题,并致力于研究改变的路径。记不得有多少个夜晚,在那亮着灯的校长办公室里,彭校一次次和我交流,一遍遍帮我磨课。得知我要在高淳举办的市教研会上汇报"低年段儿童诗课程的建构与实施"研究成果,彭校在下班后主动把我叫到他的办公室,问我准备得怎么样了。当他得知我的汇报材料只是对平时做的工作进行经验总结时,便开导我说:"思考一个问题,或者向别人介绍你的一些研究,要从上而下,由宏观到微观,这样的介绍才有深度,才符合研究的逻辑,才会让你的研究找到更科学的依据。"那天下着绵绵秋雨,彭校和我谈得很晚,我们离校时,天已经黑透了。华灯细雨中嗅着沁人心脾的花香,让我倍感这个夜晚无比美好。

2014年,我有幸参加了建邺区E时代作文教学研习班,区教师发展中心的张蓉老师,成为我坚持在教科研道路上继续前行的另一位重要他人。以前我对不同文体教学到底应该教什么、怎么教总抱有困惑,又经常抱怨学生作文怎么写都写不具体,结果往往是抱怨之后陷入苦恼,苦恼之后又不了了之。是坚持做课题研究,让我少了苦恼和抱怨,多了行动的自觉。四年来,在张老师的指导下,从开始的"与孩子一起写作文"到如今的"互联网+背景下小学生研究性写作课程的开发与实施",我一边坚持做课程资源开发,一边坚持通过研究,帮助学生解决写作中的困难。我撰写的《键盘上的陪伴:我和孩子一起写作文》《"互联网+",推开习作的另一扇门》先后发表在核心期刊《教育研究与评论》上。

实践使我深深地体会到,当老师最大的幸事,莫过于让学生在自己的研究中得到更多的实惠。教科研之路虽然很艰辛,但只要能用自己的研究成果最大限度地去帮助孩子,我会一直坚持努力走下去。

教科研,让幸福与之相随。

【从教感言】

每个孩子都是家庭的希望,为师者,要吃得苦中苦,以研究者的姿态,尽可能科学地做孩子成长的引路人。南京晓庄学院教师院"博雅·童心·母爱·敬业"的院训,至今铭记在心。她一直激励着我努力做一名爱岗敬业、修身立德、关爱学生的教师。

在选择中成长

夏正银

【校友名片】

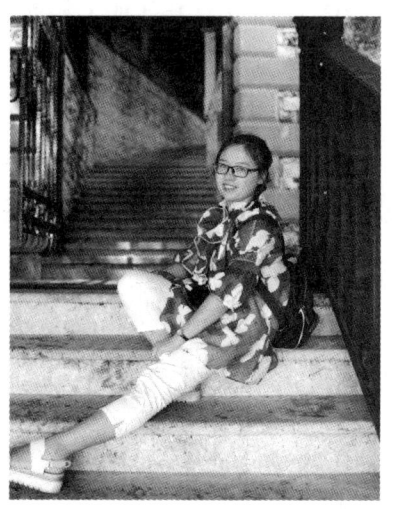

夏正银，2012年毕业于南京晓庄学院小学教育专业（语文方向），现任南京金陵中学河西分校小学部语文教师，中共党员。

曾获建邺区语文学科"创新杯"比赛二等奖，建邺区品德学科基本功比赛一等奖，南京市品德学科基本功比赛二等奖，建邺区"健心杯"心理教学大赛一等奖，南京市"健心杯"心理教学大赛二等奖；国家级、区级课题各结题一项，曾获江苏省"杏坛杯"征文比赛二等奖，江苏省"教海探航"征文三等奖，南京市"黄浦杯"论文比赛一等奖，多篇论文发表在核心期刊上；先后获得南京市教育局直属学校优秀中队辅导员、建邺区优秀教育工作者、金陵中学优秀共产党员等称号。

Life is C, between B and D. 人生就是诞生和死亡之间的选择。从2008年6月高考结束的那一天，我的人生就面临着选择。我选择了师范院校，三个志愿我只填了"南京晓庄学院"，三个专业我只填了"小学教育"，是否服从调剂，我选择了"否"。填完志愿的那一刻起，我知道我为自己的人生选择了老师这个职业，从此将与教育结下不解之缘。

入职选择，我放弃了公办教师编制

2012年1月，我参加了当时还称为"六城区"的教师编制考试，并且顺利地通过了笔试。也是在那个月，时任金陵中学河西分校小学部校长的李建华带着他的教师团队来晓庄做了一场招聘讲座。李校长介绍了学校的办学理念和各项活动，尤其是"夜宿紫金，仰望星空"的校本课程，给我留下了深刻的印象。我突然产生了一种冲动，想着有一天带着我的学生去露营，在星空下描绘自己的理想和未来。于是我参加了金中河西的教师招聘。一轮、两轮、三轮……笔试、说课、试讲……我最终"突出重围"，面试成功了！签约的那一天，学校主管人事的徐老师对我说："我们是一所民办学校，我们欢迎你的到来。但你签约了，就意味着不能再去公办学校面试，你想好了吗？"

公办学校的教师编制——那是多少师范生为之奋斗的目标，那是多少人羡慕的"铁饭碗"啊！而民办学校，也许可以有更多的创造空间，更多的发展可能。"我不就是一个喜欢挑战的人吗？"放弃了最后那一点点犹豫，我选择了签约，选择进入金中河西分校当一名民办学校的教师。

工作六年来，确实很辛苦，但是学校的氛围、学校的理念、学校给的机会，都让我不断成长，不断收获。也曾有人问过我，是不是有过后悔。我想，既然已经选择了，为什么又要后悔呢？这几年走过的路、见过的风景，对我来说不是一笔宝贵的财富吗？

"真人秀"挑战，我选择接受

2014年12月，一个辞旧迎新的时段，时任校长杨新富找到我，说学校有一个艰巨的任务要完成，想听听我的意见。我仔细一听，原来是湖南卫视《变形计》栏目要来我们学校拍摄，有一个从云南山区交换过来的学生，要在我们班生活学习一个月。班级的日常教学和教育管理要全方位、无死角地暴露在摄像机下，这个任务，我能不能完成呢？几乎是不假思索，我选择了接受。我觉得这是一个机会，一个教育的契机。

那个从山区来的孩子叫盘盘，他生活在云南最偏远的一个山村，导演组用了飞机、火车、汽车、拖拉机等交通工具才找到了他的家。一个五年级的孩子，个头却很小，这可能与他常年吃水煮白菜有关吧。父亲因为贩毒入狱，母亲常年外出打工，他一个人带着五个弟妹生活，既是哥哥，又是"小爸爸"。这样的人生经历对于我们班上的"小皇帝""小公主"来说，无疑是巨大的震撼。在盘盘随班学习的这一个月里，发生了不少事情，这些事情或多或少给班级学生带来了成长，也给我带来了很多思考和启发。

盘盘的同桌是城城，一个学习上不太自主的男孩。因为教材不同，盘盘在这里学习的一个月是不用交作业的。一堂自习课，盘盘不写作业，还说了两句脏话，城城心中很不是滋味。下课后，他对盘盘说："你的理想是走出大山，如果你不好好学习的话，怎么能走出大山呢？你千万不要在这座城市迷失了自己，忘记了最初的理想。"接着，他还和盘盘约定，要一起考上大学。从那天之后，城城的学习主动了很多，即使拍摄结束，他也如此，我知道他是真的想要完成和盘盘的约定。

还有很多的同学，因为怕在摄像机前暴露自己不爱干净、喜欢随便插嘴的毛病，都时刻提醒自己，而且一个月时间足够让他们养成习惯，班级的常规也越来越好了。对我个人来说，因为考虑到摄像机的存在，面对学生犯错，我不会选择一味发火，而会更多地思考学生犯错的原因，寻找解决的方法，这也是因"倒逼"而催生的一个进步。

看着自己和学生在"真人秀"挑战下的成长，我感觉我的这个选择又做对了。

面对学生，我选择关爱

新转来的毛毛同学脾气暴躁，经常和班里的同学打架，为此我没少跟他谈心，但收效甚微。那是一个下雨天，毛毛在走廊上摔伤了，脸上被划开了一道大口子，一直往外冒血，我赶忙送他去医院。因为走得太急，我只拿了一把伞，我把伞遮在毛毛的头上，自己的衣服却被雨水打湿。毛毛想把伞往我这边推，我却说："你的伤口不能碰水，要保护好。"这次意外的受伤事件，让毛毛感受到我对他的关心和爱护。有一次课间，他看到我时，居然叫了我一声"妈妈"，还说自己一定要改掉打架的坏毛病，不再让我失望。

安琪是一个聪明又很有个性的孩子，高兴时就大声笑，生气时就大声吼，习惯用宣泄的方式来表达自己的情感。有一次在选中队宣传委的时候，安琪非常想当，可她落选了，于是回到座位上放声大哭，弄得选举都没法再进行下去。于是，我把她带到办公室，轻轻地抱了抱她，让她平静下来，等她不哭了，再一起分析落选的原因："你明明画画很好，为什么同学们都不选你呢？"她心中似乎还有不甘，抱怨着："他们都不知道我画得好。""是啊，他们不知道，你可以展示给他们看啊！你一味地哭，有用吗？"安琪点点头，说下次一定会准备好。很快，班委改选了，安琪走上讲台，自信地对大家说："我想做宣传委员，我会证明我自己的。"接着拿出一幅自己画好、装裱好的画。同学们看到这幅画，都发出"哇"的一声赞叹。我顺势问了大家："你们有什么想法吗？"在座的同学像雨后春笋一般举起小手，安琪高票当选了。

萱萱是个漂亮的女生，个子高，皮肤白，扎着清爽的马尾辫，声音清脆动听，就像一位小公主。有一次在做完操回教室的路上，她和其他同学打闹、讲话，被我"逮"了个正着。面对我的批评，她居然"哼"了一声，表示自己的不服气。当时我刚接手这个班，"小公主这是要给我下马威吗？"于是我找她谈心，先从她最擅长的跑步开始谈起，慢慢转到表扬她的写作水平，逐步拉近了我与她之间的心理距离。在谈话中，我意外地得知她还有个弟弟，而且爸爸妈妈似乎更喜欢弟弟，这时我才恍然大悟：原来骄傲的小公主也缺少关注啊！于是，我开始每天都特别关注她的一举一动，及时给予表扬。一个下午，我在手里藏了一块巧克力，走进教室，看见萱萱在埋头写作业，我对学生说："我的手里有一块糖，要是能猜中在哪只手里，我就把这块糖奖励给他。"孩子们都跃跃欲试。我接着说："最近萱萱表现特别好，我想把猜糖的机会给她。"萱萱吃了一惊，慢慢地站起来，思考了一会，小声说："在右手。"我伸出右手，果然有糖。萱萱一蹦一跳地走上讲台，拿着糖看着我说："谢谢老师！"多动听的声音啊！新老师和小公主之间的矛盾完美地化解了。

"老师的特殊性，在于他的劳动对象是人。"是啊，不同的学生有不同的性格，教育不能一概而论，而要选择不同的方法。正是因为我的这些选择，才使得我和学生的关系非常融洽。我教的那个全年级最调皮的班，居然利用午自习偷偷为我准备了一个生日惊喜，我想，这大概就是孩子们为我的选择交出的完美答卷吧。

关于教育，我想选择更多

在我的班级里，学生可以是老师，因为我们班有"娃娃学堂"，让学生做老师，介绍自己熟悉的知识。后来我发现学生在外出旅行中有很多的见闻，于是"娃娃走天下"便应运而生。

在我的班级里，学生可以是编剧，也可以是演员，因为我们班有"毕业微电影"，学生可以修改我创作的剧本，学生可以讨论怎么表演，学生可以自己增加或者减少台词。第一届毕业班拍出了《繁花似锦六月天》，第二届毕业班拍出了《我的小时候》。

在我的班级，学生可以是设计师，是策划师，因为我们班的绒板装饰是承包制，你想怎么装就怎么装。后来，学生渐渐有了设计策划的能力，于是"我的旅游我做主"横空出世，学生自己策划了两日游攻略，预算、交通、特色美食、注意事项等井井有条。

在我的班级里，学生可以是大厨，中式食品、西式糕点样样拿手，连粽子都包得有模有样。因为我们班注重亲子互动，"妈妈教我做寿司""奶奶教我裹粽子""爸爸教我包水饺"系列活动在每年的儿童节准时进行。

  教育究竟是什么？学习成绩固然重要，但在我的眼中并不只有成绩，我希望培养学生各种各样的能力，让他们长大以后，有更多的选择。我之教育理想的实现，也许正是得益于我最初的选择，毕竟民办学校有更多的自主性和开放性。

  每每回忆自己这几年的教师生涯，我总会想起汪国真的一句话："既然选择了远方，便只顾风雨兼程。"

【从教感言】

  我身边的优秀教师真的太多太多了，从他们的身上我总能看到自己的不足。也正是因为有这些榜样，激励着我不断前进。"千教万教教人求真，千学万学学做真人。"我将始终牢记陶行知老校长的话，并一直努力践行下去。我要让我的学生真的像阳光下的花儿一样，幸福地绽放。

好庆幸,遇见了你们……

张 宇

【校友名片】

张宇,2012年6月毕业于南京晓庄学院小学教育专业(语文方向),现任南京市五老村小学语文教师。

从教以来,参加五城市名校联盟教研课被评为优质课;阅读导读微视频荣获南京市一等奖,并收录于市资源库;课外阅读教学竞赛,荣获区一等奖;中华经典诵读,荣获区一等奖;研究课题获得区级立项,多篇教学论文、案例荣获市、区一等奖。曾获2017年度秦淮区先进教育工作者等多个荣誉称号。

"小张,今年继续任教一年级吧!新教材刚换,是个学习的好机会!"学校领导再一次把低年级语文教学工作的担子放在我的肩上。从2012年参加工作以来,我就这么一直在低年级学段循环着:一年级升到二年级,二年级又回到一年级……虽然也曾想过跟着班级往上走一走,也曾为自己没能往中高年级这个台阶上跨一跨失落过,但我从来没有后悔过。在与低年级孩子共同成长的过程中,我由衷地感谢他们带给我如此多的感动和惊喜!有时我真的觉得人生很美妙:每一次遇见,每一声赞美,每一滴眼泪,每一次选择,每一份礼物,都在不期而遇中到来,都有独一无二的精彩。

遇见,盛开一季繁华

2018年秋季开学的第一天,当我第四次站在三尺讲台上,看着一群嫩生生的娃娃用稚嫩的眼神望着我时,我知道自己必须负责任地带领他们开启这一段学习旅程,不能带有任何杂念和委屈,因为我是一名人民教师。

"同学们,大家好,我是张老师,从今天开始,我们就组成了一个温暖的大家庭啦!我是老师,也是妈妈,你们是老师妈妈的好孩子!我又是你们的班主任,你们可都是我的小助手哦。"我的"开场白"自带一种女性特有的温柔。孩子们都笑了,有的在窃窃私语,有的瞪着圆溜溜的眼睛看着我。

"张老师,我……我可以喊你妈妈吗?"一个胖乎乎的"小伙子"憨憨地问道。孩子们又笑了,我也笑了。

"当然啰。要记住,你们在学校的学习和生活才刚刚开始,老师妈妈愿意帮助你们:如果碰到快乐的事情,说出来让我也开心开心;如果遇到了麻烦,请赶紧告诉老师妈妈,我会在第一时间来帮助你……"

这啰里啰唆的一大段话,不知怎么就从我嘴里"顺溜"出来了,也不知小家伙们听懂了没有,但我从他们的眼神中看到了信任和依赖。就这样,我又与45位懵懂的孩子相遇了。这是我和孩子们之间温暖的遇见。

古往今来,有太多太多的文字,在描写各式各样的遇见:"蒹葭苍苍,白露为霜,所谓伊人,在水一方。"——这是《诗经·蒹葭》撩动心弦的遇见。"这位妹妹,我曾经见过。"——这是宝玉和黛玉初次相见时似曾相识的遇见。"幸会,今晚你好吗?"——这是《罗马假日》里安妮公主与男主角糊里糊涂的遇见。"遇到你之前,我没有想过结婚,遇到你之后,我结婚没有想过和别的人。"——这是钱钟书和杨绛之间决定一生的遇见。

遇见仿佛是一种神奇的安排,它是一切的开始:冷遇见暖,就有了雨雪;春遇到冬,就有了岁月;天遇见地,就有了永恒;人遇见人,就有了生命。我遇见了一群可爱的小天使,便如同遇见一季盛开的繁花。

赞美,触动心弦的激励

"我想,世上应该没有人喜欢被批评吧。被赞美的感觉怎么说呢?似乎是既有了信心,也有了动力吧!"办公室里,一位老教师捧着茶杯,淡淡地说道。

她的话触动了我。我坐在椅子上,细细地回想着:在与学生相处的时候,自己有没有"慷慨"地给过学生必要的赞美?这时,我的脑海中浮现出这样一些情景——

当他或她读书声音响亮时,我会说:"你真是个会读书的好孩子!"当他或她声情并茂地朗读时,我会说:"你就是一位小小朗读者!"当他或她勇敢地举起小手踊跃发言时,我会说:"勇于尝试,这就是成功的开始!"当他或她开动脑筋、积极思考时,我会说:"勤动脑、勤思考的孩子,张老师最佩服!"当他或她端正坐姿、静静等待老师的时候,我会说:"你就是咱们班的榜样,表扬你!"当他或她认真书写、一丝不苟时,我会说:"你真是个小小书法家呀!"在我的心目中,他们听到赞美后那纯真的笑脸,就是天使的模样。

赞美,看似简单的一个词语,却承载了太多的意义。它是一种富有艺术的语言,是一种触动心弦的激励。我始终相信:人无完人,更何况是正在成长中的孩子?他们需要获得成人的褒奖与夸赞,需要从这种正向激励中提振自信心。一份真诚的赞美或许会成为打开孩子心门的钥匙,或许会给孩子的进步创造更多的空间。教师千万不要"吝啬"自己对孩子的赞美。

眼泪,真实的生命印记

"各位同学,各位老师,大家好!我今天竞选的是优秀少先队员。我热爱班级,帮助同学,我喜欢学校,喜欢老师,我希望能为班级服务。当然,我也知道,自己还有做得不够好的地方,但是,我想改,想越变越好,希望同学们能给我一次机会,投我一票!"话音刚落,眼泪就从小孔同学的脸上轻轻滑落下来。当他伸出小手、举过头顶想要敬礼的时候,教室里响起了热烈的掌声。

小孔同学的家庭条件不太好,父母一直从事农产品买卖工作,经常日夜颠倒,根本没有时间管教孩子。也正因为如此,他成了一个丢三落四的"小迷糊"。我知道,他的父母对此负有很大的责任。那天竞选过后,小孔的妈妈在班级群里回帖说:"昨天晚上孩子回家跟我说,'俞爸爸说了,只要比别人多努力一点,就会有意想不到的收获。'他还让我3点就叫他起床,当时我就很惊讶,以前总觉得他贪玩,不爱学习。现在真是很后悔,以前没有全心全意地帮助他学习。我要好好检讨自己,做个好家长。"由此看来,孩子在竞选演说后的眼泪触动了他的父母。

人的一生中,可以和眼泪牵扯上的场景实在是太多了:每个人都是哭着来到这个世界的,而将要结束生命、谢幕人生的时候,又是在别人的泪水中告别这个世界的。眼泪,有时候是软弱,有时候是坚强;有时候是忏悔,有时候是宽容;有时候是羞怯,有时候是勇气;有时候是失败,有时候是成功。一颗泪珠,人生百态。晶莹剔透之间,折射出的是这个世界上点点滴滴的生命印记。

选择，独一无二的风景

"张老师，明天就要竞选了，小尹同学这学期表现还不够努力，但我想让他上台锻炼锻炼！""张老师，您好！我是小尹的妈妈，昨天我们为竞选做了很多准备，但今天看到班级群里竞选的照片，小尹好像并没有上台，是这样吗？跟您确认一下，打扰了！"这两条短信来自同一位学生的家长。

小尹是班级里的"问题学生"，论学习能力他并不差，但就是学习习惯不尽如人意。竞选班队委的名额本身并不多，我清楚地知道，根据小尹的情况，多半机会渺茫，但我还是想为他争取一下。于是我们开始了一次深入的交谈："今天竞选吗？"我看似无意地问道，小尹摇了摇头。"为什么？昨天妈妈不是帮你准备竞选材料了吗？""准备了一点，妈妈建议我竞选！"听到"建议"一词的时候，本想说服他一定上台的我犹豫了："妈妈建议你竞选，那你自己的想法呢？""我还是不竞选了。我可能还需要再努力，等我变好了，我想明年再竞选。"他小声地说道。我想他是意识到了自己的不足，便不再强迫他上台竞选，因为我知道这是他自己的选择，我应该尊重他的选择。

选择无处不在。面朝大海，春暖花开，是海子的选择；人不是生来被打败的，是海明威的选择；人固有一死，或重于泰山，或轻于鸿毛，是司马迁的选择。

选择也是一种智慧。有一年，法国的一家报社举办了一个有奖竞答，其中有一道题目是"如果卢浮宫着火了，你选择救哪一幅画？"最终，获得金奖的答案是"我选择离门口最近的那一幅。"

如果说，人生是一个不断选择的旅程，选择便是一次又一次的自我重塑。当千帆阅尽后，最终留下的就是一片属于自己的独一无二的风景。

礼物，化作真情的表达

"小朋友们，请发挥你们的想象，用你自己最喜欢的方式，将手上的这张彩纸'增值'，最后送给张老师，由张老师来评判谁的作品最优秀，好吗？"俞爸大声地说道。

俞爸是一位善于营销的商界精英，恰逢他当值一周一次的家长讲坛主讲。在他的鼓励下，孩子们各自挥动着灵巧的小手，不一会儿就完成了这项看似简单的任务。说来也神奇,这彩纸在孩子们的手上,一会儿变成了纸飞机,说要带着我飞向蓝天;一会儿变成了书签,记录着对我的祝福;一会儿又变成了小飞碟,非要载着我去看外星人……我真是被他们的童趣给逗乐了。就在这时,小郭和小王两位同学站了起来,将一朵不太起眼的花递给了我,我愣神看了几秒,发自内心地笑了。这两位同学一个负责做花瓣,一个负责做枝干,合作拼成了一朵希望之花。他们说,这个礼物一定要俩人一起送给张老师,希望张老师就如这花儿般美丽。我被这朵颜色搭配得奇奇怪怪的花儿打动了,眼眶不知不觉地湿润了!

礼物,是一个与美好情感相伴的词语。仰望星空,地球是宇宙给人类的礼物;低头凝望,花草虫鱼是大自然给人类的礼物。在这个世界上,有多少种爱的表达,就有多少种礼物。父母对子女无私的爱的养育,孩子在经历苦难之后的成长,人生在不断学习中所积累的智慧……都是时光老人馈赠的礼物。诺贝尔文学奖获得者切·米沃什在诗歌《礼物》中写道:"这是幸福的一天,我漫步在花园,对于这个世界,我已一无所求。"这是诗人馈赠给自己心灵的一份礼物。

好庆幸!我遇见了你们……

你们是这个世界带给我的最好的礼物!

【从教感言】

教育是一项高难度的艺术工作,要做好它,是十分不容易的。但我坚信,只要爱岗敬业,踏实工作,就一定会有所收获,我的精神生活中将会有一份常人所无法体验的欢愉。感谢辛勤培育我成长的母校南京晓庄学院,感谢教师教育学院所有的老师。无论将来是怎样的辛苦,我都会继续努力,多问,多想,多学习,多探究,争取更大的进步。

选择当教师,我今生无悔

张潍苏

【校友名片】

张潍苏,2012年6月毕业于南京晓庄学院小学教育专业(英语方向),现任江苏省苏州工业园区东沙湖学校初中部英语教师,中共党员。

曾获江苏省"蓝天杯"初中英语赛课一等奖,苏州市试题"解命评"一等奖,区小学英语青年教师基本功大赛一等奖,区中学班主任基本功竞赛一等奖,区小学班主任基本功竞赛一等奖,区青年教师师德演讲比赛一等奖,江苏省"蓝天杯"教案评比一等奖,江苏省信息技术应用作品一等奖,苏州市教育学会论文评比一等奖;多次主持参与省、市、区级课题,有40余篇文章发表或在省市区级比赛中获奖;曾获苏州市教坛新秀"双十佳"、园区"优秀班主任"、园区"教坛新秀"等多个荣誉称号。

从2012年毕业到现在,尽管在教师工作中尝尽了酸甜苦辣,但我仍然坚信教师是一份美好的职业。如果让我再次选择,我仍旧会毫不犹豫地选择当教师。因为在与孩子们交往的过程中,我真切地感受到了他们的纯真可爱,也真切地感受到与他们一起成长的幸福。我付出了自己辛劳的汗水,收获的是学生们可喜的进步。我燃烧了自己火样的青春,收获的是学生们浓浓的一片真情。

做班主任:我主张"以爱育爱,以心交心"

依稀记得2008年第一次走进小学教育专业所在的行知楼,第一次看到"博雅·童心·母爱·敬业"八字院训,我就暗下决心,毕业后一定要成为这样的教师!

2012年8月我工作了。"如何面对那四五十张可爱的面孔？""如何顺利地接好一个班级？""又如何争做一个优秀的班主任？"……当我第一次以班主任的身份出现在教室里，面对一连串追问时，我的脑海中立刻浮现出母校的八字院训——对！这就是我的班主任观，它将指导我今后的教育教学工作。

在担任班主任工作的六年时间里，我深知以爱育爱、以心交心的重要性。我始终坚持以德树人，以智启人，以情育人，用一颗真诚的心和孩子们相处，真心关爱每一个学生。

记得2014年，班上转来了一位名叫涛涛的新生，他各方面的表现都与同龄孩子有着一定的差距。上课时，他的课堂表现令很多老师头疼，不仅学习落后，还打扰别人，更别说日常行为习惯了。我去家访时，她妈妈哭泣着对我说："老师，我知道这个孩子表现不好，在以前上学的学校，常常被老师打得青一块、紫一块地回来。那里的老师嫌他成绩差，一直说他笨，慢慢地孩子就开始自卑，彻底不爱学习了。"

作为班主任，我不能眼看着涛涛继续掉队。无论他的学习基础有多薄弱，行为习惯有多差劲，我都利用各种机会去亲近他，帮助他。慢慢地，涛涛的小脸儿上开始露出了笑容，也会在班级门口主动向老师微笑，并有礼貌地问候"老师好"。我知道，那是他开始接纳我了。

有一天，涛涛发烧在教室里吐了，班长把我喊到教室，立刻闻到一股浓烈的味道直冲鼻子。我微笑着向涛涛伸出双手，轻轻地说："让我来帮助你，好吗？"他微微地点了点头。我细心地用温热的毛巾帮他擦去手上呕吐的污物，只听见涛涛轻轻地在我耳边问道："老师，以前我一直觉得自己就是那个被人嫌弃的孩子，可是，如果有一天，我说的是有一天，我也会好的，你说会不会？""会！只要你努力！"我立马顺势给了他一个大大的激励。

借此契机，我在班上主持召开了一次"向上吧，少年"主题班会。我给孩子们分享了这样一个故事。故事说的是世界上只有两种动物能够到达金字塔顶，一种是老鹰，因为老鹰能一飞冲天，另一种则是小小的蜗牛，因为蜗牛能坚持。那次主题班会，不仅激发了涛涛的上进心，整个班级积极向上的气氛也更浓了。

对于涛涛，我坚持每天放学后对他进行个别辅导。有一天，我都已经把涛涛和他父亲送下了楼梯，可我刚转身回到办公室，他的父亲又独自上来了。我看到他站在办公室门前，抓着衣角，很紧张地想要表达什么，过了一会儿，才走过来对我说："张老师，真的是太谢谢你了，你改变了涛涛，就是帮助了我们一家呀。我没有什么可以给你，我给你，给你，给你鞠一躬吧！"我一下子愣住了，赶忙上前拉住他。刹那间，我的心被深深地震撼到了——转变一个孩子等于帮助一个家庭，值了！

2018年3月,当我因为怀孕准备回家待产时,没想到我的学生竟然会主动给我即将出生的宝宝织毛衣。他们在给我的信里写道:"我们多么爱您,爱您的热情,爱您课堂上的幽默,爱您工作时的严谨;又怕您的严厉和批评,可更怕您因此和我们分别。亲爱的老师,请您放心,Sunshine阳光班级精神:善与诚,爱与勤,我们会永远记住。"读信的那一刻,我的眼泪瞬间流了出来,这真是一种无以言表的幸福!

六年来,我所带的班级一直被学校评为"优秀文明班级",我本人也连续被学校评为"优秀班主任"。我曾两次代表学校参加区级班主任基本功竞赛,都以优异成绩获得一等奖。因为班级管理成绩显著,我还获得了区"优秀班主任"称号。

上课:我追求"教做学问,教做好人"

"教学问,教做学问。教做人,教做好人。"我努力用爱和责任诠释教育的真谛。

作为一名新教师,我坚持多听指导教师的示范课,多听老教师的研究课,多听集体备课的主题课,多观看名师的录像课,细心揣摩他们语言艺术的精妙之处,在模仿中渐渐领悟到名师的教学思想和先进的教学理念。思考得多了,成长也就快多了。

在专业成长的道路上,我的教学蜕变是从一节节公开课开始的。我主动向学校要求开课,主动邀请有经验的老师听课提意见。当自己的教学设计不断被否定、不断被推敲,陷入一遍又一遍痛苦的思考之后,我对课堂教学设计开始有了清晰的认识。为了保证自己的教学设计能在课堂上顺利实施,我常常一个人对着镜子一遍又一遍地练着自己的面部表情和手势,一遍又一遍地把自己的课堂用语用手机录音,然后反复纠正自己发音不到位、指令不明确的地方。为了打造好课堂而不断地"磨课",让我有时甚至怀疑自己是不是有"自虐"倾向。

我永远不会忘记2016年8月27日那夜,我在微信朋友圈里这样写道:"像被重新洗牌了一样,心情就像过山车。努力了4年,好不容易把小学英语教学都拿下了,现实又把我推到初中部进行初中英语教学,我知道,这是对我的肯定。可面对这个全新的领域,我这个从来没有教过初中的人,又有什么本事做好呢?我彷徨、难过,迷茫又忐忑……人就是要不断刷新自己,既然给了一次机会让我去体验不同,我就要清零,去再次准备下一站的征程!"

初中英语教学和小学有很大的不同。我有意识地收集优秀初中英语教师的优质课例,认真地观看和研读,分析各种教学技能的类型、特点、效果;选择不同课型,如新授课、练习课、复习课进行教案设计,然后进行分析评价,重点在教师的教学技能、语言艺术、细节处理、教学机智等；最后，结合个人的教学实际情况，从语言风格到课堂结构、设计思路等进行创造性的改革，力求体现个人的教学特色。

在学校教学"七认真"评比中，我被评为"七认真明星"教师，我所带的班级英语成绩在学校中名列前茅。我指导的学生在区级及以上竞赛中获奖三十余次，其中包括江苏省"中小学生听力口语网络测试活动"一等奖，苏州市教育局"暑期海外修学征文比赛"特等奖和一等奖，"21世纪杯"中小学生英语演讲比赛苏州市一等奖，苏州市"奥斯卡"英语情景剧比赛金奖，中华经典美文吟诵大赛苏州市一等奖，园区首届"双语主持人大赛"一等奖等。学生作品 My new year's wish 刊登在省级期刊《英语画报》上。

工作六年来，我先后开设区级公开课3节，在国家级、省市区级的各项比赛中，均有不俗表现：我曾荣获全国中小学信息技术创新与实践活动 NOC 网络教研团队赛二等奖，江苏省第十四届"蓝天杯"初中英语赛课一等奖，华东地区"语数英"优质课展评二等奖，苏州市第五届"试题解命评"教师竞赛一等奖，园区小学英语青年教师基本功大赛一等奖等多个奖项。

教科研：我享受专业成长的快乐

叶澜教授说：如果一个教师仅仅满足于获得经验而不对经验进行深入的思考，那么即使是有20年的教学经验，也许只是一年工作的20次重复。除非善于从经验反思中吸取教益，否则就不可能有什么改进。朱永新教授在他独具特色的"教育成功保险公司"里说，以真实的生活，教育生活素材，在教育随笔的写作中倾听自我。好的文字，必定由好的阅历、好的智慧凝聚而成。岁月会让你慢慢丰富自己，而我只需要做"有心人"，用心写，也一定能够写出动人文字。我知道，这是叶澜教授和朱永新教授在鞭策我们年轻教师加快专业成长，而成长的路径就是读书和写作。唯此，才能弥补我们身上所缺少的教育经验和智慧。

工作六年来，我积极参与各种培训，聆听专家讲座，这些平台不仅为我提供了提高自身素质的机会与空间，也给我带来了精神的洗礼、心灵的震撼与理念的刷新，让我深深感受到不断学习带来的欢乐与收获。

在搞好教育教学工作的同时，我还积极投身教科研。2013年12月，我参与的江苏省教育科学"十二五"科研规划课题"九年一贯制学校基于云技术的立体式教育源的开发应用研究"顺利结题。2016年9月，我主持的苏州工业园区"十二五"教育科研课题"小学英语交际中的语用失误探析及改进"也顺利结题。2017年2

月,我作为核心成员参加了苏州市教育学会"十三五"规划课题"基于问题的小学英语绘本阅读能力培养的案例研究"和"小学英语单元故事化情境创设实践研究"两个课题组,目前课题仍在研究中。2017年9月,我作为主持人获得苏州工业园区"十三五"教育科研课题立项,"小学英语综合实践项目教学中语境创设的策略研究"课题也在研究中。我经常勉励自己,再多想一点点,再多写一点点,进步就会多一点点。截至目前,我已有四十余篇文章、教学设计发表或在省市区级比赛中获奖。

选择当教师,我今生无悔。在今后的教育教学道路上,我将一如既往,潜心教书,悉心育人,努力实现属于自己的精彩人生。

【从教感言】

> 教师从事的是以心育心、以德育德、以人格育人格的精神劳动。故教师贵有深厚的底蕴、过人的才气,是谓博雅;贵有儿童视角、儿童立场、儿童情趣,是谓童心;贵有温柔体贴、无微不至,是谓母爱;贵有安贫乐道之心、教书育人之行,是谓敬业。"博雅·童心·母爱·敬业",母校八字院训不仅深深地镌刻在我的心坎里,更会久久地体现在我的行动上。

宁静地走在我的教育之路上

武 琼

【校友名片】

武琼,2012年6月毕业于南京晓庄学院小学教育专业(英语方向),现任江苏省南京外国语学校仙林分校小学部英语教师。

曾获南京市优秀论文一等奖,校级青年教师教学擂台赛二等奖。多次获得CCTV希望之星、21世纪英语演讲比赛、国际英语演讲精英赛等英语比赛的优秀指导教师、金牌教练员等称号。

2012年2月,我很幸运地加入了南京外国语学校仙林分校这个大家庭。由于大学还没有毕业,刚到这里的前几个月是实习期。正因为有了几个月的实习,我对学校各方面的事物都比较熟悉,同年8月正式入职后,我很快就进入了工作状态。

上好每一节课:我的立足之本

作为一名刚刚工作的英语教师,备好、上好每一堂课是立足之本。记得实习期间第一次登上讲台,由于过度紧张,脑子里突然一片空白,课前准备的内容完全没有展示出来,就连说话的声音都变得很小、很小。课后,吴琼主任和我的师傅王赟老师非常关心我,亲自为我上了示范课。在他们的热情帮助下,我认真学习新课标,钻研教材,设计并手写教案,坚持每节课后及时反思,进行二次备课,虚心地向各位前辈老师请教。一次又一次地磨课,让我不断地成长起来:工作第一年,我就顺利地通过了新教师汇报课、新教师过关课以及新教师课改过关课等"三关"。工作六年来，我每学期至少要开设两节校级公开课，包括阅读、语音、诗歌、活动等各种课型，每一次开课均受到领导、同事和家长们的好评。2017年12月，我在英国国王学校开设多节接待课，受到国内外专家的一致好评。

在课堂教学中，我鼓励学生大胆开口说英语，积极思考、主动探索。组内开展互助学习，以小组为单位开展竞赛，是我在课堂教学中最常用的两招。我采用了均衡分组的方法，每个小组里一般都有一两个优生，这样一来，小组里相对较弱的学生，就有可能在优生的提示和帮助下，积极地参与到课堂活动中来，并在参与这些学习活动中得到相应的提高。在日常教学中，我充分利用学校研制的《苹果宝宝快快红》评价手册，对当天课堂表现获胜的小组每一个组员，在评价手册上盖上一颗青苹果。"盖苹果"作为一种评价与激励的手段，可以用在很多方面：作业完成好的可以盖苹果，背书合格的也可以盖苹果，早读晚听认真的还可以盖苹果……十个青苹果可以兑换一个黄苹果，十个黄苹果可以兑换一个红苹果，孩子们都期待着自己的苹果树上可以长出更多的红苹果。到了期末，我会根据评价手册给孩子们发奖品，虽然都是一些小礼物，但是孩子们却格外珍惜。

课后，我认真批改学生的每一次作业，及时给予肯定与鼓励，也及时发现存在的不足，帮助学生订正、复习。即使有的孩子作业需要反复订正，我也不厌其烦，一直坚持到他们全部做对为止。在英语教学中，我很关注学生的发音和口语表达，经常会让他们当面背诵课文给我听，指导他们积极准备课前演讲，并一对一地纠正发音。我还要求学生在学校里尽可能多地用英语与老师、同学交流，学以致用。学生和家长对我的工作态度和方法都很认可，我也虚心地和学生家长做朋友，有了好的思路、好的方法大家一起分享，共同前进。

关爱每一个孩子：我的职责所系

记得陶行知先生曾经说过，小孩子的体力与心理都需要适当的营养。有了适当的营养，才能发生高度的创造力，因而教育应当充满爱。作为班级教育小组的一员，我积极配合班主任的工作，并针对班级的实际情况，采取切实有效的措施进行管理。我对待学生一视同仁，努力与他们建立良好的师生关系，做他们的良师益友。由于我的开诚布公与公平公正，学生们敢于说心里话，敢于发表自己的不同见解，敢于大胆且友善地对班上的不良现象和行为提出批评，从而营造了一种民主、宽松、和谐的班风，使孩子们能在其中健康、快乐地成长。

班上有一个十分帅气的小男孩Jerry，看上去聪明又伶俐。然而，Jerry在课堂上几乎就没有认真听过课，不是摸铅笔，就是翻抽屉，或者与别人说闲话，随便插话。在学校里，Jerry 经常跟同学打架，不遵守纪律，学习成绩也很落后，所有的任课老师对 Jerry 都很头疼。更可怕的是，Jerry 还曾试图从学校过道的围栏上跳下去。当时，我正好在过道的西边护导，当我看到他时，他已经爬上了栏杆。我赶紧跑过去，从他身后紧紧地抱住他，将他从栏杆上抱了下来。他紧紧地抱着我，哭着说："老师，我不想住校，我想回家，我想爸爸妈妈，我一定遵守纪律，好好上课。"那天早上，我跟 Jerry 谈了很久，他告诉我，只要他在学校表现不够好，他的父母就会罚他住校，对此，他感到十分恐惧。因为空荡荡的宿舍里经常只有他和生活老师俩人，偶尔半夜醒来，怕得不得了，只好跟生活老师挤在一张床上。"如果我跳楼了，肯定会受伤，这样，爸爸妈妈就可以接我回家了。"

听了 Jerry 的这番话，我感觉到一阵心酸。紧接着，我便用手机联系了 Jerry 的父母，请他们到学校来沟通一下孩子的情况。Jerry 的父亲在外地工作，而且非常繁忙，所有的老师都没有在校园里见过他。得知孩子在学校发生了这样的事情，他在电话那头沉默了。第二天，Jerry 的父母来到学校，我与他们当面沟通了近三个小时。原来，Jerry 从小衣食无忧，家庭生活环境非常优越，只是因为爸爸工作太忙，几乎很少陪他，妈妈面对这样一个顽皮的孩子已经是焦头烂额，所以，只要 Jerry 犯错，妈妈不是打骂，就是罚他住校，从来没有耐心地对他进行教育引导，致使孩子在心理上极度缺乏安全感。受到批评时，经常当面答应得好好的，可行动上就是不见起色。我告诉 Jerry 的父母，在孩子成长的过程中，父母的陪伴是任何人都替代不了的。Jerry 的父亲感到很愧疚，当即表示今后每天下班从外地赶回来陪孩子。我还制作了一个表格，把 Jerry 英语学习的状况、需要提高的地方以及一些补救的方法都告诉了他的父母。

此后，我对 Jerry 也倍加关注，除了经常找他谈心外，还利用午休等空余时间给他补课，一有进步就发个小奖品鼓励他。课后，我也注意及时跟家长沟通情况，争取家庭教育的配合。经过不懈的努力，Jerry 有了很大的进步，课堂上注意力比以前集中多了，作业越写越认真了，成绩也提高了。Jerry 经常对家长说："我最喜欢的老师就是武老师，最喜欢的课是英语课。"

辅导好每一次竞赛：我的"拿手好戏"

从 2012 年至今，我指导的学生多次在市、省、全国以及国际英语大赛中获奖，我也多次获得包含 CCTV 希望之星、21 世纪英语演讲比赛、国际英语演讲精英赛在内的各项英语比赛优秀指导教师、金牌教练员等称号。我深知,孩子们在每次比赛当中收获的不仅仅是荣誉,更多的是自信。对于他们的成长来说,拥有自信比获得奖牌更重要。

令我感到特别骄傲的,是一个名叫 Joyce 的孩子。我们学校的英语课都是小班化全英文授课,刚上一年级的时候,Joyce 因为英语零基础,一开始什么都听不懂,上课也从来没有举手发言过,每天的学习都要比其他孩子吃力、辛苦很多。Joyce 是一个文静、害羞的小姑娘,每当我请她起来回答问题的时候,她就显得非常紧张,但即便她回答错了,我也从来没有责怪过她,而是常常鼓励她,并利用中午休息时间单独给她补课,一句一句地帮她纠正发音。Joyce 课后学习非常努力。一个月过后,她开心地对我说:"武老师,我现在上课能听懂了。我把第一次课前演讲也准备好了。"看到孩子充满自信的样子,我很开心。在我的指导下,Joyce 经过两年时间的努力,终于获得了 CCTV 希望之星全国三等奖,"外研社杯"英语演讲比赛全国三等奖。

阳光男孩 Felix 也给我留下了深刻的印象。这个孩子在一年级入学的时候就已经具备了一定的英语基础,可他一点也不骄傲,总是热心地帮助班上的每一位同学,是我英语教学最得力的小助手。别看 Felix 身材小小的,但却蕴藏着大大的能量。2018 年 2 月,他远赴德国参加国际英语演讲精英赛,与母语是英语国家的很多小选手同台 PK。在比赛中,Felix 从容淡定的表现赢得了评委们的一致好评,最终夺得大赛铜奖。对于 Felix 来说,毕竟才上小学二年级,取得这个成绩实属不易。每次在竞赛中取得好成绩后,Felix 总是笑嘻嘻地说:"我还要继续努力。"

在平时的工作当中,除了要上好课以外,我还积极参加教研活动,参与听课评课,不断提高自己的教学水平和业务能力。我有两篇教学论文发表在省级期刊上。其中,《小学英语课堂板书基本原理的运用》在 2017 年南京市优秀论文评选中获得一等奖。

【从教感言】

陶行知先生倡导教师要有"爱满天下"的胸怀。我认为,教师只有爱学生,才有教育学生的权利。今后,我将在我的工作岗位上继续努力,为我的每一位学生及他背后的家庭,为我的学校,为这个社会贡献我的一份力量。

敏于心 捷于行
——记江苏省溧阳市第二实验小学史敏捷老师

李雅洁

【校友名片】

史敏捷,2013年毕业于南京晓庄学院小学教育专业(语文方向),现任江苏省溧阳市第二实验小学语文教师,中共党员。

曾获得溧阳市小学语文基本功竞赛一等奖、溧阳市小学语文优质课竞赛二等奖、溧阳市数字化课堂评比三等奖、溧阳市青年教师师德演讲三等奖;曾有多篇文章发表于教学杂志;曾获得溧阳市师德模范、常州市教坛新秀、常州市教学能手、埭头镇优秀辅导员、埭头小学优秀班主任等多个荣誉称号。

用敏锐的目光捕捉学生的个性,用诚挚的情感打动学生的心灵,用敏捷的思维谋划教学的特色,用睿智的策略创造教学的佳绩,这就是江苏省溧阳市第二实验小学史敏捷老师给师生们留下的深刻印象。"敏于心""捷于行",人如其名,名副其实。

虚心好学,为她夯实敏思捷行的基础

2009年9月,史敏捷走进南京晓庄学院,开启了她的大学之旅。在短短四年的时光里,她总是执着地求知于书本,勤勉地问道于师长,久而久之,养成了勤学好问、敏思捷行的良好习惯。从入学教育开始接触博大精深的陶行知教育思想,到专业教育习得从教的知识与技能,再到见习—跟师学习—顶岗实习—毕业实习等一

系列完整的实践活动,她在学习、实践、历练中一步步感受、体会怎样才能成为一名合格的小学教师。2013年8月,史敏捷来到溧阳市埭头镇埭头小学,成为一名乡村小学教师。

史敏捷说,虽然埭头小学是一所条件一般的乡村小学,但幸运的是,她在那里遇到了一群美丽的同事,从他们身上看到了温暖心扉的师爱:当孩子受伤了,他们比谁都着急,仿佛受伤的是自己的孩子;当看到有的孩子冬天穿着单薄的衣服时,他们会主动为孩子送上防寒的冬装,仿佛照看的是自己的孩子;当发现有孩子意外没来上学时,他们会心急如焚,到处寻找,仿佛寻觅的是自己的孩子……这一切的一切,史敏捷都看在眼里,她决心向身边的同事学习,用自己全身心的爱温暖孩子们。

开学第一个月,学校就派了和她任教同一年级的陈慧老师担任她的指导老师。史敏捷说,那时候学校要求老师上课要同课异构,她和师傅在上童话故事"小鹰学飞"一课时,就是这么做的。在她的课上,孩子们有的扮演老鹰,有的扮演小鹰,演得特别开心,课堂上"热闹非凡",她甚至还有点沾沾自喜。让她没有想到的是,课后师傅却对她说:"我很欣赏你,你的课感非常好,孩子们也很喜欢你的课堂,这是你最大的魅力。但是,你要记住,语文课不能只有热闹,还要扎扎实实,要有语文味。"在师傅的课堂上,她发现孩子们不仅演得好,而且读得也好,说得更好。"那时候我才明白,语文语文,得有语文味!"史敏捷感慨地说。

参加工作的第一年,除了师徒之间相互听课外,史敏捷还经常主动把校长请来听自己的课,她希望能在经验丰富的老教师的帮助、指导下,尽快上出更有水准、更有韵味的语文课。直到今天,她仍对太多帮助过她的人心怀感恩:第一次上市级公开课的时候,是黄老师为她一字一句地修改教案;第一次参加基本功竞赛的时候,是殷校长带着她向名师学习,默默地陪着她们练习到凌晨;第一次去杭州听"千课万人",是黄老师手把手地教她如何评课……史敏捷说:"虽然自己入职的前两年被分配到乡下,但是埭头小学浓厚的教研氛围让我不断成长,工作也渐入佳境。"

母爱盛放,为她增添敏思捷行的动力

2014年,史敏捷以新晋"母亲"的身份暂时离开了工作岗位。然而,这短暂的离别却不能阻碍她努力前行的脚步。产后复出,她极力采用多种方式来弥补短暂停歇的"空白":为了准备好一节课,她会不断地试上,甚至拉着老公做自己的学生,一遍又一遍地练习;为了参加好每一次比赛,她经常奋战到凌晨一两点钟,只为展示更好的自己;为了接受新思想、新理念,她抓住一切机会,外出学习研修……2015

年,她凭借自己的努力,在溧阳市小学语文优质课竞赛中荣获二等奖,并在《素质教育》杂志上发表了教学论文《探索"言意兼得"的阅读教学——探索语言习得规律,提升语言实践能力》;2017年,她成功地执教市级公开课"清平乐·村居"和基地培训课"爱因斯坦和小女孩",并在《小学教学参考》杂志上发表了教学论文《让文本之意润泽童心》。

史敏捷说,作为一名班主任老师,母亲的身份让她对"母爱"二字的内涵有了更深的体悟,对于教育多了一份敏锐的探知,对于如何更好地了解学生也多了一分敏思。2015年,学生小R刚一入学,史老师就敏锐地发现,小R的妈妈对孩子特别凶,说话总是呼来喝去的,小R也很不自信,甚至还缺乏安全感。于是,从开学第一天,史敏捷就格外关注这个学生,只要小R有任何表现优秀的地方,她就会立马鼓励他。就因为史老师一句"小R真棒!知道把垃圾捡干净"的口头表扬,小R就在放晚学时主动留下来,把教室打扫得干干净净。第二天,史老师立刻在班上提名让小R做劳动委员。此后,她特别留心观察小R的变化,发现他做了劳动委员后很有责任心,不仅每天都会把教室打扫得干干净净,而且学习的积极性也越来越高,课堂上也能看到他举手发言的身影。因为小R的声音特别响亮,史敏捷就让他做小老师带着大家读课文。就这样,通过一次次细心的观察与鼓励,史敏捷帮助小R从一个对老师不理不睬的孩子转变为爱班级、爱课堂、爱老师的好学生。

在班级教育管理方面,史敏捷还特别注重对孩子们进行情感上的熏陶。2016年,她在班里特别策划开展了一个以"我们十岁了"为主题的中队活动,让每一个家长给自己的孩子写一封信。中队会上,当孩子们读到家长写的这封信时,很多人都从中感受到了父母对自己的爱及其背后付出的艰辛,流下了感动的眼泪。史敏捷说:"那个中队主题会的情形,我至今都还清楚地记得。我认为,老师帮助孩子提高学习成绩或获得某一方面的成功并不是唯一的任务,其实有时候注重情感上的熏陶,对于孩子们来说,或许才是真正有益的事,是会让他们终生难忘的。"

不忘初心,为她收获敏思捷行的实效

在史敏捷看来,每一个孩子都是上帝赐给那个家庭的小天使,每一个学生都希望自己是独一无二的存在并得到老师的关爱。把"博雅·童心·母爱·敬业"的院训落实到日常的教育教学行为中,就是自己身为人师的初心。

在史敏捷教过的学生中,有个叫小S的学生,语文学习基础非常薄弱,甚至连部分基本的汉字都不能书写,从而造成了他对作文的抵触心理——十分不愿意动笔写作文。从三年级接手这个班时,史敏捷就把让小S愿写作文、会写作文列为个别化的教学目标,并采取切实有效的措施一步步推进目标的达成。她发现小S特别善良且诚实,就在全班同学面前多次表扬他这方面的闪光点,让他增强自信心。她看到小S从刚开始的一个字都不愿写,到能写出几行文字的小作文,再到尽管空着许多不会写的字,却尝试写出内容比较丰富、有趣的作文,就尽可能在课堂上对他提出表扬,让他在全班同学面前朗读自己的作文,鼓励他不断取得新的进步。她还主动与小S的家长沟通,让他们尽可能为小S阅读课外书提供条件,以拓展他的知识面,激发他的写作兴趣。

2016年,班里有个叫小J的女生,因为父母离异无人管束,不仅时不时地罢课、逃学,竟然还学会了偷东西。面对这样一个玩世不恭的女孩子,史敏捷更多的是心疼:"小J遭受了多少别的孩子无法承受的苦痛呀,她的内心是多么渴望别人的关怀呀,怎样才能让她对自己打开封闭的心灵呢?"于是,史敏捷开始不停地找小J谈心。刚开始时,小J"回馈"给老师的,除了低垂的脸庞,就是不屑的眼神。史敏捷并没有因此而灰心,她不断地问自己:"假如这是自己的孩子,应该怎么做呢?"学校的走廊里、操场上,放学回家的路途中,留下了她们一次又一次促膝谈心的身影。在一次运动会上,小J受了伤,故作坚强的她不流一滴眼泪,不喊一声疼,史敏捷抱了抱孩子,默默地陪伴着她……精诚所至,金石为开。第二学期的一个中午,小J跑到史敏捷的办公室,满含热泪地说:"史老师,以前我错了,请您放心,今后我再不会让您失望了!"从此,小J打开了心扉,笑容又重新在她的脸上绽放。

小S和小J的故事,只是史敏捷在教书育人过程中遇到的两个个案。它告诉我们:在助力学生成长的道路上其实本没有捷径可走,有的只是她那"敏于心""捷于行"的爱生之情。

【采写心得】

从访谈中,我能感受到史敏捷老师作为晓庄学子、教师教育学院学生对行知精神的传承。尤其在她自己成为一位母亲之后,对于"母爱"更深层次的理解,让她能更加敏锐地发现学生,并深入地理解学生,巧妙地帮助学生。我想,有时候学生所希冀的不过是老师对自己多一点关注,而史老师总能在他们稚嫩的心灵上洒下爱的种子,察其所为、体其所感。她是值得我们每一个师范生学习的。

春风十里,伴爱而行
——记南京市金陵汇文学校张雪老师

刘 颖

【校友名片】

张雪,2013年6月毕业于南京晓庄学院小学教育专业(英语方向),现任南京市金陵汇文学校小学英语教师。

曾获鼓楼区青年教师基本功大赛一等奖、鼓楼区英语青年教师赛课二等奖、拉小集团常青藤赛课特等奖、汇文银城孩子王赛课特等奖;所写论文及案例有三篇在市、区获奖;多次荣获中国青少年英语能力大赛优秀指导教师、奥林匹克全国英语作文大赛国家级指导一等奖、希望之星英语风采大赛优秀指导教师、鼓楼区优秀指导教师等称号。

有趣的课堂,吸引着孩子们求知的目光;热情的鼓励,激发起孩子们探索的愿望;微笑与关爱,温暖着孩子们幼小的心房。这就是南京市金陵汇文学校小学英语教师张雪留在孩子们心中的美好形象。

自反自强:她从未停下自我提升的脚步

"学然后知不足,教然后知困。知不足,然后能自反也;知困,然后能自强也。"对于《礼记·学记》中提出的"教学相长"的命题,张雪十分认同。她说,选择读师范、当教师,就是选择了一条不断学习、不断自我提升的道路。走在这条路上,尽管也曾遇到这样或那样的困难与不如意,但自己从未停下前行的脚步。

正式跨入教师行列之前,张雪曾抱有十分美好的愿望,她希望自己的班里没有问题学生,希望每一个孩子都能在阳光下健康成长。但真正进入学校之后,她才发现做教师其实没那么简单。张雪说,在日常的教学管理中,自己就曾遇到过一些十分棘手的问题,诸如一些学生很难管理,一些班级的课堂纪律很难维持,一些后进生的学习成绩很难提上去……然而,她并没有被这些困难所吓倒,也没有被这些压力所击垮。她说,是可爱的同事们的鼓励和可爱的孩子们的暖心笑脸以及勇往直前的信念"治愈"了自己:在为提升课堂而焦急茫然的时候,是同事热情地帮助了她;在为班级管理而疲惫不堪的时候,是学生用暖心的话语和举动温暖了她。"如果不能在教学中找到乐趣,当教师会很痛苦的。"因此,她始终保持着对教育教学工作的新鲜感,将爱好融入教学成为她克服职业倦怠的"小窍门"之一。

为了更快地提升自己的英语教学水平,2015 年,张雪报名参加了江苏省英语教师雏雁培育项目培训学员的选拔。为了能在雏燕计划选拔性考试中胜出,她在网上检索了相关信息,还买了一些高级口译以及专业英语八级考试的真题来训练自己的思维与答题能力。她坚持每天都收听 BBC 新闻,以提高自己的英语听力水平。最终,她以高分被省雏雁培育项目选中,获得了赴加拿大培训的机会。两个月的海外学习生活,让她开阔了眼界,体认了中西方文化的差异,对以英语为母语国家的小学教育有了一定程度的了解,也学习了很多课堂教学经验,不仅思维得到了训练,英语口语方面也有了很大的进步。

在搞好教学工作的同时,张雪还积极投入教科研,她参与了校本课程开发和校本教材《英语绘本》的编写,所撰写的教学论文或案例,1 篇获南京市三等奖,2 篇获鼓楼区二等奖。

深耕课堂:她努力营造轻松有趣的学习氛围

张雪回忆道,在南京晓庄学院读书时,学校为师范生开设的一系列专业课程以及教育见习与实习,为自己走上工作岗位后的从教能力奠定了比较扎实的基础。直到今天,她依旧对自己的"恩师"——白薇老师难以忘怀。

"白薇老师教我们的时间比较长,她讲授的综合英语课程内容很实用,教法也很实在,她总会带给我们很多有益的知识和有趣的方法。原本我是一个没啥自信的人,但是白老师在她的课上经常让我做 presentation,做汇报或者表演,她会经常表扬我,肯定我的想法,让我知道自己的优势在哪,使我变得越来越自信,所以我很感谢她,也很喜欢她。"正是得益于白薇老师的言传身教,张雪在自己的教学工作中也特别注重对学生自信心的培养。比如,课本上的 Story Time 和 Cartoon Time,张雪都会让学生排练表演,在表演结束后给予恰当的评价和积极的鼓励,同时也给出一些针对性的改进建议,所以,她教的学生都很喜欢表演。

张雪的兴趣爱好十分广泛:健身、拳击、吉他、架子鼓、跳舞、滑板……这些不仅是她的爱好,也是她的强项。此外,她还练成了一手漂亮的英文花体字,参加鼓楼区教师基本功大赛时,着实让评委眼前一亮呢。也正因为她的兴趣爱好涉猎广泛,手头拥有各种"花活",所以才能在课堂上面对不同学段的学生,演绎不同的上课风格。张雪说:"不可能每节课都是一个样子:低年级或者教学内容比较活泼一点的,肯定是要带着孩子们一起玩玩学学的;高年级或者教学内容有考试要求的,那肯定还是静一些好。有时候,在一节课上也需要动静结合。"在英语课堂上,张雪曾用吉他带着孩子们一起唱歌,也曾带着他们载歌载舞,学习氛围既轻松又有趣,孩子们都很喜欢上她的英语课。

然而,初上讲台时,张雪作为新手"小白",也曾遇到让自己头疼不已的困难:怎样设立教学目标?设计什么样的活动和游戏才能达成这些目标?怎样调动课堂氛围使之活跃起来?怎么样才能激发学生的学习兴趣、吸引并维持他们的注意力?……但是她不灰心,不退缩,而是虚心地向有经验的老师学习"取经",勤于实践,勤于反思。通过校内的与校际的、集团内与区内的公开课、赛课、基本功大赛等历练,终于在课堂教学的设计与把控方面有了更多的感悟和较大的提升。

张雪认为,教师应该保持自身的个性发展,虽然入职之初有必要借鉴与模仿前辈老师的做法,但最终还是应该形成自己特有的教学风格。因此,她一直坚定地做自己。由于她勤于深耕课堂,在教学上先后获得鼓楼区英语青年教师赛课二等奖、拉小集团常青藤赛课特等奖、汇文银城孩子王赛课特等奖等奖项。

辅导竞赛:她与学生共成长

在张雪看来,鼓励、指导学生参与英语竞赛是一件很好的事情。在这个过程中,可以帮助学生发展思维能力,提高口语交际能力。毕竟学生掌握的知识有限,在备战竞赛的过程中,需要教师发挥辅导与引导作用。

张雪的班上有一个叫小 Y 的男生,英语成绩十分优异,可他却有轻微的自闭倾向,不善与人交流,且没有什么自信。有一次,恰逢校外有个英语能力竞赛,张雪便积极推荐小 Y 去参加,可他因为性格内向与胆怯,一开始表现得比较抵触。张雪觉得小 Y 参加竞赛的能力是足够的,希望他能通过这次竞赛变得自信起来,所以,她对小Y给予热情的鼓励,充分肯定他的能力,希望他能够勇敢地挑战自我。令人欣喜的是,小Y不仅如约走进了赛场,还从赛场拿回了二等奖。

工作5年来,张雪每年都会辅导学生参加各类英语竞赛,其中有南京市或者江苏省的竞赛,也有国家奥林匹克作文竞赛、中国英语能力竞赛、希望之星英语风采大赛、全国中小学生英语演讲比赛等。经她辅导获奖的学生人数多达四五十人,她也因此多次受到表彰,荣获中国青少年英语能力大赛优秀指导教师、奥林匹克全国英语作文大赛指导一等奖、希望之星英语风采大赛优秀指导教师、鼓楼区优秀指导教师等称号。

春风十里,伴爱而行。张雪老师一步一个脚印,稳稳地走在她认定的职业发展道路上。

【采写心得】

从访谈中,我发现张雪老师是一位十分优秀的教师。她勤学好思,不断提升个人素质,真正做到了"教学相长"。她不断学习、反思、实践,打磨课堂,是一位践行行知精神的晓庄人,她一直希望做一位"受喜爱的"教师,并且不断努力着,体现了她是一位怀揣梦想的职场人。她是我们晓庄的骄傲,是每一位晓庄学子的榜样!

"张"显青春英采
——记江苏省昆山市玉山镇朝阳小学张春英老师

宰 文

【校友名片】

张春英，2014年6月毕业于南京晓庄学院小学教育专业（语文方向），现任江苏省昆山市玉山镇朝阳小学语文教师兼班主任，中共党员。

曾获昆山市"一师一优课、一课一名师"评比语文学科一等奖，同时被评为苏州市级优课；连续几届获得昆山市"普通话、昆山方言、英语口语"比赛优秀指导老师称号；撰写的11篇文章，7篇获奖，4篇发表。

都说青年教师是教育行业中的一股新鲜血液，不单单在于他们充满了青春朝气，更在于他们守得初心不言弃。江苏省昆山市玉山镇朝阳小学张春英老师，就是青年教师群体中的一位。短短四载教师生涯，她已经"张"显了青春英采。

坚定初心勤耕耘

张春英说，孩童时自己就对老师充满了崇拜：那像知识宝库一样的大脑，那滔滔不绝的口才，那朴实而勤恳的工作态度，那似乎能洞穿学生心底秘密的慧眼……也就是从那个时候起，长大后当老师的种子就在自己的心里扎下了根。

2010年，张春英带着赤诚为师之心走进南京晓庄学院，成为一名小学教育专业的师范生。在大学时光里，她不仅如饥似渴地学习各种知识、技能，还积极参与社会实践活动。2012—2013学年，她被聘为江宁区竹山小学的手工教师，经常利用业余时间前往竹山小学义务进行手工剪纸教学;2013年,她被聘为教师教育学院技能训练营新疆班口语技能班的"小先生"、解溪村义务家教顾问。在同学们的眼中,她是一个好学生:一次性通过了英语四六级考试、计算机一级考试和普通话水平测试,累计获得校专业学习一等奖学金两次、二等奖学金一次和国家励志奖学金三次,还参与了徐敬标教授主持的省部级课题"基于准入制下的小学教育师范生技能训练研究"的研究工作;在老师们的眼中,她是一个好助手:在担任班长期间,她带领全班同学获得了院"童心·追梦"儿童剧(舞)大赛一等奖、校十佳团日活动第一名、江苏省行知先进班集体等荣誉;在西部孩子的眼中,她是一个好姐姐:2011年—2012年,她连续两年放弃暑假休息,前往宁夏山区进行为期半个月的支教活动,固原市树台乡响安村和西安镇园河小学,均留下了她播撒大爱的娇小身影。

大学四年里,她就这样辛勤地劳作着,为日后在工作岗位上"张"显青春英采"贪婪"地进行"原始积累"。

乐解心结巧摆渡

大学学习期间,出于对心理学的兴趣,张春英自加压力、刻苦自学,取得了三级心理咨询师资格证书。她说,不仅要做"传道、授业、解惑"的教师,而且要做触摸孩子心灵、与孩子进行灵魂交流的心理按摩师,这就是她从教的初心。

因为手握一份"特殊技能",工作后不久,张春英就被学校委以重任——担任心理教育活动以及心理讲座的策划人与组织者。虽说对心理学知识有所掌握,但如何将稍显枯燥的知识化为有趣的、易为孩子们所接受的常识并非一件易事,巧用心理咨询技能为孩子打开心结更是一道难题。

面对学校压下来的重担,张春英说,刚开始还真的有点手足无措。但毕竟她是所在学校具有相关资格证书的第一人,出于使命感与荣耀感,她暗下决心,要努力把这项工作做好。为了达成心中所想,张春英有意识地利用自己的课余时间去接近学生、观察学生,时常与他们聊天,试图从学生的角度去体察学生的行为与心理。在工作笔记本上,她详细地记录下每一位学生的点点滴滴,无论是欢声笑语还是悲伤的哭泣,无论是被误解后的委屈还是跌倒后的倔强爬起,或者是在座位上的默默发呆与疾书奋笔……她将这些文字与图片集成册,悉心感受这些图片或文字中传达的情感,进而去触摸其背后孩子们的内心。

为了给孩子们带去心理健康知识,带去乐观积极的态度,带去满满的心理正能量,张春英不再简单地将上心理课、开心理讲座、组织心理健康辅导活动看作一项任务，而是更愿将此看作教书育人、育人育心的一种方式。为了上好心理课，她投入了很多精力来设计课题，组织内容，揣摩课件。2014年—2015年，她执教的心理课"迎着阳光，绽放自我"和"自信树"分别获得昆山市小学生命教育团体辅导课、昆山市中小学心理健康教育活动课评比三等奖。

为爱发声乐指导

张春英说，大学学习期间，她遇到了很多给自己思想启迪、情感熏陶、技能培养、生活关照的恩师，王宗海老师便是其中极具魅力的一位。"王老师专注于朗诵研究，他的嗓音富有磁性，他的朗诵富有激情，他的课堂总是充满吸引力，丝毫没有枯燥感。我就是在他的影响下，爱上朗诵，并不断提高朗诵能力的。"

走上工作岗位之后，张春英以爱传爱，自觉地把自己从王老师那里习得的朗诵技巧带给她的学生们。在课堂教学中，她深知朗诵的魅力，悉心指导学生通过朗读去感知课文的内容，去领悟作者的情感。她执教的《田园诗情》2015年获昆山市"一师一优课"评比语文学科一等奖，同时被评为苏州市级优课。

在课外活动中，她十分乐意对孩子们进行朗读指导。刚开始的日子是较为艰难的，因为孩子们的朗诵能力参差不齐，而作为一支训练有素的朗诵队，需要的是齐头并进。有的孩子天分较高，一点就通，有的孩子则需要老师更多的耐心与鼓励。有一位叫小H的同学比较特别，她十分热爱朗诵，可她的语音语调明显与其他人不协调，有人劝张春英放弃这个孩子，甚至连小H自己也对自己产生了怀疑，因为怕拖累整支队伍而心生退意。但张春英没有动摇，也没有放弃。她对小H说，只要你还热爱朗诵，只要你想学习朗诵，我就会耐心地教你。"我们不怕输，输给谁也不能输给自己。"此后，只要一有机会，她就会主动找包括小H在内的学生进行个别训练，倾听—纠正—改变—提升，这支队伍的全体成员在她的辅导帮助下共同进步，一起成长。情感与思想的碰撞，语言与技巧的转换，使得她的学生们在昆山市"普通话、昆山方言、英语口语"比赛中表现愈发突出，最终，孩子们获得了一等奖，她也被评为优秀指导老师。

转换方式巧管理

工作第一年，张春英就遇到了一个难题。这个难题出现在一个单亲家庭的孩子小F身上。小F不仅学习成绩差,更糟糕的是,教养和习惯也很差,上课自己不听还影响他人,下课满口脏话、打架惹事,就连到班上上课的女老师都不敢穿裙子。班上的一些男孩子还喜欢"向他学习",班风都被带歪了。

  为了整顿班风,张春英只能从小F这个"非正式领导人"入手,想方设法根除这个"祸源"。一开始,她采用了以暴制暴的方法,但发现这不但没效果,反而让小F更加抗拒。于是她静下心来,仔细分析这个孩子的心理状态,终于找到了问题的"症结"。小F因为父母离异,平时只跟爷爷奶奶一起生活,在心理上他是孤独的,他需要被人关爱,他之所以会做出那些"出格"的举动,或许就是为了引起周围人对他的关注。于是,张春英开始试着和小F做朋友,活动课的时候故意接近他,以开玩笑的方式找他聊天,了解他在家的生活状态,渐渐地,小F放下了对她的戒备,师生关系也变得融洽了。课后张春英给小F辅导功课时,总会给他定下一个小目标,一旦目标达成了,还会分享一些小零食给他吃。小F从她这里获得了从未有过的成就感,对语文渐渐地产生了兴趣,成绩也从二三十分提高到了七八十分,打架惹事的发生率也大大地下降了。

  和很多投身教育事业的青年教师一样,张春英是平凡的——她一样需要重复备课、上课、批改作业等,一样会遇到各种各样的学生与问题,一样会承受来自诸多方面的压力。但她又是不凡的——她热爱工作,精心设计教案,关注每一个环节,把握每一个成长的机会;她热爱学生,爱在课堂上与孩子们进行思想与语言的互动,更爱在课下与孩子们进行心灵的交流;她关注孩子的身体健康,更关注孩子的心理健康;她珍惜与学生共同成长的点点滴滴,记录下学生给予自己的小感动。我们有理由相信,在教书育人这条路上,她将继续"张"显属于她的青春英采!

【采写心得】

  在对学姐的采访中,你会情不自禁地被她吸引。她的亲和与谦逊,让人如沐春风;她的专业与特长,让你深深折服;她的自信与锋芒以及浑身散发出的青春朝气,让你忍不住地向她靠近,仿佛触摸到阳光,自然而温暖。她身上那种属于晓庄人、师范人的风采,正印证着"学高为师,身正为范"。希望未来的我们亦可以如此!

走进童心　静待花开

姜尚京

【校友名片】

姜尚京，2014年6月毕业于南京晓庄学院小学教育专业（英语方向），现任苏州市枫桥中心小学英语老师、少先队总辅导员，中共党员。

曾获江苏省班主任基本功竞赛一等奖、苏州市第五届"试题'命、解、评'教师团队竞赛"一等奖、苏州市第十届班主任基本功竞赛一等奖、苏州市学科素养大赛二等奖、苏州市第二届"行知伴我成长"演讲比赛二等奖、苏州高新区第九届班主任基本功竞赛一等奖、苏州高新区微课制作一等奖、苏州高新区小学英语青年教师基本功竞赛二等奖、苏州高新区小学英语青年教师评优课比赛二等奖等奖项和"苏州高新区优秀共青团员"等荣誉称号。

我是一名普通的晓庄学子。2014年8月，带着对行知先生的敬仰和对三尺讲台的渴望，我来到了苏州市枫桥中心小学，开始了我的追梦之旅。枫小坐落于有着千年历史文化积淀的苏州枫桥，毗邻世界闻名的古刹寒山寺，是一所园林式的学校。在这里，我成了一名小学英语老师，当上了梦寐以求的班主任，还担任了少先队总辅导员。

我是爱笑的"孩子王"

我是一个爱笑的"孩子王"，非常享受教师生活。对我来说，每天最开心的事情就是与孩子们聊天了。无论是清晨到校见面时的问候，还是中午吃饭路上的闲聊，抑或是放学时的唠家常,我与孩子们总有说不完的话题。

我现在所带的五(9)班是我从一年级带上来的,班名叫"饭米粒"。当初征集班名的时候,孩子们给出了很多选项,比如说战狼啊,致远啊……最终,我们选择了小画家萱萱取的名字:"饭米粒"。萱萱说,因为姜老师是一名英语老师,"饭米粒"恰好是英语单词 family 的音译;另外,咱们班的小朋友都爱吃,姜老师也喜欢带着我们做一些食物,所以这样的班名更有生活的味道。就这样,我成了"饭米粒"这个大家庭的"家长"。

虽然表面上我有点大大咧咧的,但还有那么一点点文艺心。我特别喜欢给孩子们写信,每学期开学前,都会准备很多漂亮的信纸,或者是一些比较可爱的小贺卡,只要有空闲,我就会把想跟孩子们说的话写下来,放在教室后门挂着的 50 个"会说话的袋子"里。每周五下午放学的时候,孩子们都会兴奋地相拥到袋子旁边,期待从写着自己姓名的袋子里掏出属于自己的小卡片,有时候"会说话的袋子"里还会有糖果、小文具等"惊喜"等着他们。在 10 岁成长仪式那天,我为孩子们精心准备了一封信——《写给 10 岁的你》,并为每一个孩子精心挑选了一张我觉得非常有意义的照片。在给孩子们写信的过程中,我与孩子们有了更多的交流,与孩子们的关系也更加亲密。

喜欢活动是儿童的天性。每一学期,我都会与孩子们一起开展各式各样的活动,同时邀请家长朋友们来到学校,和孩子们一起度过这最美的时光。食物是孩子们最喜欢的活动主题之一,包馄饨、包饺子,做寿司、汉堡包和三明治,一起学做丝袜奶茶等,是我们经常开展的活动。此外,我们还开展了一起做陶艺,用落叶作画,参观七子山垃圾站等活动。到了重要的节庆日子,我们还会开展一些特别"应景"的活动,比如,母亲节时我与孩子们学习插花儿,教师节时和孩子们齐做贺卡,圣诞节时学做圣诞老人……孩子们乐在其中,我也乐此不疲。这样的活动,对孩子们及其家长来说,都是非常难得的体验和无比珍贵的回忆。

我爱上了用相机和日志记录孩子们的成长

以前我不太喜欢拍照,总觉得拍照片好麻烦,拍之前要选角度,还要摆 pose,拍好后还要一张张筛选,从中挑出精品。但是自从成了"饭米粒"的大家长,我就开始尝试摆弄相机,后来竟然迷上了,变得"一发而不可收"。不知不觉中,我的手机里已经存储了几千张照片。没事的时候,我总会自觉不自觉地打开来"自我欣赏"一番。2017 年校运会上,小邹同学跑完 200 米后,稍事休息又去跑 400 米,孩子们欢呼着去迎接冠军的情形和充满敬佩的眼神,被我的镜头捕捉到了。2018 年秋游中，两个女同学专注地看着一片向日葵，她俩迷人的侧脸被我的手机定格了。我拍摄的和孩子们在一起的照片，有各种各样的大合照，也摆各种各样的pose。不管拿出哪一张照片，我都能随口说出照片的各种细节以及拍照的原因。时间长了，我渐渐地发现，"咔嚓"的声音里其实也含有幸福的因子。

在我们班级里，有一本特别的《班级日志》。这本《班级日志》班里每个人都可以写，而且想写什么就写什么。翻开一看，里面有孩子们内心的独白，有随手画的漫画，有班级的趣事，也有小朋友想要与我分享的小秘密。乍看像是一个草稿本，其实是一本非常翔实的成长札记。我喜欢看孩子们在上面做的记录，也喜欢在上面写上几句、画上几笔。有一天我在《班级日志》里面写下了这么几句话："放学时，我走进教室后，看到最前面的桌子旁边有一把椅子，有点儿挡路，我就一直等待着我的小天使帮忙。终于她来了，是小雪。她毫不犹豫地把它放回原位，然后出来排队。谢谢你，小雪！"后来，班里像小雪这样的孩子越来越多，上面记录的故事也越来越多。这本《班级日志》对我们来说是一种特别的存在，它既是孩子们日常生活的点滴记录，也是我与孩子们共同的最美回忆。

我对儿童英语教学情有独钟

我一直很喜欢《小王子》这本书，看了一遍又一遍，每次看后都有不同的感悟。记得上大学时哲学老师说过这么一句话：为什么小王子对他的玫瑰花情有独钟呢？是因为他对此倾尽了心血。工作后，我切身体会到了这句话的真正含义。我的"饭米粒"，我的教室，我的英语课，对我来说，就是独一无二的"玫瑰花"。

每天清晨，我都会早早地来到学校，陪着孩子们早读、做操，接着上课。每一节英语课，都是我特别期待的：我期待与孩子们一起学习，期待与孩子们轻松愉快地互动，期待看到孩子们脸上的快乐与满足。终于等到空课时，我又立刻开始批改作业。作为班主任，不管是吃饭还是放学，每天都要多次进行路队管理、纪律维护、日常教育等工作。看似普通平凡的小事，每一件都需要我亲力亲为、尽心尽责。一天工作下来，我会因为孩子们的出色表现感到骄傲，迫不及待地向别人介绍我的孩子们；也会因为孩子们的犯错而感到揪心和着急，想看到他们的改进和成长；还会因为得到孩子们的表扬而更有动力，内心告诉自己一定要做得更好。

虽然到了下班时间，但是我的工作并没有因此而停止。白天时间被各种忙碌"征用"了，晚上就要留出足够的时间来学习和反思。教学内容，晚上准备；教学案例，晚上整理；教学效果，晚上反思；作业改不完，晚上继续；给孩子们写信、寄明信片、精心制作小礼物等，也是晚间活动的备选项目。

记得2015年秋天，我的"饭米粒"已经升入二年级了。有一天，我收到了一个特别的单词本，它的主人是一个叫茜茜的小姑娘。本子的特别之处在于茜茜加入了情景式的绘画和意思解析，因而与其他同学平时的单词抄写本大不相同。茜茜告诉我：因为姜老师在上课时以及作业评语中都会有一些画出来的东西，我觉得很有意思，于是也想像老师一样尝试一下。我听了之后很是欣喜，没想到，我在大学里保持的学习习惯竟然会被孩子们喜欢。于是，我开始思考：要不要带着孩子们开始新的尝试呢？在翻阅了很多资料后，结合着孩子们的兴趣所在和书本上的知识点，我开始了以"简笔画"创意表达辅助英语教学的实践。

在新授单词、创设情境、复习总结、作业呈现上，我与孩子们都会采取"简笔画"的形式。例如在日常问候中，看到天气的标志，孩子们很容易进行天气的描述；在正方形或者圆形的基础上，可以画出各种各样的小动物。在简笔画的帮助下，容易弄混的介词、抽象的复数等知识点都变得简单有趣，课上孩子们边画边说，边讨论边创新，学习英语的兴趣更浓了。渐渐地，孩子们学会了举一反三，学会了自己创新；渐渐地，一本又一本的作品集诞生了；渐渐地，我的个人课题——"以'简笔画'创意表达辅助儿童英语学习的实践研究"开始了，至今我仍沉潜在这个区级课题的研究之中。

不知不觉中，我在枫小的追梦之旅已经步入了第五个年头。至今依稀清楚地记得，我进入校园的第一天，我上的第一节课，我与孩子们开展的第一次集体活动……我之所以能成为现在的我，在很大程度上是因为我的大学，是因为我生命中的重要他人——许红敏老师。大学四年里，是许老师教会了我如何合理安排工作和生活；是许老师教会了我对孩子要有耐心，既要考虑周到又要慢慢放手；是许老师教会了我工作要认真负责，尽心尽力；是许老师教会了我乐观向上，微笑面对生活中的一切；是许老师教会了我待人热心诚恳，真诚地对待身边的朋友……

努力用真心、爱心与诚心去做那个最最接近童心的人，用慧心、细心与耐心去做那个陪伴孩子们学习与成长的人，是我不断追逐的梦想。我想，我会不忘初心，在追梦的路上一直奋力前行。

【从教感言】

作为一名晓庄学子，我崇仰老校长陶行知先生"爱满天下"的博大情怀，缱绻诗情保童真；作为行知路上后来人，我学习杰出校友杨瑞清校长的花苞心态，相依相伴，静待花开。在我看来，用最美好的年华陪伴最可爱的孩子们，既是教师生活最美的写照，也是人生旅途上最美的风景。

一路悦读 一路书香

刘 锴

【校友名片】

刘锴,2015年6月毕业于南京晓庄学院小学教育专业(语文方向),现任南京市琅琊路小学语文教师,《琅琅书声报》编辑,"琅琅读吧"公众号栏目负责人,中共党员,南京市甲骨文学会会员。

曾获江苏省教师经典诵写讲特等奖、南京市教师经典诵写讲特等奖、南京市班级故事讲述比赛一等奖、鼓楼区教师经典诵写讲一等奖、鼓楼区第一届青年教师硬笔书法比赛一等奖等奖项;在《江苏教育》《南京教育》《江苏教育报》均发表过文章;荣获南京市五一劳动奖章,南京市技术能手、南京市青年岗位能手等荣誉称号。

陶行知先生曾经谆谆告诫说:"做先生的,应该一面教一面学,并不是贩买些知识来,就可以终身卖不尽的。"我认为,行知先生所言"一面教一面学"的"学",内在地包含了对教师坚持读书的要求。作为一名工作刚满三年的小学语文教师,我深深地体会到,不以工作忙为借口,保持读书的情怀与习惯,对于不断完善教育教学行为、提升教书育人质量、实现个人专业发展大有裨益。得益于多年刻苦读书的积累,2018年我一路"过关斩将",以总分第一的优异成绩先后荣获南京市、江苏省教师中华经典诵写讲技能大赛特等奖。今后,我将继续坚持认真读书,努力搞好三类阅读,即与掌握教育大师经典理论相关的专业性阅读,与理解课文内容、作者相关的专题性阅读,与提升个人科学文化素养相关的拓展性阅读。

享受阅读的快乐

我曾有过很多爱好,但随着时间的推移、年岁的增长以及环境的改变,有的丢了,有的变了,有的淡了。唯独阅读这个爱好,我一直不离不弃,它已成为我生命中不可或缺的一部分。

都说天气影响人的情绪,文字却可以调节人的情绪,我深以为然。心情愉悦时,我喜欢读人物传记,与伟人对话,从中汲取强大的精神力量,让自己更有斗志,对未来更有信心。情绪低落时,我喜欢读读散文,漫步在惬意的心境林中,寻一处最温暖的景致陪伴自己,将不快驱逐出自己的心灵。

清晨,我会打开"有书共读"App,听一段故事,与千万书友组队共同对抗惰性;白天,我会利用一切可以利用的"边角料"时间浏览教育类期刊,甚至到了会场,只要会议还没有开始,我也会静静地翻看随身携带的《小学语文教师》杂志;晚上,我会坐在书桌前,反复翻阅《爱弥儿》《大教学论》《给教师的一百条建议》……读一读教育大师的著作,聆听大师的教诲,仿佛自己正在和大师交流、分享一天工作的快乐和烦恼;入睡前,我会打开微信公众号"十点读书",伴随着一篇篇好文章安然入眠。

周末,茶几上放着一大摞名家散文:《周国平散文集》《朱自清散文集》《叶圣陶散文集》……我倚在沙发上,随手翻阅其中的美篇,既是一份难得的休息,更是一份难得的享受。已经记不清有多少次阅读过朱自清先生的散文名篇《背影》,那肥胖的、穿着青布棉袍黑布马褂的慈父形象早已定格在我的脑海里。

每年的寒暑假,正是我如饥似渴地阅读系列作品的好时机,《管建刚作文教学系列》《曹文轩纯美小说系列》《名师工程教学提升系列》等系列作品,我就是利用寒暑假时间"啃"完的。

书对所有的人都是平等的,它不择人,无论你是谁,只要你真心待它,它总是诚心回报;它也从不失信,无论什么时候你去看它,它总是在那里静气敛声地等候。

我酷爱阅读,无时不爱,无处不爱。阅读即生活,我尽享其中的快乐!

缔造教室里最美的风景

书,是孩子们精神成长最好的营养品。读书,是孩子生命中最美的姿态,也应是教室里最美的风景。

我们班的教室里有一个小小的图书角,里面的图书都是孩子们自发捐赠的。

每天中午是班级图书角开放时间。每到此时，借书的长队就会从教室的最后边一直排到了讲台前，成为一道独特的风景。由于书柜比较高，图书管理员王馨蔓就站在凳子上不断地从书柜中拿出同学们各自想要的书，吴婧怡则站在地上维持秩序并指挥借到书的同学登记。我站在教室前门处喜滋滋地看着他们紧张而有序地忙碌着，心里有一种说不出的感动和甜蜜。只见那些急切等待借书的同学不断地伸着脖子盯着书柜里的书，希望自己想借的那本书别让其他同学借走，于是不停地催促着前面的同学快点、再快点。一旦发现自己想借的书被前面的同学借走了，就会睁大眼睛重新寻找新的目标。满足与愉悦写满借到心仪图书的同学脸上：有的拿着书跑到座位上独享其乐，有的还没回到座位上就先走进书中，干脆站在原地全神贯注地读起来，也有的三三两两坐在一起看。

每周二下午第二节课，是固定的阅读课，是我和孩子们相互交流、推荐好书的时间。当我将自己一周以来阅读的收获分享给学生时，他们都感到很新奇，总是听得津津有味。常常发生的情况是，下课后他们都围着我不肯走开，抚摩着我手中的书，有说有笑地告诉我他们此刻的感受。在阅读课上，孩子们也非常乐意将自己阅读的好书向大家做推荐。他们的推荐词之精彩，口语表达能力之强，总会赢得阵阵掌声。孩子们为自己爱读的好书制作了创意十足的推荐卡：草房子里住满了故事、大脚丫走出了自己的天地、美天鹅从故事中翩然而至……并将推荐卡张贴到班级文化墙上，把书放置在班级图书角。全班同学都来为好书打分，最终选出最受欢迎的十本书。

每周的阅读课，也是我和孩子们最享受的时刻。我们轻轻地关上了教室的门，把喧嚣浮躁都关在了门外。教室里只有静静的翻书声，像微风吹过草地，偶尔也会有窃窃私语声，但我从来不去制止这样私密的交流。因为我知道，浓情满溢时总是要邀人分享的，就像我自己，读到有意思的地方，也会情不自禁地读给学生听。

春日暖暖的阳光透过窗户照进寂静的教室，悠然地灿烂着我们的心。这样的时刻，我也喜欢捧一本童书与学生一起静静地读着，看到好笑的地方也会忍俊不禁，然后再抬起头来看看周围的学生。孩子们当然不会理会我的傻笑，他们正托腮凝眸，有的目不转睛地盯着书痴痴地看，有的边看边摘录好词好句，有的竟然也"扑哧"一声发出如我一般的傻笑。

这真是一个幸福的时刻。有时，我会适时指导学生为书中精彩的情节绘制插图，将阅读引向深入；有时，我会鼓励他们绘制思维导图，记录阅读感受。崔舒涵同学还用画笔为《夏洛的网》编织了一张人"物"网，就像书中说的那样："我为你结网，因为我爱你！"

在教室这温暖的阅读之巢，书香像空气一样弥漫着，随着一呼一吸，进入了孩子们的肺腑,融入了孩子们的灵魂。

徜徉在中华经典诗词中

阅读古诗词是我的爱好。因为热爱,我愿意去诵、去写、去讲——诵出诗歌的韵味,写出汉字的艺术,讲出背后的人生。

2018年,得知南京市职工职业(行业)技能大赛教师中华经典诵写讲技能竞赛的消息,从四月初起,我就开始了准备。选定篇目后,我没有急于写稿,而是花上很长的时间研究作者的人生。纵观辛弃疾一生,可谓郁郁不得志,才华无处展。《破阵子·为陈同甫赋壮词以寄之》创作于第二次"鹅湖诗会"之后,那时的辛弃疾已经两鬓斑白,英雄迟暮。一曲《破阵子》,一股英雄气。辛弃疾以掷地有声的笔触,勾勒出一幅豪杰长啸的素描。矢志报国而又壮志难酬,是词人内心世界的最大冲突。一柄寒光四射的利剑,在灯下看了又看;催征的鼓角,嘶鸣的战马,夜夜进入难圆的英雄梦。腐朽的王朝无情地粉碎了英雄的畅想,在空荡荡的历史长廊上,只留下诗人"赢得生前身后名"的苍白呐喊。那一刻,我似乎听到了辛弃疾悲壮的呐喊声。于是,我的讲解稿一气呵成。成稿后,我每天对着镜子反复练习,纠正发音。

五月底,我在鼓楼区教师中华经典诵写讲比赛中小试身手,以优异成绩荣获一等奖第一名,获得了进阶南京市中华经典诵写讲骨干教师培训班的机会。培训都是安排在双休日,我在紧张忙碌的教育教学之余,积极参加培训,抓住一切机会勤学苦练,还担任了组长一职。经过一个多月的集训,我来到了南京市职工职业(行业)技能大赛教师中华经典诵写讲技能竞赛的赛场,在诵读、书写、讲解三个环节中均获高分,以总成绩第一的佳绩获得第一名。十月中旬,在江苏省教师中华经典诵写讲展示会上,我再一次以总分第一的成绩获得特等奖。

历时5个月的赛程,从区赛到市赛再到省赛,每一次集训都是一轮强有力的充电,每一次比赛都是高手之间的切磋过招。每一步,我都走得那样笃实自信;每一步都为我成长为一名更加专业化的语文教师、成长为一名中华经典的优秀传承者,打下了坚实的基础!

一路走来,我的成长离不开南京晓庄学院的培养,更离不开南京市琅琊路小学这块教育沃土的滋养。

【从教感言】

辛卯秋,幸入晓庄,从学小教。寒暑更迭,春秋流转。师院四载,唯书为友;行知精神,时时浸染。幸受业于"甲骨名家"陈爱民先生、"童向感情朗读专家"王宗海先生门下,收获颇丰。韩愈云:"师者,传道授业解惑者也"。吾心所愿,不误人子弟而已。

起点在晓庄 未来在远方

汪 婷

【校友名片】

汪婷,2015年6月本科毕业于南京晓庄学院小学教育专业(数学方向),2018年6月硕士研究生毕业于首都师范大学,现任北京市海淀区首都师范大学实验小学数学教师兼班主任,中共党员。

时光飞逝,不知不觉从南京晓庄学院毕业已经三年有余,每每提及晓庄,自豪之情溢于言表。在晓庄四年的学习和生活中,我不仅遇到了良师,结交了挚友,更是在思想上有了深层感悟,在学业上有了长足进步。得益于晓庄恩师的教导和帮助,毕业那年,我一举考取了首都师范大学硕士研究生。读研期间,我不忘初心,立志成为一名光荣的人民教师。研究生毕业后,我被首都师范大学实验小学录用,正式成为一名小学教师。

在晓庄:我确立了当一名小学教师的人生理想

2011年9月,初入晓庄的我,对于一切都充满着好奇和热情。我只是懵懵懂懂地知道,将来我的职业是教师,并对此怀抱无限的憧憬与向往。但是,对于如何实现自己的理想,成长为合格的甚至是优秀的人民教师,我却不知道从哪里做起。是学校和学院给我们提供了各种学习和活动的机会,是老师们孜孜不倦的教导引领我们完成学业。

唐小俊老师是我的班主任和论文指导老师,四年中他一直在思想、学习、生活上不断引导着我前进。记得在刚萌生考研的念头、内心还十分迷茫时,唐老师主动抽出自己宝贵的时间与我交流,并且告诉我不要着急,要一步一步慢慢来,首先要学好自己的专业课,打好理论基础,到大三时再通过学校举办的讲座了解考研的相关信息,例如怎么选择报考学校和专业,需要购买哪些复习书目等,唐老师还把上一届考研的学姐介绍给我,让我在复习过程中碰到问题直接向学姐们咨询。考研笔试成绩下来之后,我只是过了国家线,但没有达到报考学校的复试线。就在我焦头烂额、四处寻找调剂学校时,袁从领老师主动帮我推荐了他熟悉的学校的一些情况,并尽力帮我牵线搭桥。刚刚结束了研究生入学全国统考,南京市四城区新教师招聘考试又接踵而至。因为自习教室座位紧张,徐敬标老师主动给我们申请了自习教室,偶尔还会给我们送点零食和水果,让我们在紧张之余也得到一丝放松。刘文琪老师带领我们班的同学们开展制作植物和动物标本、去花卉园认识植物等活动,介绍了各种生物知识,很多场景现在回想起来还历历在目。

为了实现自己当好小学教师的理想,在校期间,我一直坚持勤奋、刻苦地学习,无论是学习教育教学方面的理论知识,还是学习三笔字、简笔画、泥塑、手工等专业技能,我都踏踏实实,一丝不苟。几年下来,我的理论储备和专业技能都有了很大提高,连续四年获得学校的专业奖学金,多次被评为优秀学生。此外,我还积极参加学校组织的各种活动,参加"小先生制"的活动,担任学员;参加学校的社团活动——"爱心奉献社",作为部长多次组织和参与爱心活动,如去敬老院看望老人、义务清理学校垃圾等。

作为一名师范生,我深深地感到,光有教育理论知识还是远远不够的,理论还需要和实践紧密结合。因此,从大二开始,每学期我都会去小学见习或实习,把自己的理论知识应用在实践当中。教学实习中,我会在导入环节设置一些贴近学生生活的事例或者播放一段视频,以引起学生的兴趣,从生活中引出数学;也会给孩子们充分的时间体验和探究,例如在学习数数时,通过让学生亲手拨计数器来体验十进制计数法,通过让学生动手制作活动角来帮助他们理解"角"的概念。一次次的见习与实习,使我逐渐意识到,要当一名优秀的小学教师,除了不断提高专业技能之外,还必须努力提升自己的理论思维能力和科学研究水平。于是,从大三下学期开始,我决定着手备战考研,我要走一条继续深造的求学之路。

在首师大:我在求学深造的同时继续为毕业后从教准备着

2015年9月,我如愿以偿跨进首都师范大学校门,有幸在恩师叶宝生教授的门下,攻读教育学硕士学位研究生。叶老师严谨的治学态度和正直的处事风格,无不对我产生积极的影响。记得刚入学时,叶老师就反复督促我要多读专业书籍,还会不定期地与我进行交流。在读书的过程中,叶老师总是循循善诱,指导我如何提出问题、发现问题,然后带领我一步步地提炼问题、分析问题。特别让我感动的是,每次与叶老师交流时,他并不仅仅是说说想法,还会给我留出时间,让我好好整理思路并写下来,如果在写的过程中再遇到问题,他再及时给予指导。经过大量阅读的积累和叶老师详细的指导,一段时间之后,我发现自己发现问题、提炼问题的能力也有了很大提高。我先后在《教育与教学研究》《知识文库》两个省级期刊上公开发表了两篇学术论文,一篇题为《小学科学概念教学问题与对策——基于科学理论的解释和预测功能》,另一篇题为《陶行知创造教育思想对小学科学教学的启示》。每一篇论文的写作与发表,都与叶老师的精心指导分不开。论文初稿写出来之后,叶老师都会仔细审读,给我提出宝贵的修改意见,在叶老师不厌其烦的指导下,我经过几轮修改,终于投稿成功,顺利发表。研究生三年期间,我连续两年获得学校专业一等奖学金,并在2016年12月光荣地加入了中国共产党。此外,我还担任学校初等教育学院成人教育班主任的负责人,沟通学生和老师之间、各位班主任和院系领导之间的联系,并担任学生的毕业论文指导教师,指导其撰写毕业论文。

  2017年6月—7月,我有幸跟随老师前往日本创价大学交流学习了半个月。其间,我们还走进两所小学,参观校园文化,听了几节常态课。这两所小学给我感触最深的有两点:一是校园都很大,每个班都有自己的园地,孩子们在地里种花、种植物,悉心照料自己班的园地;二是数学课上,每个人都有一块小白板以及配套的尺子和笔,孩子们可以直接把自己的想法写在白板上展示出来。

  读研期间,我经常利用课余时间走进小学课堂,努力把自己所学的理论知识应用于课堂实践之中,积极为未来成为一名合格的小学教师做准备。我参加了北京师范大学区域教育均衡发展研究中心的项目,定期去参加培训活动,每周还要去北京市中古友谊小学、北京第二实验小学白云路分校等学校,从事指导学生科技制作、讲解科学原理等工作。在给孩子们上课之余,我也经常在反思:我的课堂有没有引起学生的兴趣?有没有真正让学生主动地获取知识?我还在中国儿童中心担任外聘教师,定期参加中心和部门组织的教研讨论活动和会议,参与综合培训部豆果创客小鲁班课程的设计和学生用书的编写,并带领学生进行木工创意和制作,与学生家长交流沟通。我还参加了北京团市委组织的创新部落夏令营,进行课程的开发和教研,到社区给学生上课,带领学生到中科院植物所参观讲解。研三期间,我在首师大实小进行了长达三个多月的实习,一边听指导老师上课,一边自己备课、反思,在听取指导老师意见后,一遍遍修改教案—上课—再修改—再上课,终于一步步打造出自己比较满意的课堂教学。

在首师大实小:我踏上了教书育人的漫漫征程

  而今,我幸运地加入了首都师范大学实验小学这个大家庭,成为一名光荣的人民教师。

　　犹记得研三刚来实习时,我带着一颗赤诚之心想与孩子们打成一片,结果因为脾气太好,学生反而在我的课堂上肆意妄为,有几个调皮的学生在上课时大声讲话甚至离开座位,为此我十分苦恼、难过、痛心,甚至萌生了不想再管他们的想法。后来有一次,学校领导要来听我的公开课,我很重视这次讲课,认认真真准备了几个星期,并且在课前特意告诉学生这次讲课的重要性,要认真听课不能扰乱课堂纪律。可能是由于太过重视以致过分紧张,在课堂上板书时,我把一个很简单的字写错了,写完之后立刻就有学生指出"老师写错了!"这时,我更紧张了,想赶快擦掉重写,只听见平时班里那个最调皮的学生大声说道:"老师这是笔误,很正常!"那个学生说的话,让我紧张的心情立刻平静了许多,我及时更正了自己的错误,也顺利地上完了这节课。虽然这只是一件很小的事情,但却让我改变了对于学生的看法,调皮捣蛋的学生并不是一无是处,作为教师应该善于发现孩子的闪光点,利用积极因素去克服消极因素。加德纳的多元智力理论告诉我们,每个人的智力与能力发展的优势区是不尽相同的,教师要相信每一个孩子都有优点也有不足,因材施教,充分发掘学生的潜能。

　　教师职业说到底就是良心职业。有了良心,才有对学生的爱;有了良心,才有对家长的负责;有了良心,才有对教育事业的无私奉献。教师这个职业也许不会让你光鲜亮丽,有时候可能还会碰上来自学生或家长的不理解,但是教师最自豪的事就是多年之后能够桃李芬芳,多年之后学生还不忘老师的谆谆教诲。

　　从晓庄起步,在首师大成长,去首师实小发展,我的未来在远方!

【从教感言】

　　"千教万教教人求真,千学万学学做真人",晓庄教给我的不仅仅是知识,更是一种信念和信仰,教师的工作不仅仅是教书,更是育人。作为教师,把自己奉献给学生,相信我能成为一名学生喜爱、家长放心的教师。

初为人师
——记南京市银城小学陈馨老师

张晋仪

【校友名片】

陈馨,2017年6月毕业于南京晓庄学院小学教育专业(科学方向),现任南京市银城小学教师,中共党员。

曾获"外研社"杯英语写作大赛初赛国家二等奖,江宁区百家湖小学赛课科学学科二等奖,鼓楼区小学科学教师自制教具学具展示交流评比三等奖;在省级期刊发表两篇学术论文,有一篇论文获鼓楼区2017年度优秀教育论文一等奖。

2017年暑假,对于陈馨来说,是一个意义非凡的暑假:职前与职后,两个重要的人生阶段在此间衔接;大学毕业生与小学新教师,两种不同的社会角色转变在此间完成。作为小学科学学科的新手教师,陈馨满怀激情,带着孩子们寻宇宙之奥秘,析科学之神奇,品自然之壮丽,悟天地之真理,在教书育人的新征程上留下了一个个坚实的脚印。

初入职:她给自己定下了上一节优质考核课的小目标

2017年8月初的一天,陈馨怀揣鼓楼区教育局的介绍信来到银城小学报到。她说,刚踏入校门的那一刻,虽然表面上很淡定,但内心还是不免有点小激动,因为从小立志当老师的夙愿就在眼前实现了。同时入职的还有20位新教师,他们成了银城园里最年轻的一批"孩子王"。

入职当天,副校长周珏就向他们介绍了银城小学的发展历史和现状,还特别介绍了学校正在准备申报的课题"对话教育理念下小学生批判性思维培养的课例研究"。校领导热情地鼓励他们这批新教师要多阅读、多思考、多研究,多在笔头上下功夫。陈馨一方面感慨银城校园之大、人才之多,另一方面也在琢磨自己能做些什么、写些什么。没想到,这一闪而过的念头日后还真的变成了现实。

2017年8月21日是拉小教育集团的暑期学习会,会上各校校长的致辞和签名赠书活动,为陈馨刚刚开启的职业发展道路指明了方向。接下来的分学科培训十分有趣,陈馨和集团内综合学科的年轻老师一起制作了四方八角宝塔顶木筷。这次带有"破冰之旅"性质的学科活动,让陈馨体会到了传统木工和创客教育结合的美妙。

2017年9月7日,陈馨第一次参加鼓楼区小学科学学科的研训活动。本以为只是一次平平常常的学科教研活动,没想到教研员余老师却把包括她在内的7位科学学科新老师全部请上了台,向他们表示热烈的欢迎,并向全区的同行们隆重地介绍了他们。在全体老师的掌声和微笑中,陈馨的心被触动了:新来乍到的年轻人在科学教师研训班里竟能得到这样的关注和鼓励,一种找到家、有靠山的感觉油然而生。

为了促进新教师更快地成长,余老师特意邀请几位骨干教师在会上分享各自的成长故事。这其中就有陈馨的师父罗玛丽老师。罗老师以"先成就一个小目标——我的黄金十年"为题,和大家分享了"科学室里的故事"。她认为,人生是一个漫长的过程,确实需要不停地树立一些小目标,一些踮起脚就能够得着的小目标。这样才会让自己越来越高,回头再去看当初的自己,才会觉得"努力的青春最精彩"。

看着师父在台上神采飞扬地讲故事,陈馨的心头顿时萌生了向师父学习,多听课、多写随笔、多搞教科研的强烈愿望。她知道,自己是一个还没有上路的新手教师,一定要虚心学习优秀教师的教学方法和策略,取其精华为己所用,不断提升自身的教学能力。"上一节优质的考核课",陈馨给自己定下了这个小目标。

转正课:她交出了一份比较满意的答卷

2018年5月23日,陈馨上的转正课"国旗怎样升上去"自然流畅,环环相扣,得到了教研员余老师的表扬。初入职时定下的小目标实现了,心中悬着的石头也终于放下了。为了上好这节转正考核课,陈馨可没有少花功夫——

为了掌握学生的前科学概念和存在的问题,在探究动滑轮和定滑轮的作用前,她请学生做出预测并写出理由。预测是有依据的判断,但未必正确。陈馨说,这样设计有助于暴露学生前科学概念中的迷思概念和相异概念。

为了体现学生的主体性，她先跟学生明确实验的目的，再让学生进行小组合作，自行讨论出一个实验方案，接着通过自评和互评，引导学生取长补短，共同得出一个较为完善、简单可行的方案进行操作并实验。

为了体现科学的严谨性，她设计了 excel 表格汇总全班的数据求平均值，此时，学生会对实际现象和预测的不一致产生疑问，从而引发学生对前概念的不满，产生认知冲突，激发学生对概念转变的内在需求，最后让学生自己解释原因，实现对自身认知结构的调整。

为了提升美观度并节省时间，她提前做好了图文并茂的板贴；为了保证演示环节更清晰直观，她提前录制动滑轮的制作步骤；为了消灭安全隐患，她将细线两端的尖锐铁钩换成回形针。

这节转正考核课与刚工作时上的课，完全不在一个层次上。陈馨说，记得2017 年 12 月 4 日，余老师第一次打电话通知她第二天早上要来听课，可把她紧张坏了：按进度正要上"导体和绝缘体"一课，实验所需器材相当多，可实验室里导线的金属夹已经全部老化脱落，没办法，她只能硬着头皮上。她记得整个晚上都在剪零件的橡胶皮，100 根导线，200 个金属夹，全部重新缠绕再套上塑料圈。所幸上课时实验器材没出什么问题，倒是教学设计方面的毛病被余老师挑出了不少，比如没有对实验过程进行设计，直接给学生实验方案，让学生充当模仿者"按食谱做菜"；在细枝末节的地方花费时间太多；检测液体导电性的环节时现场操作光线太亮，现象不明显；等等。听了余老师的建议，陈馨深深意识到了自己需要好好"补课"、快快提升。

很快，这样的机会就来了。陈馨有幸赴镇江市实验小学参加苏锡常镇宁五城区六届四次青年教师教学观摩活动。在一天的时间里，她见识到了来自 5 座城市 5 位优秀的科学老师带来的课堂教学展示。观摩优秀教师的优质课例，反思自己"导体与绝缘体"一课的失败，陈馨开始思考并探索实验环节的开放性和学生前概念的转变两个问题。她感慨地说："如果囿于一成不变的科学探究模式，学生的思维和自己的思维都会僵化；如果没有诸多优质课例给我打开了教学的新视界，就不会有转正课'国旗怎样升上去'交出的比较满意的答卷。"

虽然才工作一年多，但陈馨已在校级综合学科大教研中承担了一节教研课，两次校级行政听课都被评为优秀。

广参与：她在各个方面均有出色表现

除了正常的教学工作以外，陈馨还身兼数职。她说，怎么也想不到一个还没转正的科学老师可以为学校做这么多事情。然而,她不仅做了,而且做得有声有色。

陈馨说,在入职见面会上,第一次听到校领导介绍"对话教育理念下小学生批判性思维培养的课例研究"这个课题时,自己就有跃跃欲试的冲动,没想到很快就有机会展开行动。从 2017 年 11 月开始,陈馨担任银城小学儿童辩论活动的指导老师,她积极引导学生围绕"人工智能"展开有趣味的对话。孩子们通过各种渠道查阅最前沿的科技资料,在"什么是人工智能""人工智能离我们有多远""人工智能带来的是憧憬还是恐惧"等问题上,有理有据地发表自己的观点,你来我往,好不热闹。"人工智能"儿童辩论沙龙活动先后在该校举行的江苏省"十三五"教育科学规划课题"对话教育理念下小学生批判性思维培养的课例研究"开题活动和江苏省品格提升工程项目验收中期汇报活动中展示,获得了领导及专家的一致好评。

2017 年 9 月,她作为第二作者在《教师教育论坛》发表了论文《职前科学教师专业发展现状的调查与分析》。2017 年 11 月,她代表银城小学参加了四校教师辩论赛并获得冠军。

2018 年 3 月,在该校举行的南京市"十二五"党建课题"青年党员教师培养方式的实践研究"结题评审暨"十三五"教育党建课题"青年党员教师培养方式的叙事研究"开题活动中,她和其他青年党员教师代表一起讲述了自己的故事。同年 4 月,她作为新教师代表在区级岗培中分享了《我的幸福成长故事》;她在 2018 银城小学"孩子王"成长营晋级赛中经过三轮比拼斩获特等奖。

此外,她还担任了校刊《银铃叮当》的编辑工作,主持了银城小学的周六学习日、教师专业发展基础性课程、2017 孩子王成长营开营仪式和 2017—2018 学年社团成果汇报展演。

对于陈馨来说,已经过去的 2017—2018 学年,是充实且忙碌的一年,也是奋斗并幸福的一年。她的成长故事让我们看到了晓庄学子初为人师的职场风采,相信后面的故事会更精彩。

【采写心得】

在不断了解陈馨老师的过程中,我渐渐发现,陈馨老师以其温柔的话语、精彩的妙语受到很多学生的喜爱,学生们愿意去和她相处,愿意上她的课,也从中学到了很多知识,正所谓"亲其师,信其道"。陈馨老师以学生为主体,尊重学生的意愿,不仅赢得了孩子的喜欢,更实现了高效的课堂教学。

后　记

历经半年多时间的紧张工作,由教师院党总支书记曹慧英教授、院长王本余教授担任主编的《行知路上陶花开——南京晓庄学院小学教育专业本科毕业生风采录》(以下简称《风采录》)终于完稿付印了。

小学教育是自2000年南京晓庄学院升格为本科院校起就开办的本科专业,迄今已为社会输送了15届毕业生。编辑出版《风采录》,通过对校友职场表现的深度了解与集中展示,剖析并反思小教本科专业举办18年来人才培养质量,是我们多年的心愿。早在2015年申报江苏省品牌专业的时候,院长曹慧英就明确提出这个想法,得到了时任党总支书记李伟等班子成员的一致赞成;2017年90周年校庆之际,我们成立了教师院校友分会,建立了与校友联系的工作机构;2018年6月,《风采录》编辑出版工作正式启动,编委会的日常工作由时任教师院校友分会秘书的田甜老师担任具体执行人。我们一方面邀请小教专业各位资深教师和历届辅导员推荐采访对象,另一方面着手组建学生采访团队,并开展相关培训。经过半个月的筹备,我们收集了近90位校友的基本信息,组建了17人的学生采访团队,于7月初正式踏上了寻访校友、采写稿件的征程。截至9月底,我们共计征集59篇初稿,其中来自校友寻访团成员约稿或撰稿的稿件37篇,来自校友主动投稿的稿件22篇;最终入编《风采录》的48篇稿件中,8篇人物侧记来自学生采访团队,40篇特约专稿出自校友之手。

在《风采录》的编辑过程中,我们得到了方方面面的大力支持,借此机会,我们向各位表示内心最诚挚的谢意。

首先,要感谢所有为发掘、利用校友资源提供信息与沟通服务的老师。在校友寻访工作正式启动前后,邱颂平、张洁、冯军、刘娟娟、白薇、徐敬标、袁从领、赵东金、董辉等老师热情地向我们提供了校友的基本信息,以便我们迅速确立校友寻访的线索;在稿件征集过程中,许红敏、江安凤、唐秀美、王为正等小教专业历任辅导员充分发挥各自的优势,积极做好编委会与校友之间的"桥梁";在《风采录》编辑出版工作的过程中,田甜老师在统筹协调学生采访团队、全程负责与校友的联系沟通、收集整理校友提交的图文材料、对接文稿审核编辑老师等方面做了大量细致的具体工作。

其次,要感谢为寻访校友、采写稿件付出辛勤劳动的学生。他们放弃了暑假休息时间,通过电话、微信、邮件等多种形式与校友建立起点对点的联系,不仅完成了最初的对接与交流,还完成了初步的采访与校友信息整理,并形成了17篇初稿。开学之后,面对紧张的课程学习与各种证书考试引发的时间冲突,他们仍在竭尽全力修改完善稿件,最终入编《风采录》的8篇人物侧记,也在一定程度上展示了在校师范生的风采。

再次,要感谢所有为《风采录》赐稿以及积极配合学生团队采访的校友。虽说我们的征稿工作安排在暑假的七八月份,但很多校友都无暇享受这份属于教师的"福利",他们硬是从早已安排好了的学习、培训、支教等工作中挤出档期,接受学生寻访团的采访或约稿,不少校友在看到我们的征稿启事后积极主动地向我们投稿。国庆节后,根据编委会的意见,校友们陆续进入稿件修改完善阶段,日常教学工作、突击性的检查评比以及各种赛课等牵扯了校友们不少精力,但大家都能克服困难,很多人都是通过"开夜车"的方式挤时间来修改稿件的,甚至有一位校友在凌晨4点56分给我们发送返修文稿的邮件,让我们非常感动。

最后,要感谢所有为《风采录》的出版在文稿的审、改、校、印等方面付出艰苦、细致劳动的工作人员。高忠老师为全书统一了文稿的体例,并对作者的每一篇文稿以及序、前言、后记都做了文字修改与润色工作,还做了文字校对工作;水远璇老师做了大量的文字校对工作。南京大学出版社薛志红副总编和蔡文彬主任为本书的出版提供了有力的支持,责任编辑钱梦菊老师也为本书的出版付出了大量的心血。

《风采录》的出版,凝聚了作者、编者以及众多参与者的心血,更期待得到广大读者的认可。由于编写时间匆忙与编者水平局限,疏漏之处在所难免,祈请谅解并不吝赐教。

编　者

2018年12月

图书在版编目(CIP)数据

行知路上陶花开：南京晓庄学院小学教育专业本科毕业生风采录 / 曹慧英，王本余主编． -- 南京：南京大学出版社，2018.12
　ISBN 978-7-305-21390-8

　Ⅰ.①行… Ⅱ.①曹… ②王… Ⅲ.①南京晓庄学院－毕业生－回忆录 Ⅳ.①K825.46

中国版本图书馆 CIP 数据核字(2018)第 291050 号

出版发行	南京大学出版社
社　　址	南京市汉口路 22 号　　邮　编　210093
出 版 人	金鑫荣
书　　名	行知路上陶花开
	——南京晓庄学院小学教育专业本科毕业生风采录
主　　编	曹慧英　王本余
责任编辑	钱梦菊　丁海燕　　　编辑热线　025-83592146
照　　排	南京南琳图文制作有限公司
印　　刷	南京玉河印刷厂
开　　本	787×1092　1/16　印张 14.75　字数 275 千
版　　次	2018 年 12 月第 1 版　2018 年 12 月第 1 次印刷
ISBN	978-7-305-21390-8
定　　价	40.00 元

网址：http://www.njupco.com
官方微博：http://weibo.com/njupco
官方微信号：njupress
销售咨询热线：(025) 83594756

＊版权所有，侵权必究
＊凡购买南大版图书，如有印装质量问题，请与所购图书销售部门联系调换